typo GRAPHISME

La lettre et le mouvement

THIS

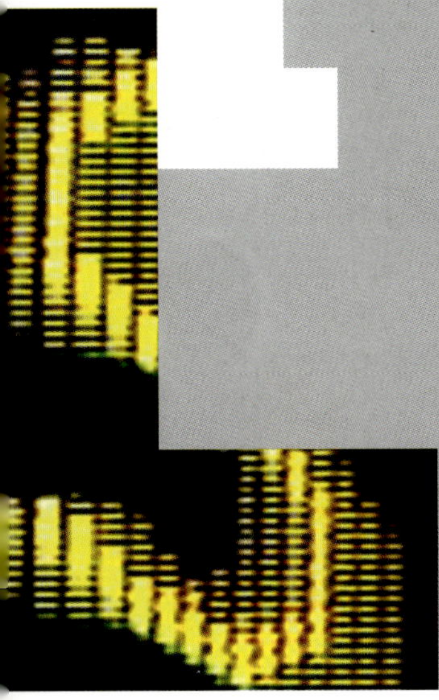

typo GRAPHISME

La lettre et le mouvement

Jeff Bellantoni et Matt Woolman

Traduit de l'américain par Isabelle Mennesson

1756 illustrations,

dont 1201 en couleurs

T & H

Thames & Hudson

SOMMAIRE

Pour Kimberly.
Et pour ma famille, Mom, David, Melissa, James, Bryan, Rebecca et Carmen.

Jeff Bellantoni

Pour Ursula.

Matt Woolman

L'édition originale de cet ouvrage a paru sous le titre *Type in Motion – Innovations in Digital Graphics*, chez Thames and Hudson Ltd, Londres

Traduit de l'américain par Isabelle Mennesson.

Cet ouvrage mis en pages par Cicero à Paris a été reproduit et achevé d'imprimer en novembre 2000 par Hong Kong Graphic and Printing Ltd pour les Éditions Thames & Hudson.

2e réimpression

Dépôt légal : 2e trimestre 1999

ISBN 2-87811-161-3

Imprimé en Chine

TEMPORALITÉ DU MÉDIA

Notre capacité à communiquer les uns avec les autres dépend de l'efficacité du système disponible pour l'enregistrement et la transmission des informations. Avant que les idées et les pensées ne soient peintes sur les murs, sculptées dans la pierre, écrites ou imprimées sur le papier, les poètes de l'Antiquité employaient des techniques de diffusion connues sous les appellations de mimèse et diégèse. La mimèse correspond à une forme littérale, ou directe, de narration d'histoire, et la diégèse à une délivrance plus figurative, ou indirecte, du récit. Chanter, jouer et raconter étaient les seuls moyens de communication et d'expression. Les qualités orales de la voix humaine et les caractéristiques conventionnelles de la gestuelle corporelle ont servi conjointement de système de transmission par un média en temps réel. Le dispositif d'enregistrement initial se composait alors des yeux, des oreilles et du cerveau ; par ailleurs, le traitement et l'organisation du discours oral impliquaient une activité de la pensée et de la mémoire, puisque mots et images n'étaient pas fixés de façon évidente sur une surface dans un cadre ou une structure définie visiblement.

Pictogrammes et idéogrammes – tracés visuels représentant idées et pensées – ont servi aux premières tentatives d'enregistrement d'informations en vue de ce qu'on pourrait appeler une communication intemporelle. Ainsi s'est développé l'alphabet occidental moderne, simple système de symboles modulaires qui permet aux pensées et idées de s'extérioriser et à la main de l'homme de les fixer sur une surface plate. Mais il fallait apprendre ce système et un grand nombre de gens étaient dépourvus des ressources, de la formation ou de la possibilité de tirer parti de ce puissant outil de communication. C'est alors qu'au XVe siècle, l'imprimeur allemand Johannes Gutenberg débuta l'impression de la Bible «à 36 lignes» et de divers autres ouvrages à l'aide de sa presse à caractères mobiles métalliques ; il transposa, en les simplifiant, des formes de lettres manuscrites et calligraphiques issues de manuscrits médiévaux enluminés pour en faire des caractères typographiques coulés en trois dimensions, ceux-ci pouvant être utilisés et réutilisés afin d'imprimer plusieurs exemplaires du même texte de manière pratique et efficace.

La diffusion de textes transportables sous la forme de livres imprimés et reliés a permis aux idées, aux informations et au *savoir* de pénétrer l'immense domaine de la conscience générale. Inutile de dire que l'avènement de la presse d'imprimerie offrit à une multitude l'accès à la puissance de l'écrit et répandit l'instruction à travers le monde. Le mot imprimé devint une entité sacrée portant une signification intrinsèque. Toutefois, la discipline connue sous le nom de *typographie* a évolué depuis Gutenberg, le métier englobant désormais conception, production et application de dessins de lettres interchangeables afin de transmettre un message à un public.

Face à un texte imprimé, que ce soit un livre, une revue ou un journal, le lecteur s'attend à certaines choses : la mise à disposition d'un ensemble statique de mots qu'il peut lire et relire, un ordre de pages déterminé, une portabilité, une matérialité, une permanence. L'ouvrage imprimé respecte toujours les principes et instructions formalisés au XVIIe siècle : le texte, discours immuable élaboré par l'auteur, est habituellement présenté dans une suite de pages imprimées et reliées, comprenant couverture, page de titre, table des matières, chapitres et index. Avec le format imprimé, le facteur temps relève strictement du lecteur. Le cadre structurel et les propriétés formelles d'un texte demeurent en effet statiques après l'impression ; en revanche, l'état d'esprit du lecteur à son égard, lui, peut varier.

La communication visuelle s'épanouit à la croisée des chemins de la technologie et de la culture. Si l'on considère les formats liés à la télévision, au cinéma, à la vidéo, à l'ordinateur, on constate que de nouveaux systèmes d'enregistrement, de montage, de transmission et de réception d'informations ont continuellement influencé de nouveaux modèles d'esthétique visuelle, même si les composantes moléculaires de la communication – lettres et texte – sont restées les mêmes pendant des millénaires.

Les mécanismes de lecture des textes écrits et imprimés fonctionnent à partir de la reconnaissance de mots auxquels les conventions culturelles ont attribué des significations. Ce niveau de perception dépasse largement la simple identification de la forme créée par la succession de dessins de lettres en une ou deux dimensions. Dans son intégralité, le mot génère deux sens : l'un s'associe à l'idée représentée par le mot lui-même, constitué à partir d'une chaîne de lettres (le mot-image), l'autre naît de sa manifestation visuelle holistique (l'image typographique).

En 1839, Jacques Daguerre inventa un procédé pour capturer des images fixes sur des plaques argentées, au moyen d'un appareil photographique. A l'époque de la mise au point de la photographie, on trouve aussi un jouet simpliste, appelé thaumatrope (du grec *thauma*, qui signifie merveille, illusion, miracle) ; celui-ci se compose d'une ficelle à laquelle est suspendu un disque portant deux images, une de chaque côté. Si l'on fait tourner le disque, celles-ci se superposent l'une à l'autre et apparaissent comme une seule image. Ce phénomène «perceptif» est connu sous le nom de persistance rétinienne. L'œil humain conserve en effet les images «en mémoire» pendant une fraction de seconde après leur projection ; c'est ainsi qu'une série d'éclairs rapides apparaît comme une seule image ininterrompue.

Le thaumatrope ainsi que les expériences photographiques d'Etienne Jules Marey en France et d'Edward Muybridge aux Etats-Unis dans les années 1870 ont ouvert la voie à l'appareil de prise de vues cinématographique. En fait, la technologie de l'image animée sera mise au point simultanément en Grande-Bretagne, en France, en Russie et aux Etats-Unis vers la fin du XIXe siècle. La première machine exploitable pour projeter une succession d'images sur un écran fut le praxinoscope, inventé par Emile Reynaud en 1877. Par la suite, George Eastman apporta l'appareil photographique à bobine qui permit de supprimer la lourdeur de la technique des plaques photographiques grâce à un film flexible photosensible. Enfin, en 1899, William Friese-Greene fit breveter la première caméra capable de capturer un mouvement sur une pellicule photosensible.

L'animation image par image – procédé qui consiste à dessiner chaque image d'un film à la main en créant un enchaînement que le spectateur perçoit comme un mouvement continu – joue un rôle important dans la courte histoire de la typographie temporelle. Au début, la plupart de ces animations étaient conçues pour distraire et faisaient appel à des personnages dessinés plutôt qu'à des scènes réelles. Les animateurs graphistes se servaient de sujets représentatifs, traités à la main, pour essayer de créer un lien fictif avec la réalité. Il s'agissait généralement d'animaux dont les caractéristiques et l'anthropomorphisme cherchaient à établir une relation avec le public.

A l'origine, l'utilisation du texte dans les films se limitait aux cartons de générique, c'est-à-dire à des surfaces en deux dimensions sur lesquelles dialogues, annonces, avertissements, informations et noms étaient écrits à la main ou imprimés. Pourtant, dès 1899, George Méliès, pionnier du cinéma, dont *Le voyage dans la lune* (1902) demeure un chef-d'œuvre des débuts de la technologie cinématographique, créait déjà des dessins de lettres animés dans des films de «réclame». Un autre pionnier, D.W. Griffith, incorporera des cartons de générique dans *The Birth of a Nation (Naissance d'une nation,* 1915) et *Intolerance* (1916). Dans ce dernier, Griffith fait d'une série de cartons de générique des éléments importants du film, chacun se composant de lettres fixes superposées à un fond photographique représentatif de la période historique à suivre.

Les cinéastes de films d'épouvante, au début du XXe siècle, utilisèrent la technique des cartons de générique pour présenter leur histoire en suscitant une réaction émotionnelle destinée à intensifier l'expérience des spectateurs. Dans le grand classique de 1933, *King Kong*, les feuilles de plantes tropicales qui viennent lentement cacher les cartons du générique imprimés en lettres colossales créent la transition en suggérant un mouvement de grande ampleur dans un environnement touffu et mystérieux. Dans le film *The Thing from Another World (La chose d'un autre monde,* 1951), un arrière-plan sombre prend feu, laissant passer les rais d'une lumière oscillante à travers le tracé des lettres du titre, jusqu'à un public déjà plongé dans le suspense.

Dans les années 1920 et 1930, Walt Disney se distingua dans l'innovation technologique des animations en dessinant des actions moins saccadées, en synchronisant musique, son et dialogues, et en ajoutant la couleur. Toutefois, ces tentatives d'égaler la perfection du réalisme donnèrent naissance à une controverse parmi les concepteurs qui souhaitaient dépasser ces limites. L'apparition de la télévision et la croissance exponentielle du secteur publicitaire offrirent, au début des années 1930, un domaine privilégié pour toute expérience en matière de film et d'animation. Au lieu de présenter un réalisme statique de carte postale en fond de composition, les animateurs de réclames commencèrent à intégrer des éléments symboliques et iconographiques et explorèrent les possibilités d'utilisation des dessins de lettres. Dans les années 1950 et 1960, des créateurs comme Norman McLaren, Saul Bass et Pablo Ferro appliquèrent des techniques d'animation pour dessiner à la main des compositions – et interactions – parfaites de caractères et d'images dans des films publicitaires pour la télévision, des courts métrages et des génériques.

Au début, les lettres animées avaient uniquement des rôles d'appoint : annoncer le début des films, identifier les chaînes de télévision ou informer dans les réclames. En 1961, le graphiste d'animation Norman McLaren amena le dessin de lettre animé sur le devant de la scène à l'occasion d'une publicité commandée par le ministère du Tourisme canadien ; il utilisa des découpes de lettres dans une séquence d'animation image par image que l'on pouvait voir sur l'écran électrique animé Sony Epok dans Times Square à New York, soit un panneau d'affichage de 67m² composé de milliers d'ampoules éclairées à partir d'un film. L'historienne de la typographie Beatrice Warde décrit l'événement ainsi :

«Ça vous étonne que je sois arrivée en retard au théâtre, alors que je vous dis que j'ai vu deux A égyptiens ... se promener bras dessous bras dessus en arborant le port inimitable des artistes de music-hall ? J'ai vu des empattements inférieurs entraînés comme par des chaussons de danse de sorte que les lettres sont littéralement sorties sur les pointes... J'ai vu le mot changer son apparence (majuscules ? minuscules ? italique ?) encore plus vite qu'une femme chez son marchand de modes. Après quarante siècles d'alphabet infailliblement statique, j'ai vu ce que ses éléments pouvaient faire dans la quatrième dimension du Temps, du "flux", du mouvement.[1]»

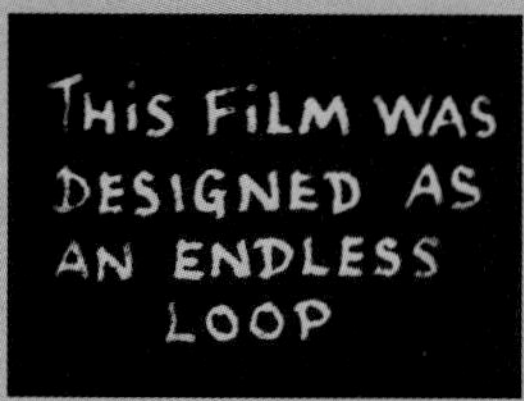

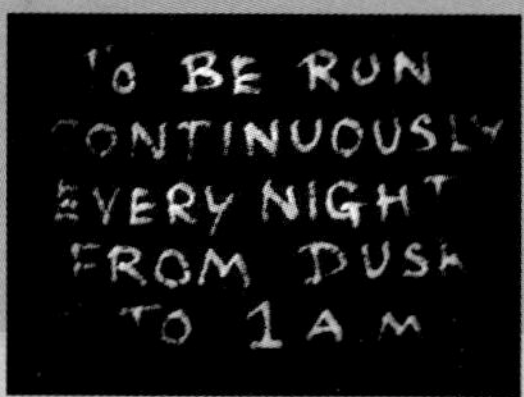

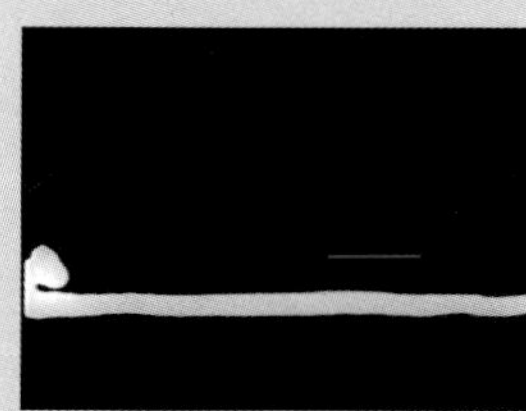

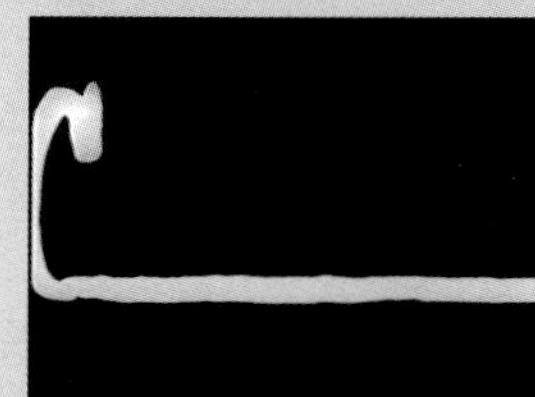

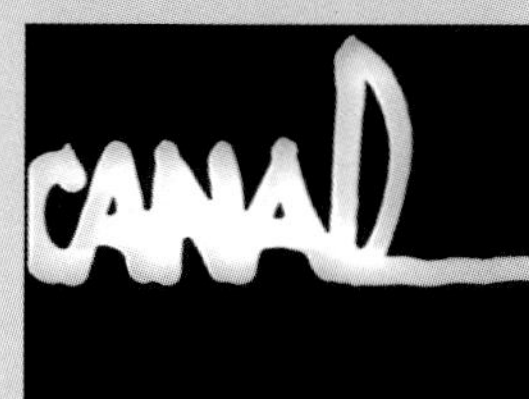

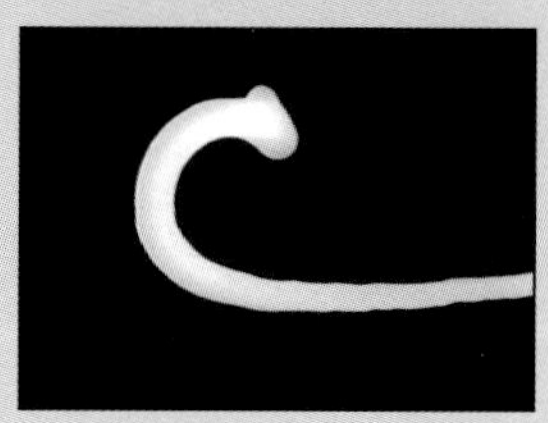

2

L'ordinateur de bureau a ouvert des portes et permis à l'homme de transformer la nature de la communication : essentiellement passive, elle est devenue interactive, accroissant l'accessibilité et la maîtrise des informations ; par ailleurs, ces dernières sont désormais plus complexes et leur diffusion prend des formes toujours plus variées. La technologie numérique constitue une synthèse de tous les supports antérieurs. La lecture s'est ainsi compliquée du fait de concepts tels que la simultanéité, l'immédiateté, l'interactivité, l'inter-média, le multimédia, l'hypermédia, l'hypertexte, l'inter-texte et les octets de paroles, d'images, de sons ou de musique.

Cinéma et télévision sont des médias qui impliquent enregistrement, montage, transmission et réception d'informations-images, qu'elles soient picturales ou textuelles, qu'il s'agisse d'une action sur le vif ou d'une représentation statique. Le support d'enregistrement, sous sa forme filmique linéaire, implique un trajet direct entre le sujet (ou contenu) et le spectateur ; la communication interactive non linéaire de type numérique s'est améliorée, puis développée, apportant des distorsions à ce tracé. Grâce aux médias numériques, le support d'enregistrement dépasse la reproduction de la réalité pour entrer dans la manipulation transparente du réel.

C'est ainsi que les dessins de lettres statiques en deux dimensions, disposés et figés en une chaîne horizontale, voient leur histoire prendre une toute nouvelle orientation. La lettre ne se définit plus en fonction des caractéristiques de sa forme imprimée, telles que police, taille de point, graisse, interlignage ou crénage. Dessins de lettres aux spécificités comportementales, anthropomorphiques, cinétiques ou autres, texte qui se fluidifie et s'écoule, structures tridimensionnelles maintenues par des lignes, des plans et des volumes de texte à travers lesquels un lecteur peut se déplacer..., ce ne sont là que quelques exemples de l'incidence de la technologie numérique sur le dessin d'une lettre, autrefois empreint de simplicité et d'humilité.

Le squelette de la page, en tant que base de composition avec ses hiérarchies convenues de titres, colonnes et marges, connaît également un nouvel essor. Contrairement à la matérialité et à la permanence du support imprimé, le lecteur est à présent confronté aux rôles des composantes dimensionnelles, temporelles, éphémères et transitoires, n'étant plus en présence d'une composition unique et fixe, mais de successions de compositions, en outre pas forcément cohérentes ni même définies visuellement.

Le montage et le collage sont deux types de structures issus des formats temporels. Dans le cas du montage, il faut anticiper, assembler et synchroniser une séquence composée de plusieurs images afin de créer un récit, suite démonstrative ou enchaînée d'événements ayant généralement un début, un milieu et une fin. Ici, les dessins de lettres participent à une fonction tant verbale que visuelle. Figer une séquence de montage permet de capturer un moment spécifique dans un mouvement continu plus ample.

Un collage constitue un assemblage plus impressionniste – proche de l'imprimé – d'images isolées afin de créer une séquence dégagée de l'ordre chronologique des événements. Si les dessins de lettres ne sont pas toujours censés être lus, ils servent presque toujours de composantes à une texture typographique frappante sur le plan visuel. Figer une séquence de collage révèle une composition spécifique, indépendante, assimilable à une affiche ou à une peinture.

Alors, comment faut-il appeler un caractère qui danse et rebondit, qui se métamorphose et se dissout sous nos yeux ? Un livre *imprimé* sur une typographie en *mouvement* : n'y a-t-il pas là contradiction ? Est-ce qu'en figeant une séquence de film sur papier, on ne va pas atténuer l'impact que peuvent avoir 24 images par seconde ?

Dans cet ouvrage, nous souhaitons donner une forme à une discipline naissante en nous appuyant sur quatre intitulés plus ou moins liés : *typographie temporelle, typographie cinétique, typographie dimensionnelle, graphisme en mouvement.* La pertinence de ces catégories tient à ce que le temps, le mouvement, les dimensions et l'image jouent tous un rôle important dans le processus de création et de lecture d'une typographie propre à l'écran de cinéma, de moniteur vidéo, de télévision ou d'ordinateur. Les exemples présentés mettront en évidence la manière dont ces spécificités influent sur l'appréhension traditionnelle et statique – fondée sur l'imprimé – que le lecteur a de la communication et de la forme typographique. Plusieurs aspects sont pris en compte, notamment la netteté et la lisibilité du texte qui est vu et/ou lu pendant une durée limitée, l'invention de caractéristiques créatives et fonctionnelles pour la typographie – en revenant à la nature structurelle des formes de lettres elles-mêmes –, la mise au point d'un langage pour comprendre et expliquer la relation entre nouvelles technologies et dessins de lettres, et l'exploitation de ces technologies pour amener la communication visuelle vers de nouveaux horizons.

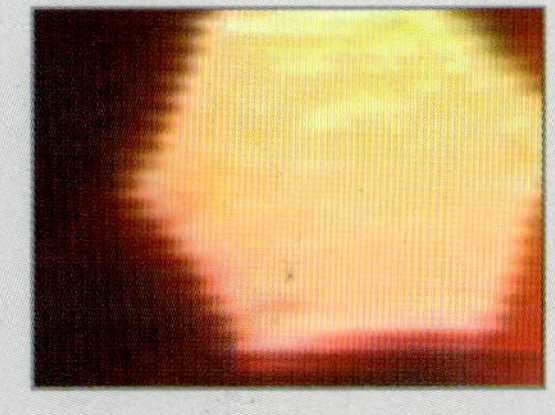

Nous espérons que vous apprécierez le travail et les idées exposés dans les pages suivantes.

— MW + JB

1. *Alphabet 1964: International Annual of Letterforms*, Hutchings, Reginald Sales, éd., Birmingham, Angleterre, The Kynoch Press, 1964

2. TITRE *New York Lightboard Animation* · FORMAT Film noir et blanc
PAYS Canada · CLIENT Canadian Board of Tourism · DATE 1961
CRÉATEUR Norman McLaren · RÉALISATEUR Norman McLaren
PRODUCTEUR Norman McLaren · ©1961 National Film Board of Canada

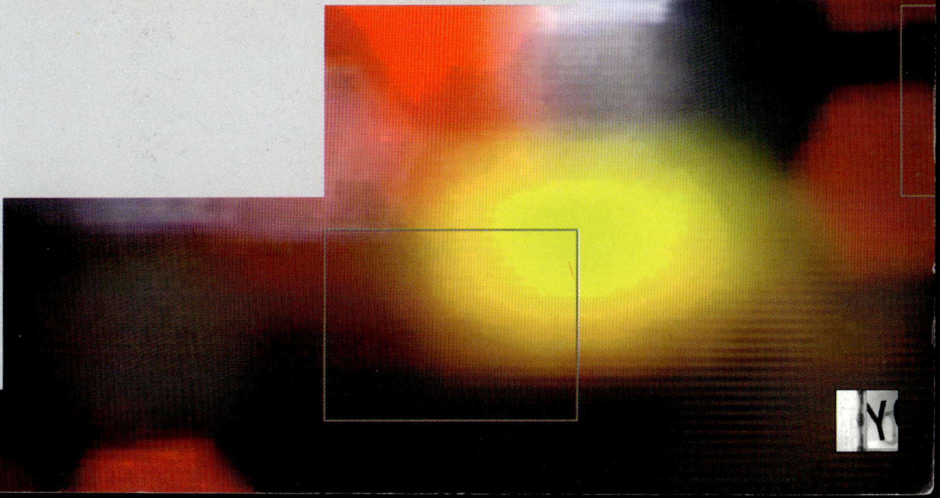

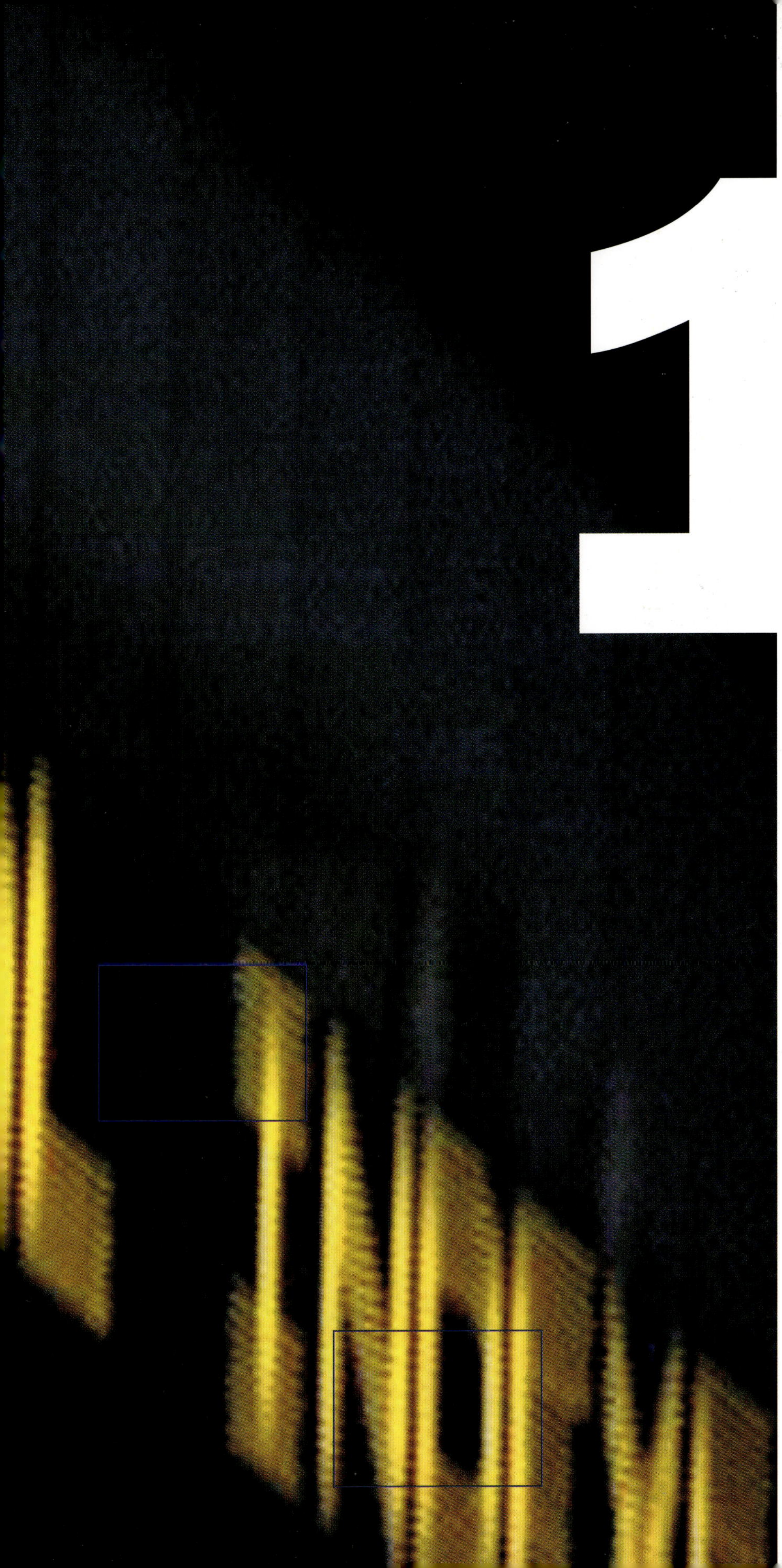

1 [Antécédents]

La typographie cinétique trouve sa toute première application dans la conception des génériques de films.
Les antécédents présentés ici font apparaître une notion historique, tout en établissant des liens entre les innovations visuelles de 1959 et celles de 1999. Sur la nature de la créativité dans une discipline ayant fait l'objet de plusieurs renaissances, Pablo Ferro déclarera : «Il n'y a plus aucune nouveauté, hormis celle de ce qui a été oublié.»
Si cette affirmation est exacte, il est indispensable d'établir des repères dans l'évolution de la conception des génériques afin de montrer non pas comment imiter, mais comment transcender avec l'aide de la technologie numérique.

Jeux de caractères

Norman McLaren a travaillé à l'Office National du Film canadien pendant plus de trente ans. Il a exploré, élaboré et affiné des techniques d'animation de film à partir de dessins manuels – sans caméra – et a réalisé et animé des films novateurs utilisant des effets d'optique sur des caractères.

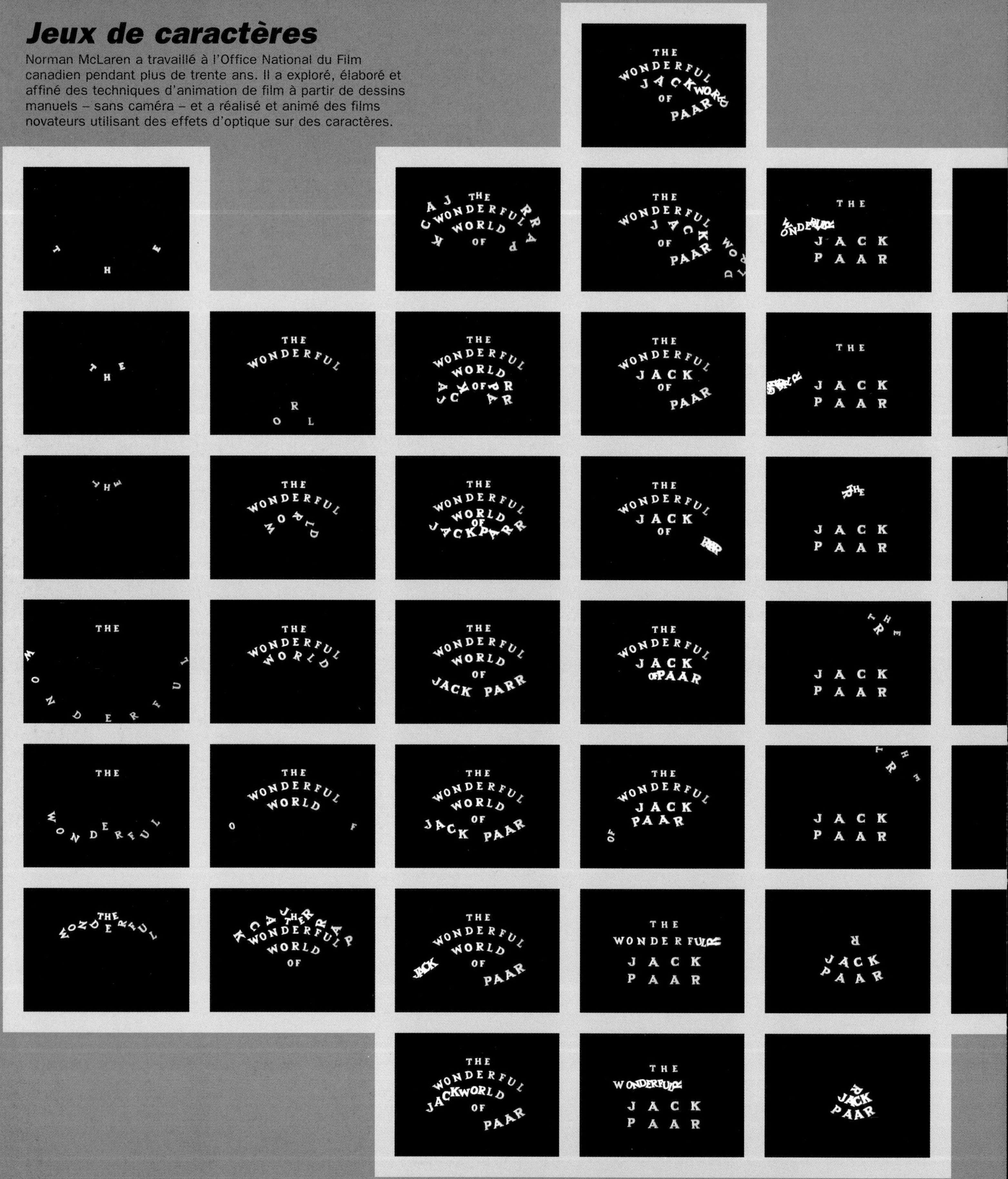

TITRE *Générique de l'émission de Jack Paar*
FORMAT Film noir et blanc · PAYS Canada
CLIENT The Wonderful World of Jack Paar
DATE 1959 CRÉATEUR · Norman McLaren
RÉALISATEUR Norman McLaren
PRODUCTEUR Norman McLaren · DURÉE
TOTALE 3 minutes 27 secondes · ©1959
National Film Board of Canada

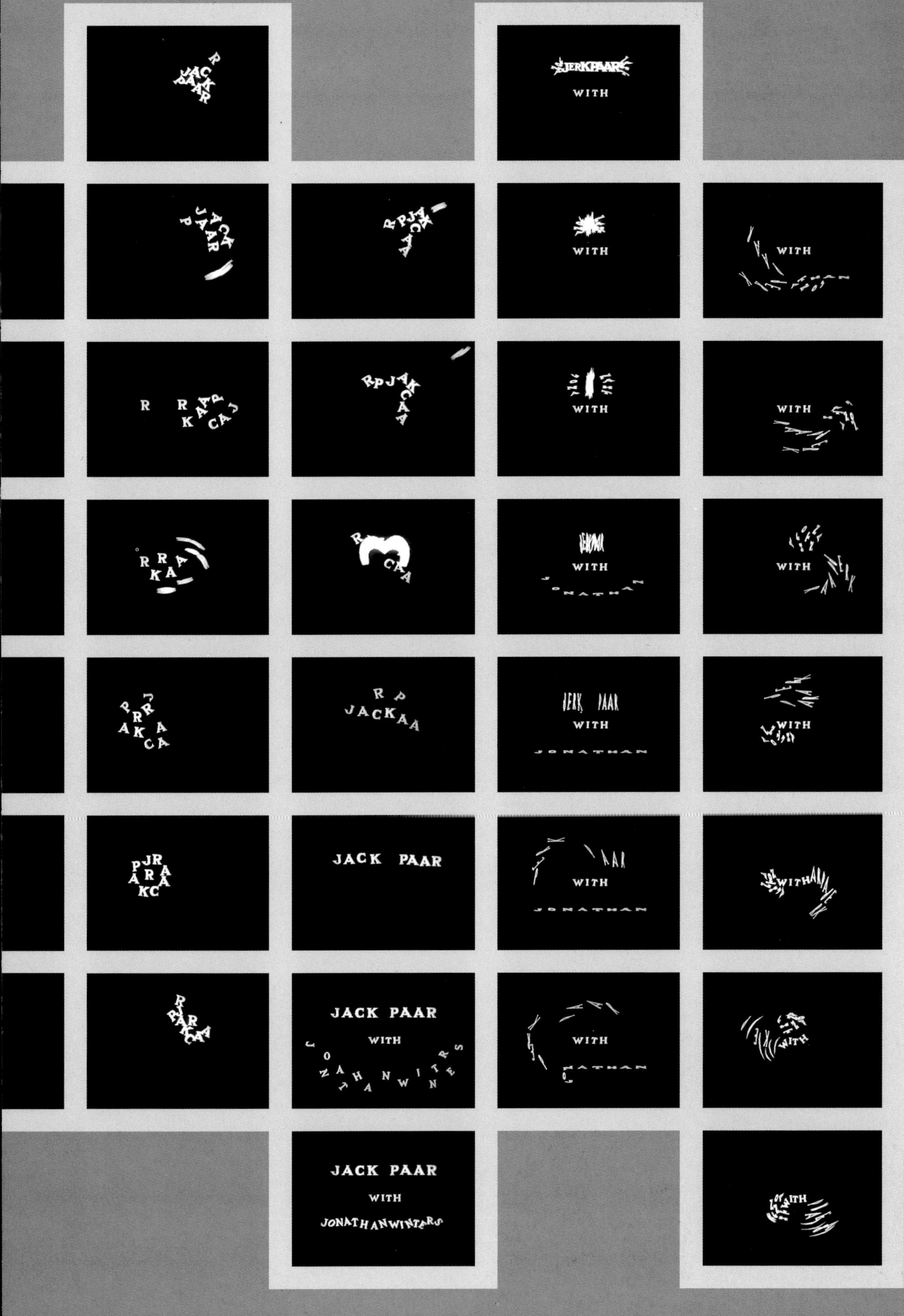

En 1959, McLaren est sollicité pour la conception et la réalisation des séquences des génériques de début et de fin de l'émission de télévision *The Wonderful World of Jack Paar*, à l'occasion d'un «spécial anniversaire» saluant la réussite de cette émission de débat animée par Jack Paar. Dans cette célèbre séquence, des dessins de lettres simples surgissent et s'assemblent devant un fond noir. Ces caractères se mettent ensuite à jouer, danser, faire la course et lutter les uns avec les autres afin de parvenir à former les noms et les mots.

Les sensibilités visuelles de McLaren, ainsi que son approche ludique de la typographie et des dessins de lettres animés, offrent un aperçu plaisant d'un passé pré-numérique, époque à laquelle la main de l'homme instillait une qualité que l'ordinateur est loin d'avoir éliminée de la typographie temporelle.

Symbolisme graphique

Saul Bass (1920-1996) est un créateur innovant, auteur de séquences palpitantes qui transforment la fonction de communication pragmatique des génériques pour en faire de véritables mini-récits articulés autour d'une métaphore définissant l'ambiance et la spécificité visuelle du film.

La méthodologie de création propre à Saul Bass suit le principe moderniste de réduction et impose une attention particulière à la vitesse, au rythme et au détail.

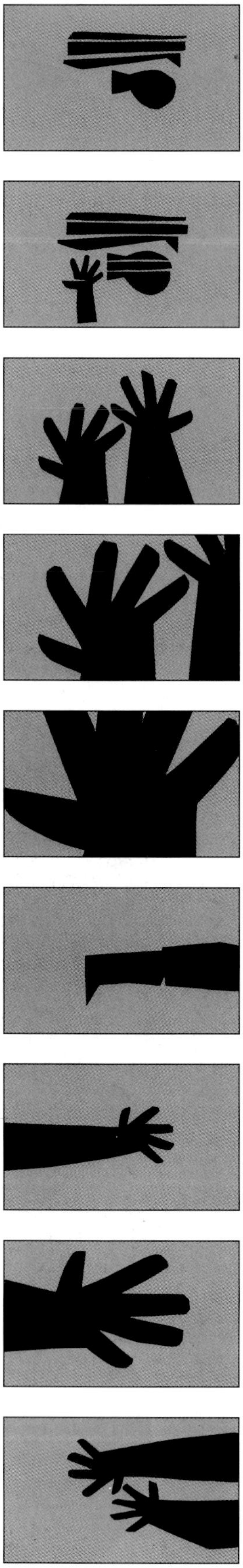

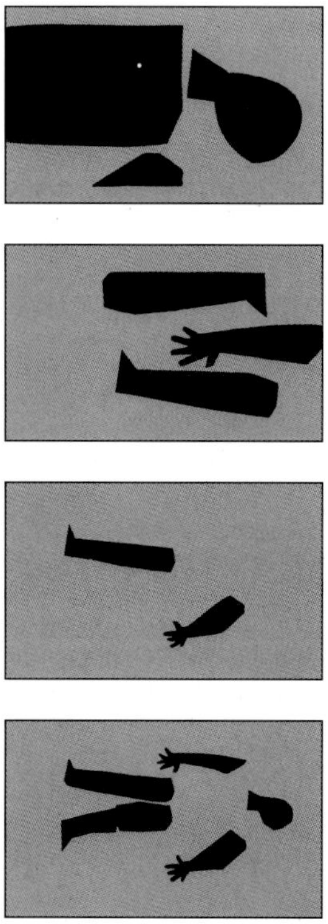

Afin d'appliquer toutes les finesses de sa sensibilité à un concept ou à une métaphore d'ordre visuel, Bass intègre et harmonise parfaitement plusieurs techniques dans ses génériques, notamment la photographie, le photomontage, les volets multi-images et l'animation. Toutefois, par la suite, il s'appropriera les technologies de la vidéo et du numérique, ainsi que les scènes réelles et explorera les complexités liées à la superposition de lettres et d'images dans un environnement cohérent.

L'adaptation cinématographique de la comédie musicale *Carmen Jones* commence par une flamme qui brûle derrière le dessin d'une rose ; le titre, tracé dans un caractère à empattement au style vigoureux, reste fixe et centré, et fonctionne à la manière d'un logotype. La flamme crée une cohésion entre l'image et les lettres en oscillant dans un mouvement de va-et-vient en fonction de la longueur d'animation du titre et des autres textes du générique.

Dans ses débuts, Bass réalisera des animations traditionnelles à partir de dessins cloisonnés ou de formes découpées. Dans la séquence d'ouverture d'*Anatomie d'un meurtre*, des formes simples, coupées aux ciseaux et représentant les parties d'un corps, changent de proportions, se déplacent et se juxtaposent, créant des liens abstraits avant de s'assembler en un corps humain complet, étendu tel que sur le lieu d'un meurtre.

2

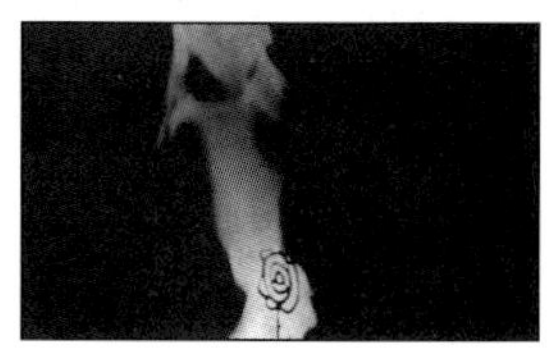

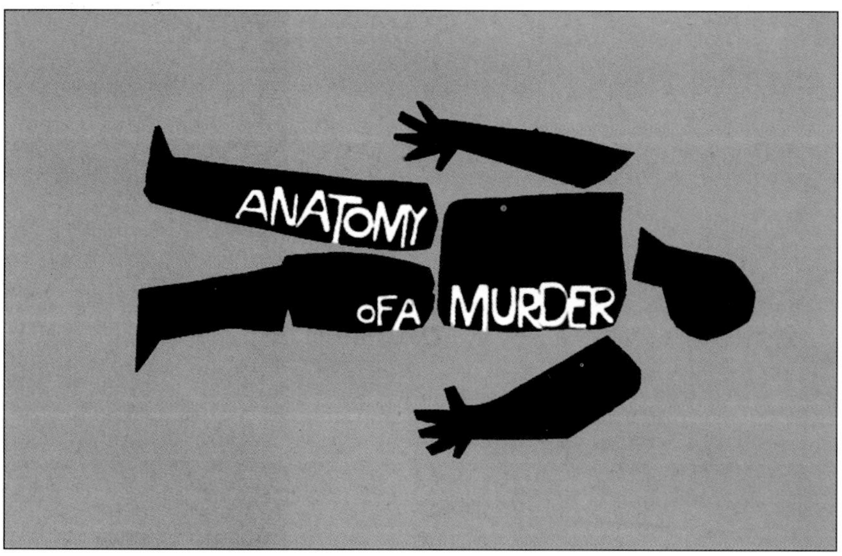

Dans *Anatomie d'un meurtre*, les formes noires ont une fonction typographique : elles s'assemblent et se réassemblent pour produire différentes compositions. Au montage, Bass adapta le rythme de l'animation à la bande son de Duke Ellington. Les formes attirent l'attention sur la typographie elle-même : soit que les caractères apparaissent en réserve sur celles-ci, soit que leur agencement dirige le regard vers les noms au générique.

1

1. TITRE *Anatomie d'un meurtre* · FORMAT Film · PAYS États-Unis · DATE 1959 · CRÉATEUR Saul Bass · RÉALISATEUR, PRODUCTEUR Otto Preminger · MONTAGE Louis R. Loeffler · DIRECTEUR DE LA PHOTOGRAPHIE Sam Levitt · SOCIÉTÉ Columbia Pictures Corp. · ©1959 Carlyle Productions, Inc.

2. TITRE *Carmen Jones* · FORMAT Film · PAYS États-Unis · DATE 1954 · CRÉATEUR Saul Bass · RÉALISATEUR, PRODUCTEUR Otto Preminger · MONTAGE Louis R. Loeffler · DIRECTEUR DE LA PHOTOGRAPHIE Sam Levitt · ©1954 Carlyle Productions, Inc.

3. TITRE *L'homme au bras d'or* · FORMAT Film · PAYS États-Unis · DATE 1956 · CRÉATEUR Saul Bass · RÉALISATEUR, PRODUCTEUR Otto Preminger · MONTAGE Louis R. Loeffler · DIRECTEUR DE LA PHOTOGRAPHIE Sam Levitt · ©1995 Carlyle Productions, Inc., ©1989 Otto Preminger Films, Ltd.

Auparavant créateur en graphisme et design industriel, je suis à présent confronté à une suite vacillante, mouvante, insaisissable d'images en déplacement qui, d'une façon ou d'une autre, doivent contribuer à la communication.
— Saul Bass, au sujet de son premier générique de film.

Après avoir travaillé dans plusieurs agences de publicité et services artistiques, Bass se lance à son compte. Vers la fin des années 1950, le cinéaste Otto Preminger lui demande de créer le générique de *L'homme au bras d'or*. Bass et le réalisateur s'attellent à la tâche en prenant comme postulat que le film doit commencer à la première image, captiver les spectateurs dès le tout début de la projection et installer l'ambiance du film, tous ces concepts étant extrêmement en avance sur leur époque.

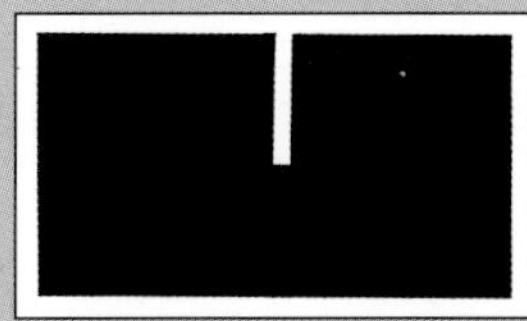

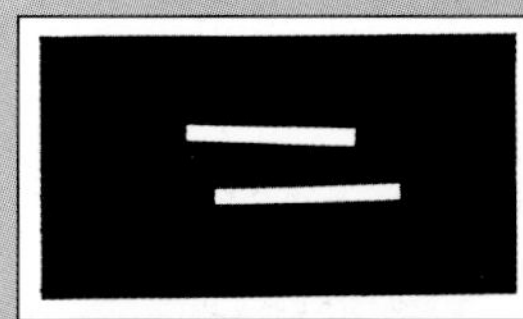

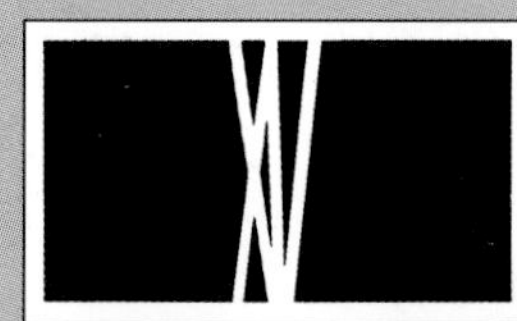

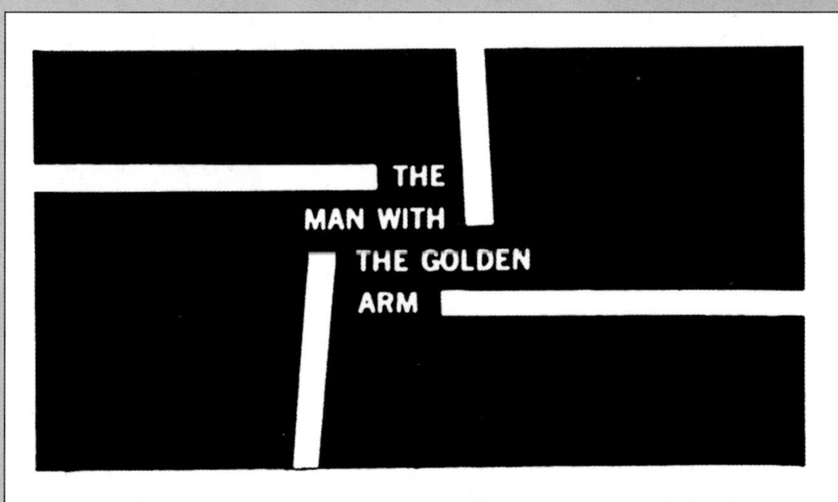

De longs rectangles blancs dansent à l'intérieur de l'image dans une chorégraphie déstructurée qui met en évidence le titre et les noms, ceux-ci étant composés entièrement en capitales dans une police astucieuse et efficace de caractères bâton dont la hauteur correspond à la largeur des rectangles.

3

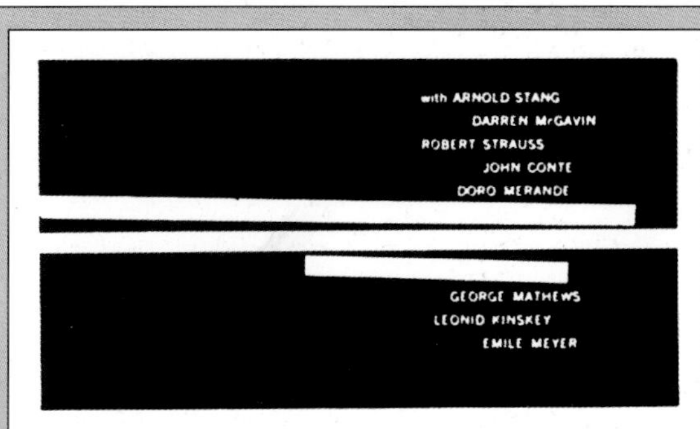

Les barres convergent ensuite verticalement au centre de l'écran, créant une tension visuelle dans la composition de l'image, puis elles se combinent pour former le dessin désormais célèbre du bras tendu.

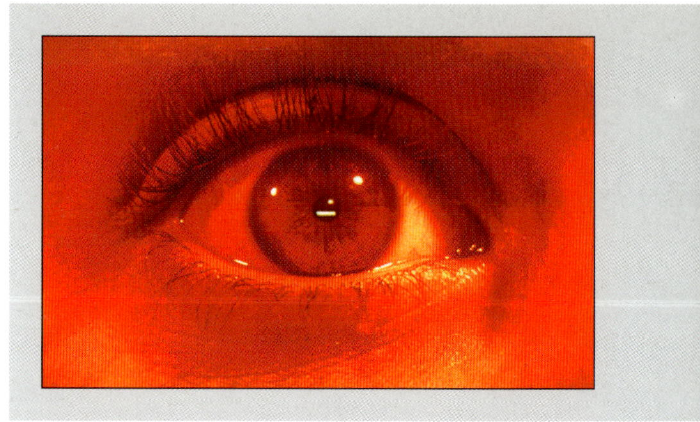

De Psychose *à* Sueurs froide

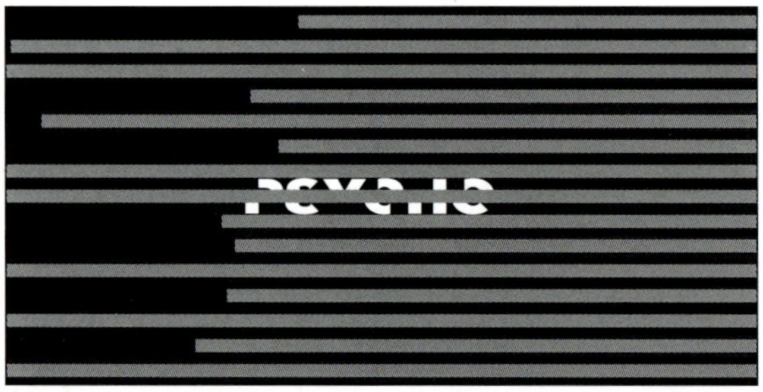

Pour *Psycho (Psychose)*, le grand classique du suspense d'Alfred Hitchcock, Bass crée une séquence de générique particulièrement dynamique. Des lignes horizontales grises, nettes et incisives, glissent rapidement à travers l'image et la recouvrent entièrement.

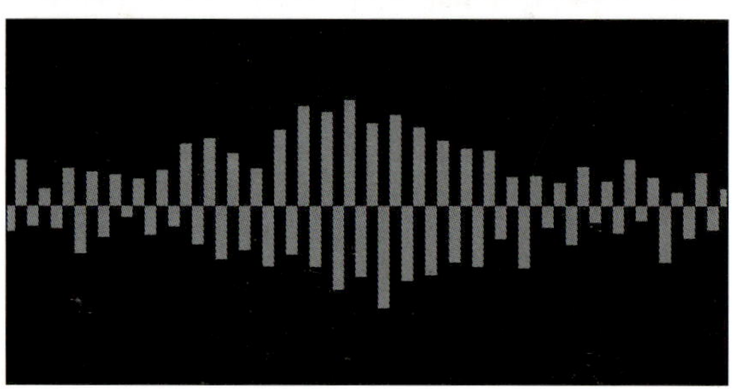

1

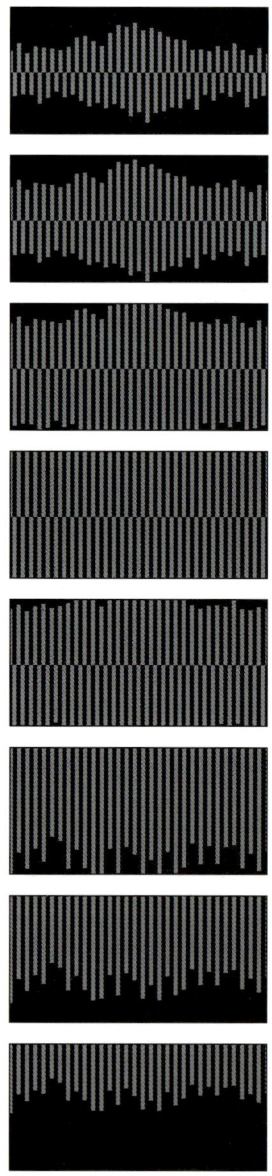

Le titre, composé en caractères gras majuscules de type bâton, apparaît décomposé horizontalement et désaligné verticalement. Les deux segments du titre se dissocient légèrement, par à-coups comme pour essayer de se trouver, illustrant de manière conceptuelle la schizophrénie du personnage principal, Norman Bates, qui croit être sa mère.

Les lignes grises glissent hors de l'image permettant aux segments du titre de se rejoindre. Les lignes resurgissent alors verticalement vers le haut et le bas à partir de l'axe horizontal central, couvrent toute l'image puis montent comme un rideau dévoilant la première scène.

Une fois le film commencé, il apparaît clairement que les lignes grises horizontales sont une métaphore graphique de la scène du début : un zoom aérien sur la fenêtre d'un appartement dont les stores vénitiens sont à demi fermés. Les lignes verticales, en revanche, sont une allusion à la scène finale dans laquelle Norman Bates est mis derrière les barreaux.

Bass sera également sollicité comme conseiller artistique pour la très célèbre scène du meurtre dans la douche.

1. TITRE *Psychose* · FORMAT Film · PAYS États-Unis · DATE 1960 · CRÉATEUR Saul Bass RÉALISATEUR Alfred Hitchcock · MONTAGE George Tomasini · DIRECTEUR DE LA PHOTOGRAPHIE John L. Russell · SOCIÉTÉ Universal · ©1960 Shamley Productions, Inc.
2. TITRE *Sueurs froides* · FORMAT Film · PAYS États-Unis · DATE 1958 · CRÉATEUR Saul Bass RÉALISATEUR Alfred Hitchcock · MONTAGE George Tomasini · DIRECTEUR DE LA PHOTOGRAPHIE Robert Burks · EFFETS SPÉCIAUX PHOTOGRAPHIQUES John P. Fulton SOCIÉTÉ Universal · ©1958 Alfred J. Hitchcock Productions, Inc. and Paramount Pictures Corp.

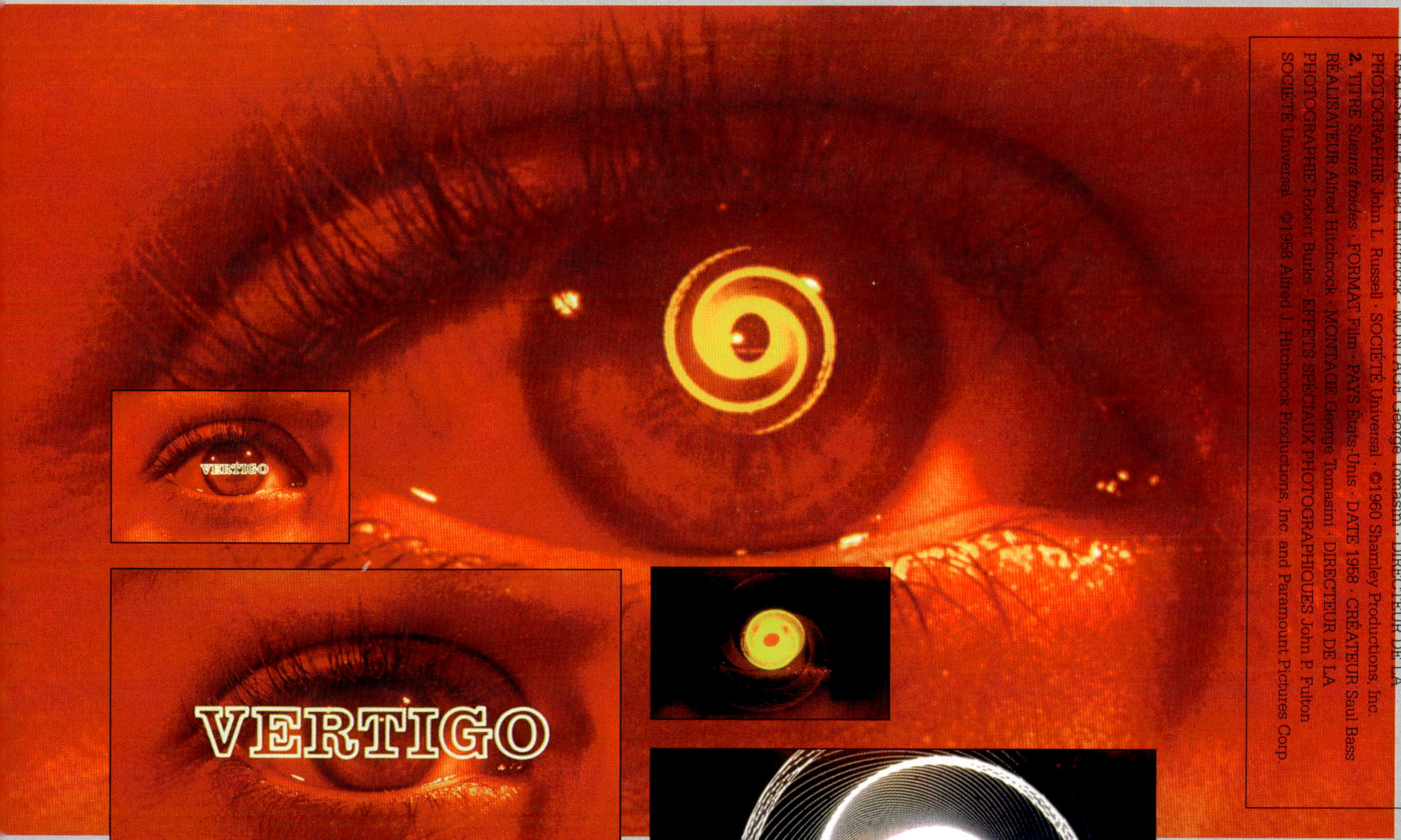

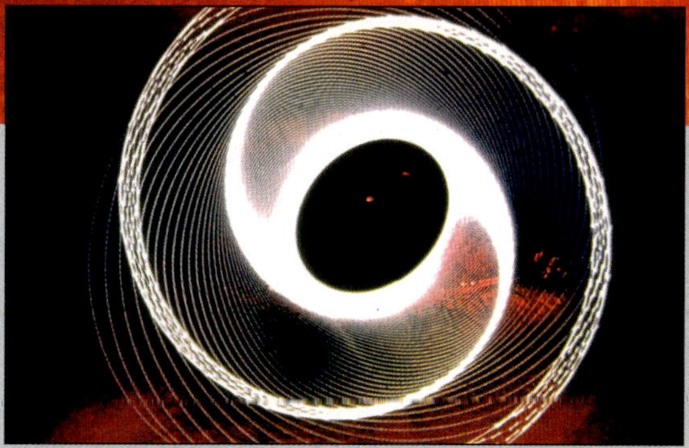

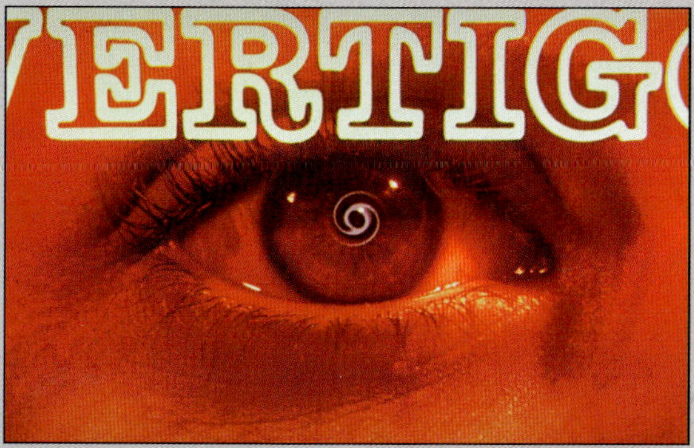

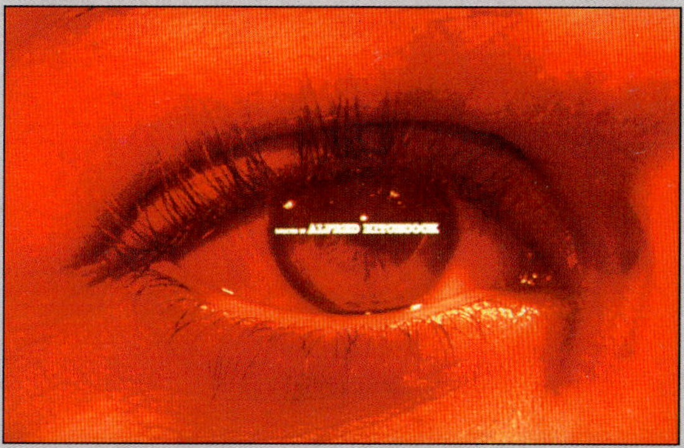

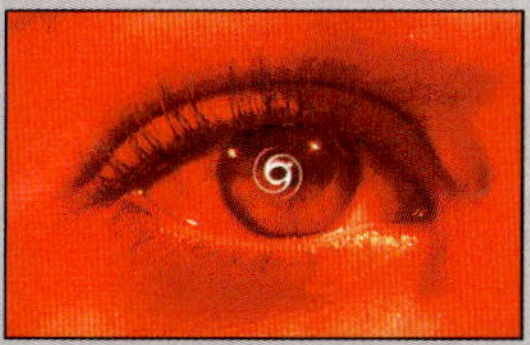

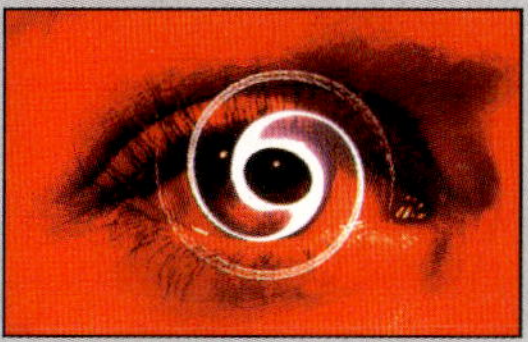

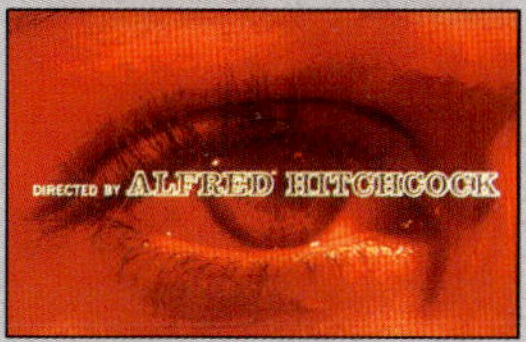

2

La première séquence de *Vertigo (Sueurs froides)*, film de 1958, associe images réelles, typographie et effets d'optique sophistiqués qui n'ont rien à envier aux capacités de la technologie informatique quelque 40 ans plus tard.

La caméra effectue un panoramique vers le haut sur un visage de femme cadré serré, puis fait un zoom sur son œil qui devient le foyer de la composition. Alors qu'une teinte rouge vient envelopper l'image, le titre apparaît au centre de la pupille et s'agrandit jusqu'à sortir du champ.

A la suite du titre, un entrelacs de lignes en forme de spirale tourne en grossissant, reproduisant la sensation d'étourdissement qui s'empare des personnes sujettes au vertige (élément essentiel du film). Le dernier nom cité au générique, celui du réalisateur Alfred Hitchcock, surgit de la pupille de la femme, de la même manière que le titre, et conclut la séquence.

Titre et textes du générique sont composés dans une police aux lettres à empattement, contourées et grasses, particulièrement efficaces. En effet, elles permettent un espacement minime entre les caractères qui restent malgré tout lisibles et participent à l'impact visuel de la séquence.

Plus tard dans sa carrière, Bass commence à utiliser dans ses génériques des images réelles. Les séquences qu'il crée grâce à cette démarche deviennent alors la première *scène* du film et présentent l'intrigue au public, au lieu de se contenter d'identifier l'œuvre.

Nine Hours to Rama est un film qui relate l'assassinat de Mohandas K. Gandhi et les neuf heures qui ont précédé cette tragédie. Un défilement de caractères typographiques hindi crée une trame d'arrière-plan au début de la séquence de générique. L'image d'un chronomètre et le titre du film apparaissent progressivement tandis que la caméra opère un plan très rapproché du cadran. Un motif compliqué de cercles se substitue aux caractères indiens alors que la caméra poursuit son zoom sur la trotteuse ; elle nous emmène ensuite dans le mécanisme à engrenages, à l'intérieur du boîtier, avant d'effectuer un travelling arrière pour refaire la mise au point sur la trotteuse tandis que celle-ci se transforme en roue de locomotive.

Bass se sert des mouvements des engrenages et de la locomotive comme métaphores du caractère inéluctable des dernières heures, minutes, secondes de Ghandi.
Le générique, composé dans un caractère bâton fonctionnel, assure une information minimale sur le film, tout en évitant de détourner l'attention des images et des trames de fond qui présentent le sujet.

1

Créer une tension visuelle

1. TITRE *Nine Hours to Rama* · FORMAT Film · PAYS États-Unis · DATE 1963 · CRÉATEUR Saul Bass RÉALISATEUR Mark Robson · SOCIÉTÉ 20th Century Fox
2. TITRE *West Side Story* · FORMAT Film PAYS États-Unis · DATE 1961 · CRÉATEUR Saul Bass RÉALISATEURS, PRODUCTEURS Robert Wise, Jerome Robbins · SOCIÉTÉ Mirisch Pictures, Inc., en association avec Seven Arts Productions, Inc. ©1961 Beta Productions, United Artists

2

La séquence de générique de l'adaptation cinématographique de *West Side Story* exploite astucieusement les surfaces urbaines des arrière-plans du film (murs, panneaux de signalisation, palissades et portes) comme supports aux titres et noms qui y sont écrits, peints ou barbouillés. La caméra se déplace lentement le long de ces surfaces, permettant aux spectateurs à la fois d'intégrer le décor et de lire les informations.

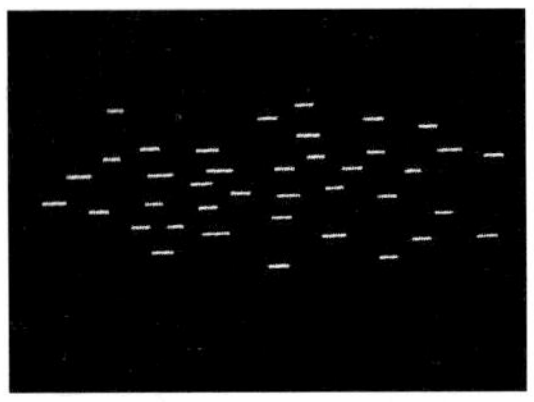

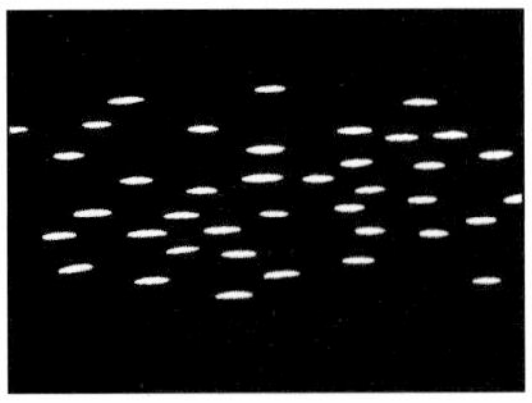

Pour *Alcoa Première*, Bass et sa femme Elaine ont conçu une séquence de générique qui évoque le caractère mystérieux et dramatique des histoires racontées dans cette anthologie télévisuelle. La caméra balaye un paysage sombre, illuminé de cercles et de carrés. Le titre apparaît tandis que la caméra abaisse son angle de mise au point, montrant ces formes comme les sommets de hauts monolithes élancés. Alors que la caméra continue à descendre, des détails révèlent qu'en réalité, lesdites structures sont des gratte-ciel, et le paysage un quartier urbain peuplé de ces volumes de lettres : A L C O A. Grâce aux changements de proportions, imperceptibles quoiqu'extrêmes, combinés à un éclairage de faible intensité, le contexte et l'ambiance se trouvent parfaitement établis.

Animations lumineuses

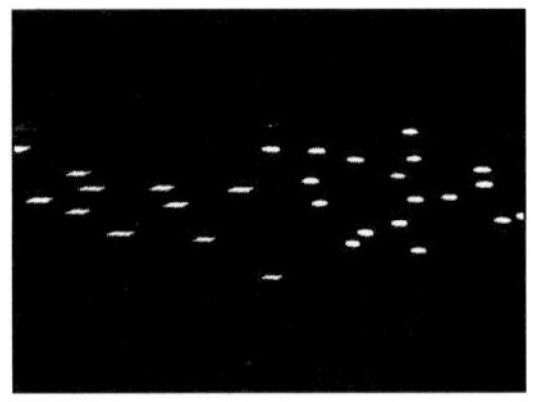

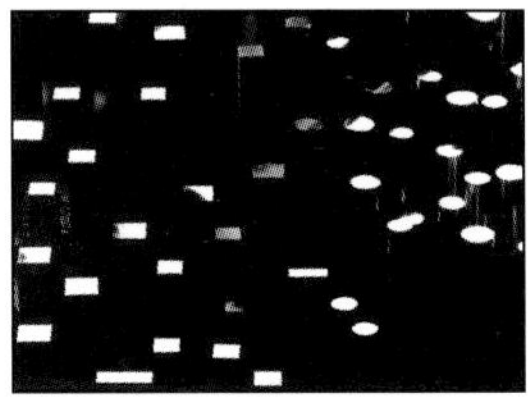

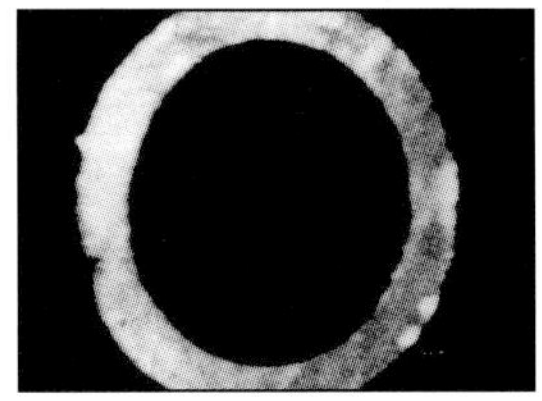

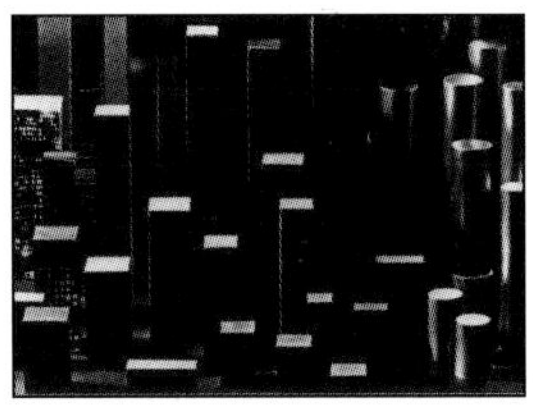

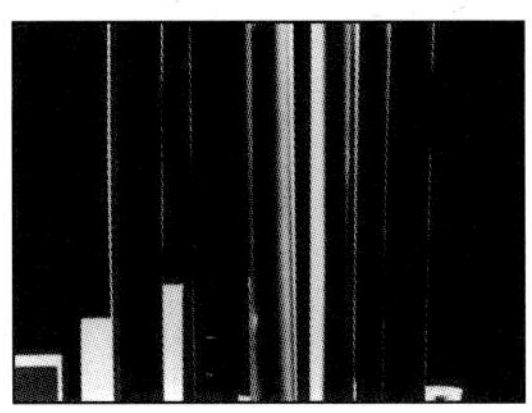

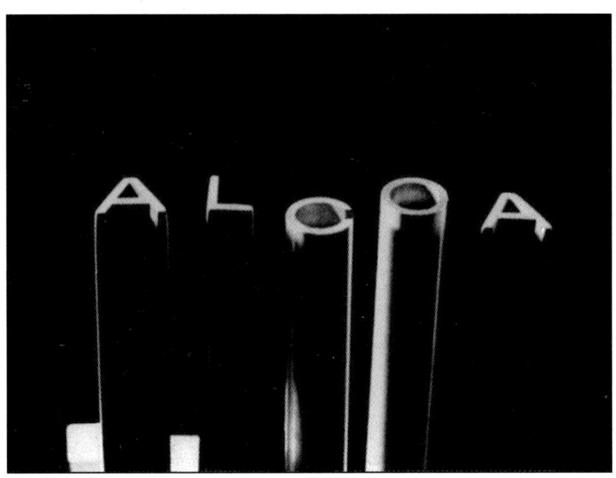

1

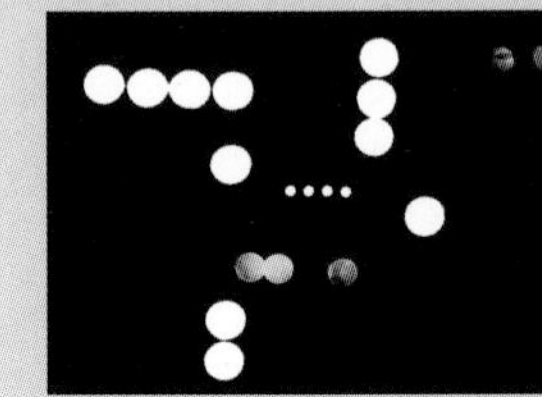

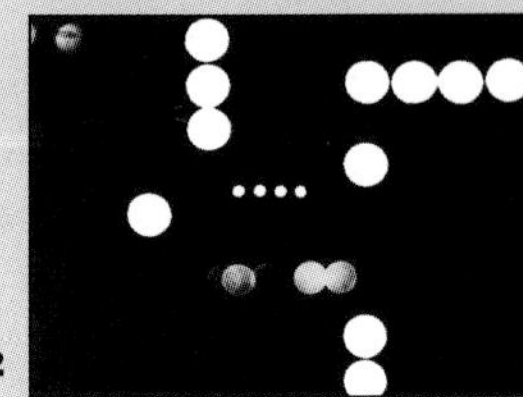

2

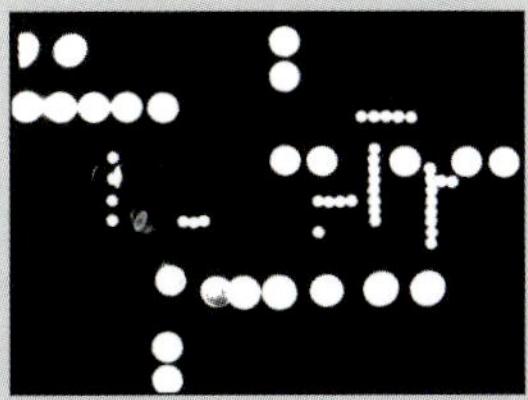

Effets de faisceaux

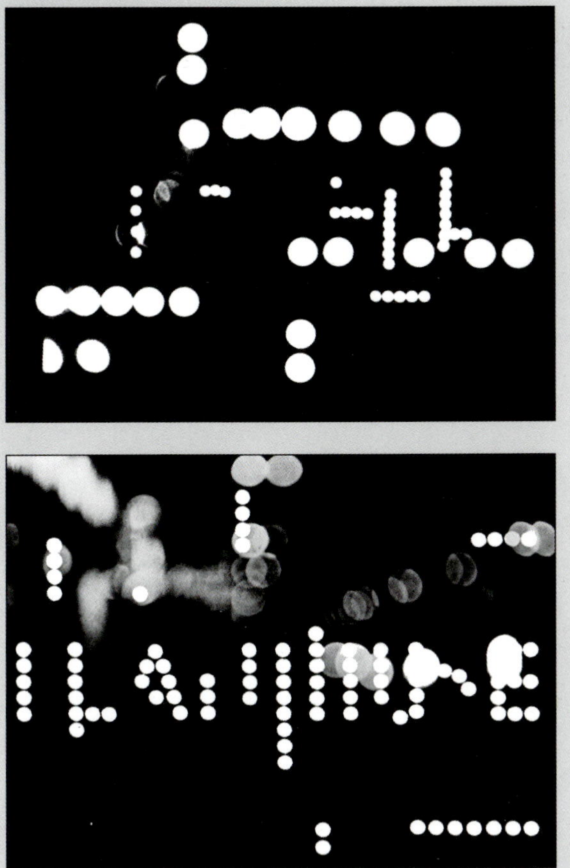

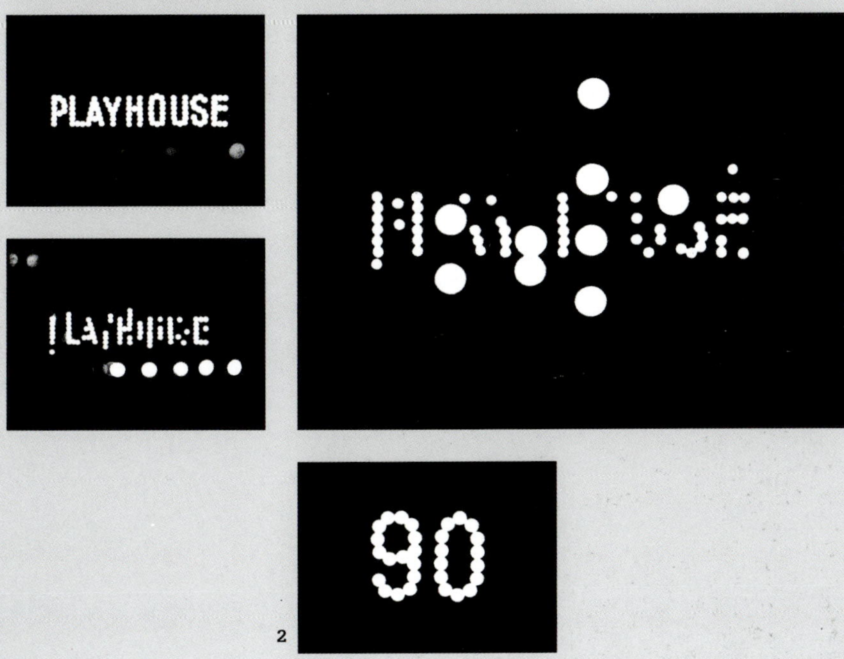

2

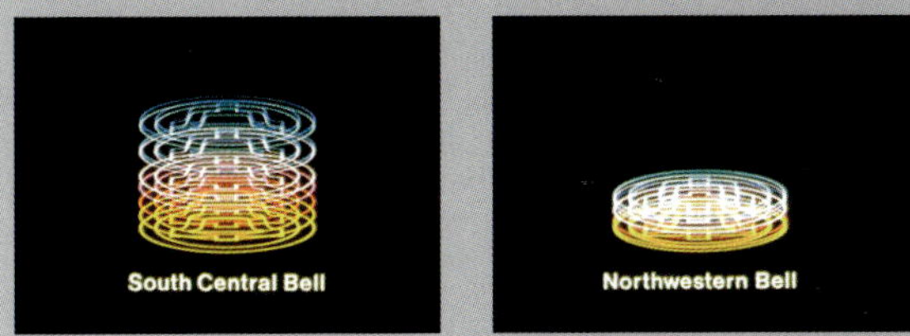

Dans le scénario conçu pour Bell Labs, le logo se multiplie en prenant les couleurs de l'arc-en-ciel afin de représenter les différentes filiales de l'ancien numéro un du secteur de la téléphonie aux États-Unis.

Un motif lumineux recrée l'atmosphère de la ville la nuit. Les points circulaires se mettent à fusionner jusqu'à former les lettres de *Playhouse 90*, une émission de télévision américaine. Les mots Playhouse et 90 clignotent alternativement sur l'écran ; du fait de la persistance rétinienne, le spectateur les perçoit comme faisant partie d'une image par superposition, ce qui n'est pas sans rappeler le célèbre panneau lumineux de Times Square.

3

1. TITRE *Alcoa Première* · FORMAT Film, vidéo · PAYS États-Unis DATE 1961 · CRÉATEURS Saul et Elaine Bass · DIRECTEUR ARTISTIQUE Saul Bass · SOCIÉTÉ Saul Bass and Associates, Inc.

2. TITRE *Playhouse 90* · FORMAT Film, vidéo · PAYS États-Unis · DATE 1960 · CRÉATEUR Saul Bass · DIRECTEUR ARTISTIQUE Saul Bass SOCIÉTÉ Saul Bass and Associates, Inc.

3. TITRE *Spot télévisé pour AT&T Telephone* · FORMAT Vidéo PAYS États-Unis · DATE 1969 · CRÉATEURS Saul and Elaine Bass SOCIÉTÉ Saul Bass and Associates, Inc.

Effets chorégraphiques

Pablo Ferro débute dans les années 1950 comme illustrateur chez Altas Comic Books, entamant ainsi une carrière marquée par sa richesse créative et son influence incontestable. Après dix ans de succès, il décide de donner vie à ses illustrations dans des films et produit des publicités pour des clients très divers. En 1961, il s'associe à Fred Mogubgub et Louis Schwartz avec l'intention de concilier l'art et la publicité à la télévision. Le montage novateur de Ferro, qui crée un torrent de lettres et d'images explosives, sera connu sous l'appellation de «quick cut». Vingt ans après que Ferro a mis cette technique au point, la chaîne musicale MTV l'adopte comme signature afin de représenter le rythme de vie trépidant de ses téléspectateurs âgés de 18 à 30 ans. C'est ainsi que Ferro se verra attribué le surnom de «Père de MTV». Aujourd'hui, il est toujours concepteur de génériques et collabore étroitement avec de grands réalisateurs et producteurs de cinéma.

Ces images sont extraites d'un film promotionnel annonçant la constitution de Ferro, Mogubgub & Schwartz en 1961. Les dessins découpés de lettres épaisses à empattement, blanches sur fond noir, sont les seuls personnages de ce film image par image : leur jeu vise à communiquer au spectateur la gaieté, la créativité et l'énergie de ce qui allait devenir le premier studio publicitaire de New York.

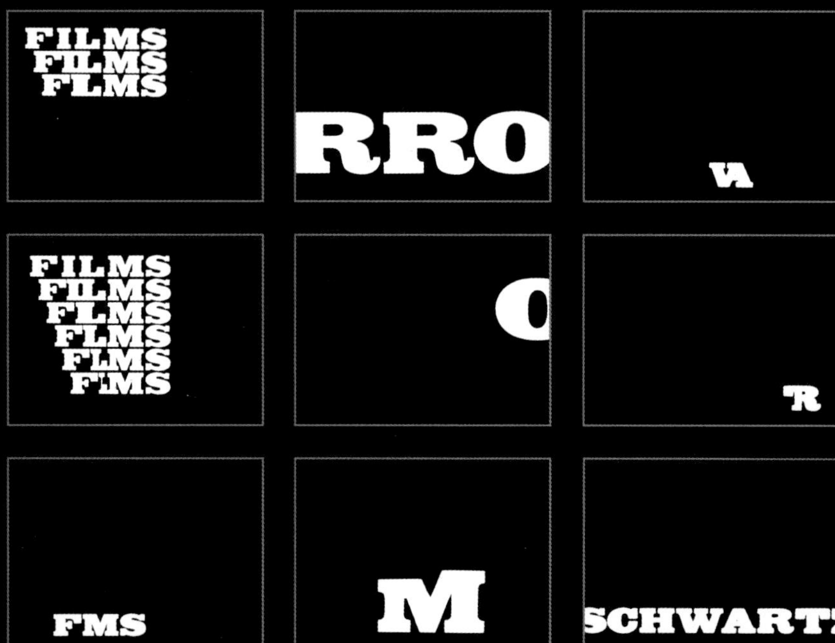

Effets de grattage

Ferro a découvert de nombreux procédés et effets spéciaux en travaillant sur le film. Souvent, sa démarche sensibilise le public au support lui-même, allant ainsi à l'encontre des progrès techniques qui recherchaient alors la netteté parfaite et la représentation de la réalité. Pour ce film de promotion, intitulé Quick Cuts '63, la méthode consiste à écrire à la main les lettres du mot «music» en rayant chacune des images de la scène filmée. Ferro reprend cette technique en utilisant de plus des caractères typographiques d'imprimerie aux contours nets, afin de créer un contraste avec la nature approximative du tracé des lettres gravées à la main. Visionné en temps réel, ce «film rayé» révèle des dessins de lettres épars qui sautent de-ci de-là, alors qu'en fond se déroule une activité plus cohérente.

1. TITRE *FMS: générique du film de présentation* · FORMAT Film · PAYS États-Unis CLIENT Ferro, Mogubgub & Schwartz · DATE 1961 · CRÉATEURS Jon Aron, Fred Mogubgub, Pablo Ferro, Trinkaus, Aron & Wayman RÉALISATEURS Pablo Ferro et Fred Mogubgub MUSIQUE Bob Prince SOCIÉTÉ Ferro, Mogubgub & Schwartz IMAGES D'ANIMATION Courtesy The Title House, Los Angeles

2. TITRE *Quick Cuts '63* · FORMAT Film PAYS États-Unis · CLIENT American Television Commercial Festival: The Clio Awards · DATE 1963 · CRÉATEUR et RÉALISATEUR Pablo Ferro · MUSIQUE Bob Prince · SOCIÉTÉ Ferro, Mogubgub & Schwartz IMAGES D'ANIMATION Courtesy The Title House, Los Angeles

Multiplicité et sublimation

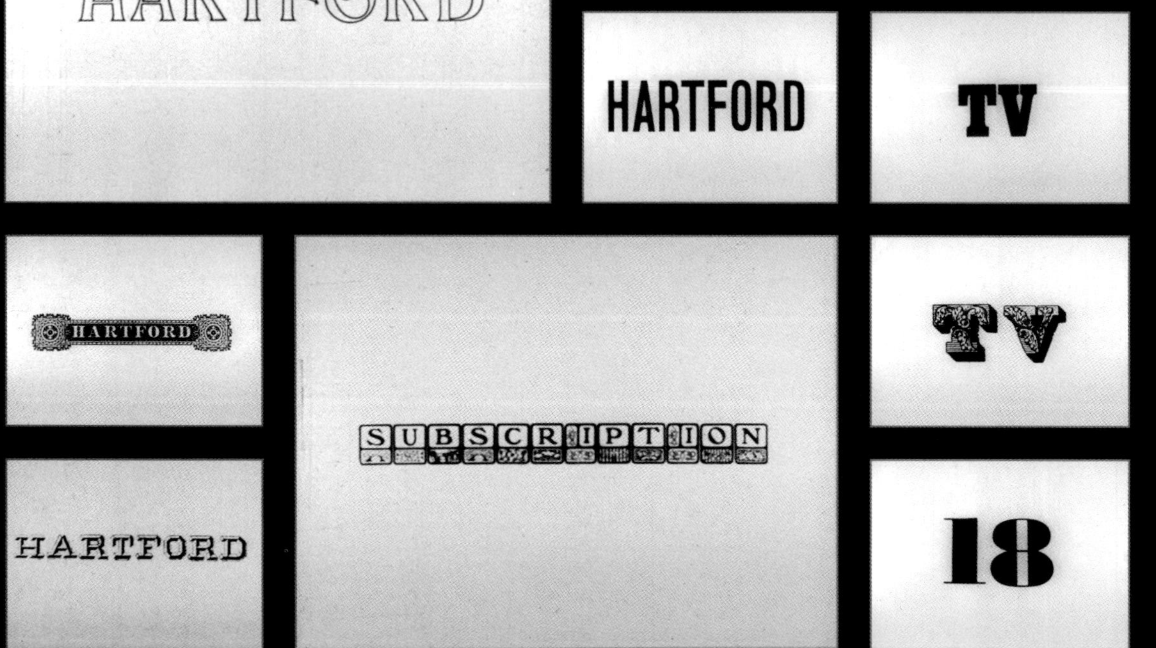

Lors de la première application de sa technique du «quick cut», Ferro utilisera 480 images fixes différentes pour la séquence d'ouverture de 20 secondes de la chaîne de télévision à péage de Hartford (Connecticut), Channel 18. Les cartons du générique sont composés dans une gamme de caractères Elzévir, Didot ou tracés à la main, afin d'exprimer la diversité des programmes proposés : dramatiques, sports, comédies, vulgarisation, musique et danse.

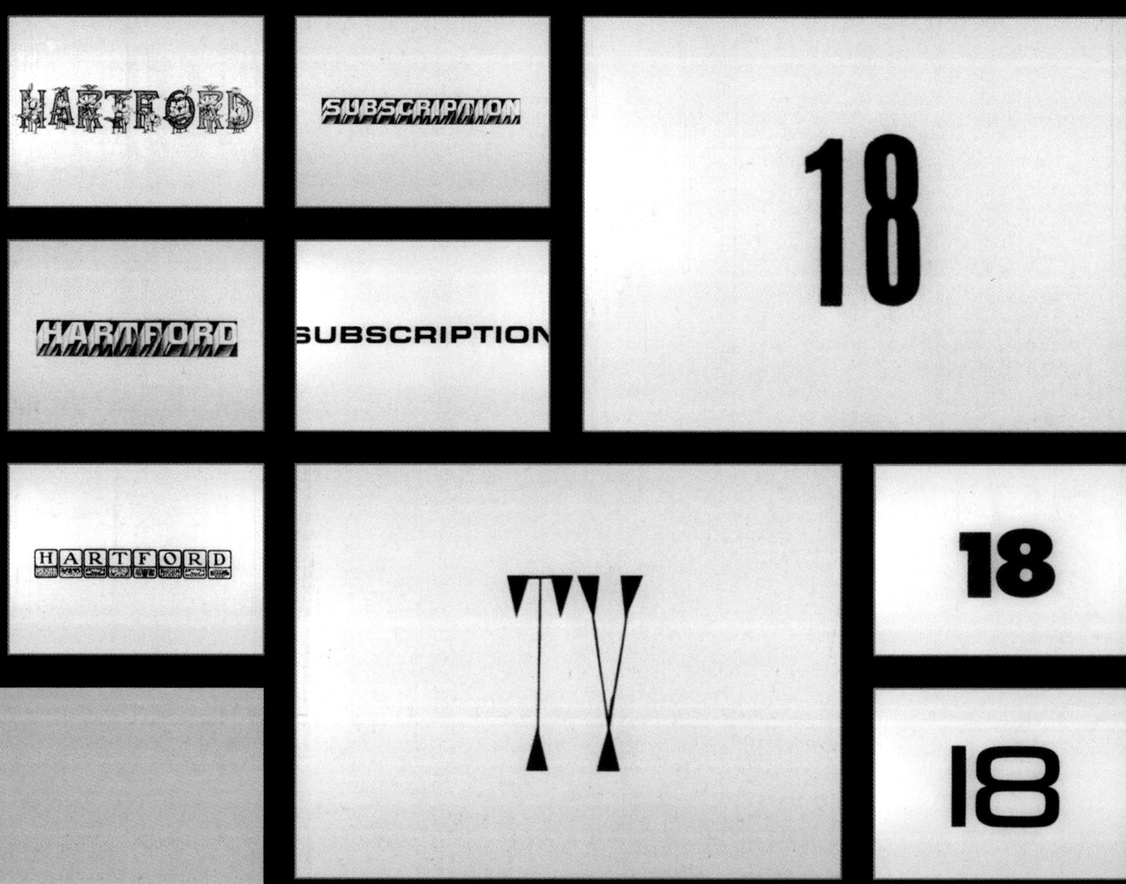

Ferro prend un seul cliché par image, pour 80 textes en moyenne par sujet. Vues en temps réel, ces images sont projetées en une suite rapide immédiatement après l'apparition du sujet à l'écran, créant un effet subliminal chez le spectateur. Dans le cas d'un film, il faut habituellement 21 images par seconde pour que l'œil puisse enregistrer correctement une image ; à cause de la cadence du film, le spectateur voit six images simultanément, ce qui lui donne l'impression que les mots sont constamment en train de bouger et de se transformer.

1. TITRE *Inauguration de Channel 18* · FORMAT Film · PAYS États-Unis · CLIENT Channel 18, Hartford, Connecticut · DATE 1962 · CRÉATEUR et RÉALISATEUR Pablo Ferro · RESPONSABLE DU BUDGET John Pinto · CONSULTANT John Donnelly · MUSIQUE Bob Prince · SOCIÉTÉ Ferro, Mogubgub & Schwartz · IMAGES D'ANIMATION Courtesy The Title House, Los Angeles

2. TITRE *Channel 13: The Education Channel* · FORMAT Film · PAYS États-Unis · CLIENT WNDT Channel 13, New York, New York · DATE 1962 · CRÉATEUR et RÉALISATEUR Pablo Ferro · MUSIQUE Bob Prince · ARTISTES Irene Trivas, Charles B. Slackman, Allen Ferro (âgé de 4 ans et demi) · SOCIÉTÉ Ferro, Mogubgub & Schwartz · IMAGES D'ANIMATION Courtesy The Title House, Los Angeles

A l'instar du spot pour Hartford, le film d'ouverture inaugurant la première chaîne éducative de New York, WNDT, Channel 13, synthétise un large éventail de sujets – littérature, dramatiques, sciences, arts, musique, philosophie, économie, sans oublier langues et religion – en une séquence particulièrement longue de 3 minutes et 26 secondes.

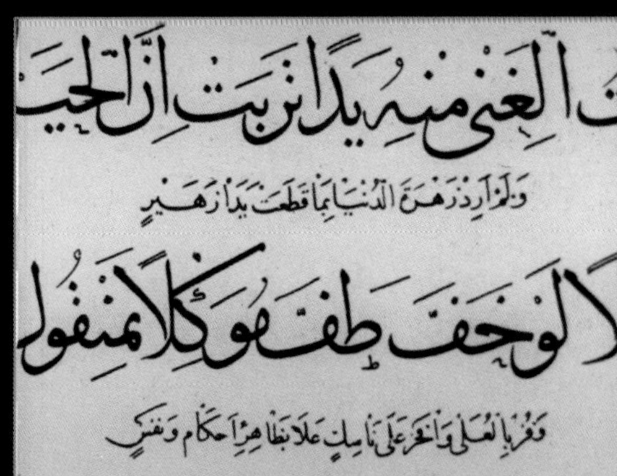

Des animations typographiques ponctuent ce flux permanent d'images composé de documents appartenant à des supports variés : séquences d'animation ou actions filmées, extraits de bandes d'actualités et de films muets, photographies fixes et dessins originaux.

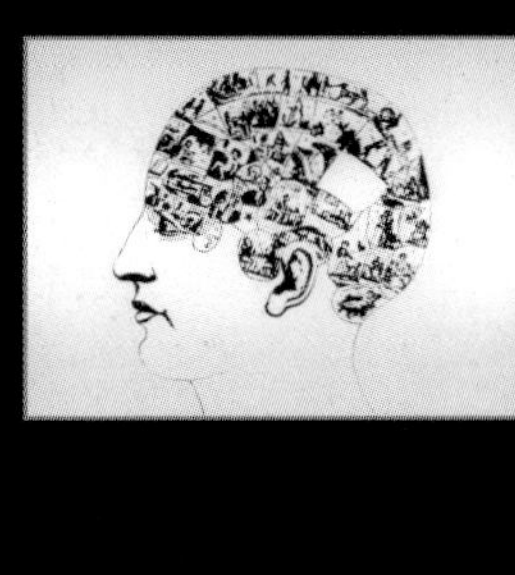

Psychédélisme

Dans cette séquence de 1965, *Jamboree*, les lettres se changent en arlequins et en objets divers pour former un défilé carnavalesque fantasque. Des images fixes, à demi transparentes et peintes à la main dans des couleurs éclatantes, sont juxtaposées et animées en se succédant pour créer l'impression d'un joyeux défilé.

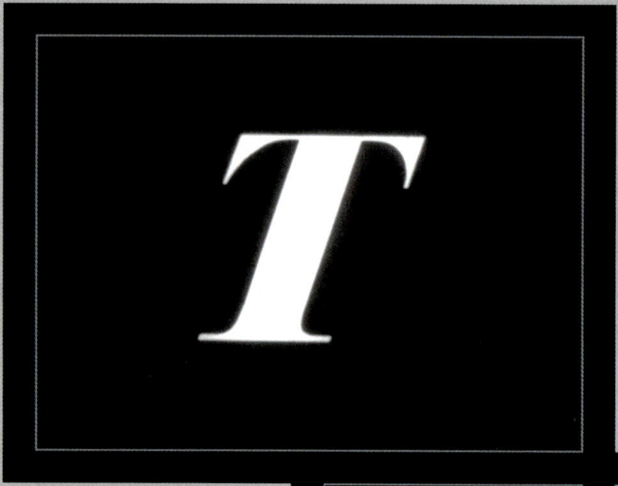

Cette publicité pour les petits pois Tempo Peas est animée par la technique de montage rapide de Ferro. Grâce à un montage d'animations de lettres et d'images, le spectateur jouit d'une perspective nouvelle sur ce légume d'une banalité désespérante.

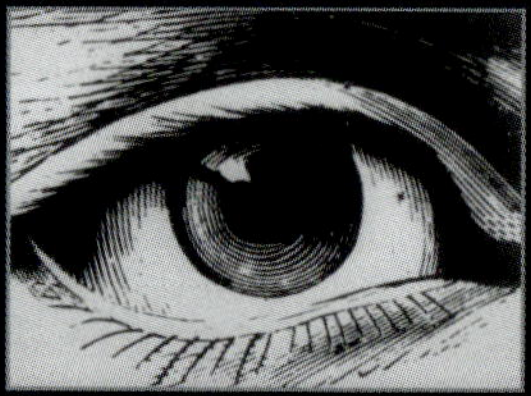

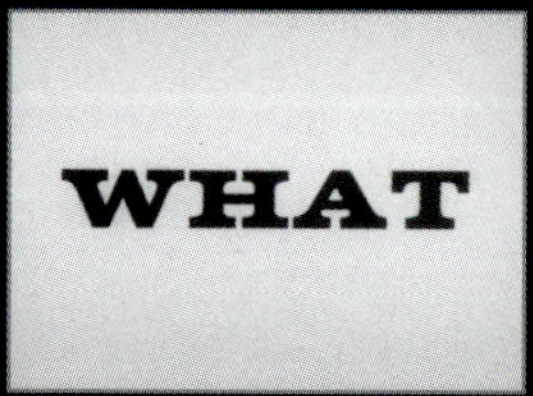

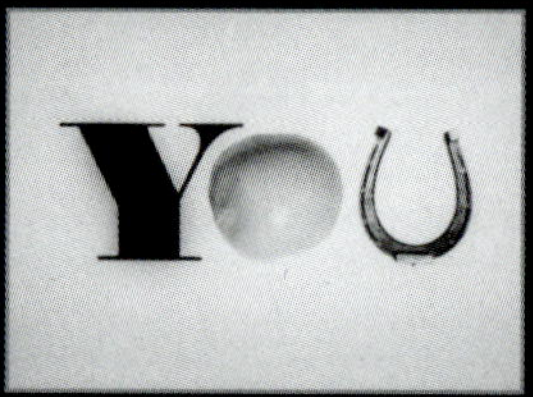

Le titre *Kaleidoscope* est composé dans une police Art nouveau et épouse les courbes d'un tracé, puis devient à demi transparent en prenant diverses teintes, se multiplie et se superpose en grossissant afin de créer une composition psychédélique hallucinatoire ; parallèlement, le tout s'incruste sur les photos de plusieurs scènes successives au style caractéristique de l'époque pour cette bande annonce créée en 1966 pour promouvoir l'émission *Kaleidoscope*.

1. TITRE *Jamboree* · FORMAT Film · PAYS États-Unis · CLIENT Norman Skinner/NMI · DATE 1965 CRÉATEUR et RÉALISATEUR Pablo Ferro · MUSIQUE Randy Weston · ARTISTES Randall Enos, Virginia Fritz, Ramon Ferro et Vincent Cafarelli · SOCIÉTÉ Ferro Films
2. TITRE *Tempo Peas* · FORMAT Film · PAYS Royaume-Uni · CLIENT J. Walter Thompson · DATE 1962 · CRÉATEUR et RÉALISATEUR Pablo Ferro · ARTISTE John Glashan · SOCIÉTÉ Ferro, Mohammed & Schwartz · IMAGES D'ANIMATION Courtesy The Title House, Los Angeles
3. TITRE *Kaleidoscope* · FORMAT Film : bande annonce TV · PAYS États-Unis · CLIENT Dick Letterer/Warner Bros. · DATE 1966 · CRÉATEUR et RÉALISATEUR Pablo Ferro SOCIÉTÉ Ferro Films · IMAGES D'ANIMATION Courtesy The Title House, Los Angeles

Il me suffit d'une minute pour raconter une histoire qui en fait dix.

—Pablo Ferro

Synthétisation et fragmentation

Ferro applique sa technique de montage rapide à la conception des bandes annonces et des génériques cinématographiques ; il travaille notamment avec le réalisateur Stanley Kubrick sur son film de 1963, *Dr. Stangelove (Dr Folamour)*.

Pour cette bande annonce qui dure 1 minute et demie, Ferro utilisera 40 changements de scène et huit narrateurs différents, en prenant en compte images, son et dialogues. Plusieurs versions de cette séquence existent : une bobine de trois minutes pour le cinéma ; une bande annonce d'une minute pour la télévision ; trois teasings de vingt secondes également pour la télévision ; et deux versions de longueurs différentes pour la télévision britannique.

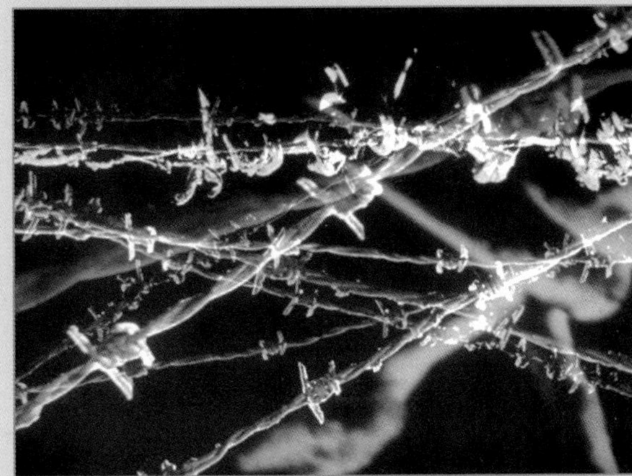

Lettres et images saisissent les horreurs de la guerre dans cette séquence conçue pour l'émission spéciale de CBS, *World War 1* (1966). Un enchevêtrement de fils barbelés apparaît graduellement sur un fond sombre. Du centre de cet entrelacs sinistre, quoiqu'esthétique, émerge le titre, *World War 1* – dans une police de capitales grasses sans empattement –, tel un point qui grossit en se rapprochant du spectateur jusqu'à ce qu'il devienne la seule composante de l'image.

1. TITRE *Dr. Strangelove or: How I Learned to Stop Worrying and Love the Bomb* · FORMAT Bande annonce de film · PAYS États-Unis · CLIENT Columbia Pictures · DATE 1963 · RÉALISATEUR DU FILM Stanley Kubrick PRODUCTEUR/SCÉNARISTE/MONTEUR/MUSIQUE DE LA BANDE ANNONCE Pablo Ferro · RÉALISATEUR DE LA BANDE ANNONCE et CRÉATEUR Pablo Ferro · SOCIÉTÉ Ferro, Mohammed & Schwartz

2. TITRE *World War I* · FORMAT Film · PAYS États-Unis · CLIENT Lou Dorfsman/CBS · DATE 1966 · CRÉATEURS Lou Dorfsman, Pablo Ferro RÉALISATEUR Pablo Ferro · MUSIQUE Morton Gould · PRODUCTEUR Pablo Ferro · SOCIÉTÉ Pablo Ferro, Films, Inc. · IMAGES D'ANIMATION Courtesy The Title House, Los Angeles

Au début de la séquence de générique de *Dr. Strangelove*, le fin tracé des lettres que Ferro a exécuté à la main crée, sans les masquer, une interaction avec les images d'un ravitaillement d'avion en vol. En se terminant par la bande sonore très évocatrice de la chanson *Have a Little Tenderness*, cette séquence constitue la synthèse parfaite de la lettre, de l'image et de la musique dans le but d'instaurer, avant le film, une ambiance de séduction empreinte d'humour.

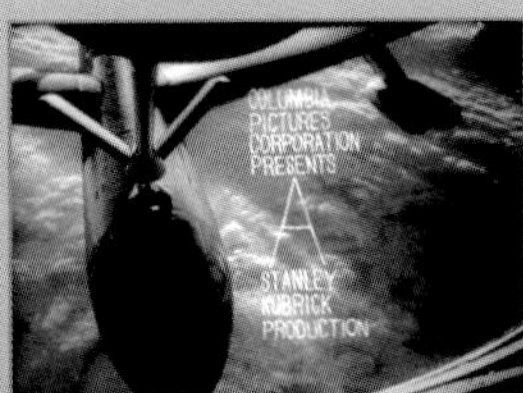

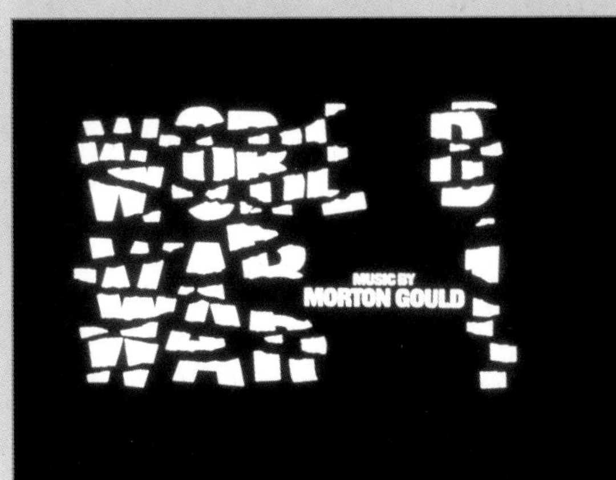

Dans les lettres du titre, se forme alors un réseau de craquelures semblable au motif des barbelés emmêlés. Puis les caractères se fracturent et se désagrègent tandis que les noms du générique sortent des fissures naissantes.

Effets d'atmosphère

Fondé en 1977 par les frères Richard et Robert Greenberg, R/Greenberg Associates (R/GA) s'est rapidement inscrit comme un groupe de créateurs de la deuxième génération, marchant sur les traces métaphoriques de Saul et Elaine Bass, tant pour les génériques que pour les effets spéciaux. Mariant nouvelles technologies et matériaux non techniques, R/GA créera des atmosphères et des environnements dans lesquels les lettres respirent, se déplacent et se métamorphosent.

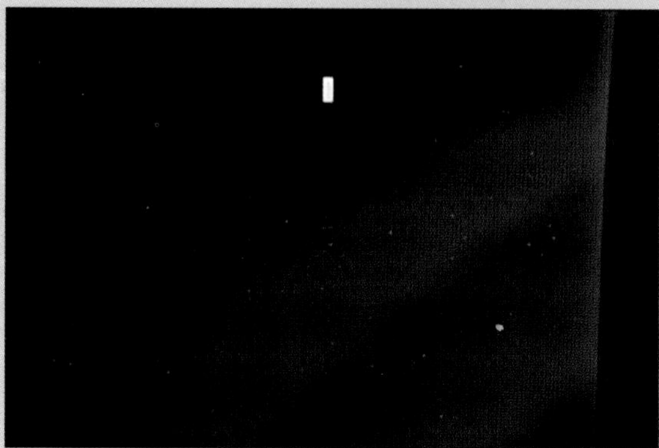

R/GA est devenu R/GA Digital Studios, une entité dédiée aux nouveaux médias et spécialisée dans une gamme très large : effets visuels et scénographie de films avec des personnages réels, mais aussi jeux sur cédérom et produits en ligne, systèmes d'impression et de production numérique en deux ou trois dimensions, et produits interactifs tels que les sites Web et les kiosques d'informations.

La séquence de générique du film *Altered States (Au-delà du réel)* débute par un gros plan sur un chercheur à l'intérieur d'une chambre d'isolement. La proximité de la caméra apporte une sensation de confinement tandis que le visage du chercheur se tourne dans le champ. Les mots «altered» et «states» s'inscrivent sur toute la hauteur de l'écran mais, transparents, ils permettent de voir le personnage. Les lettres se chevauchent tandis qu'elle traversent lentement le plan de projection.

1

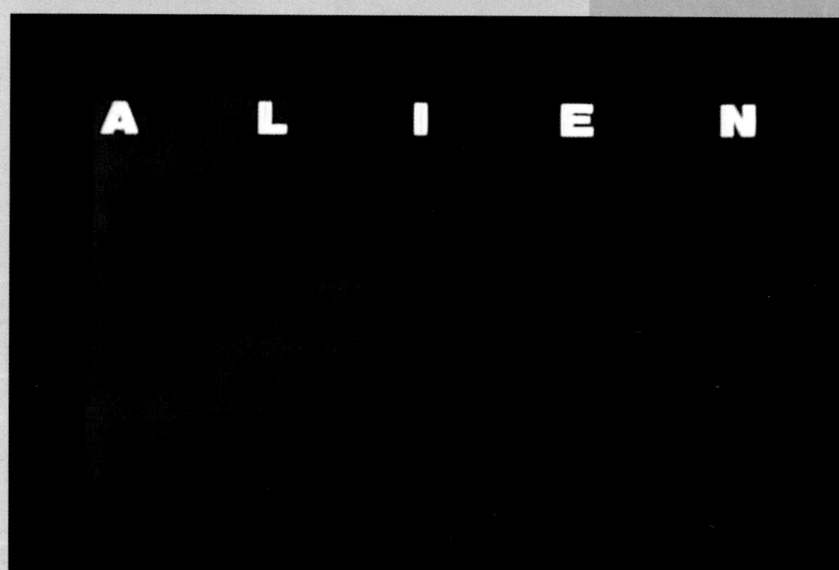

Le générique de début du film *Alien* instaure une atmosphère étrange, empreinte de mystère et de danger. Tandis que la caméra effectue un travelling dans un espace sombre traversé uniquement d'un ruban de lumière vertical, de petits rectangles blancs apparaissent. Un à un, ces objets se rassemblent dans le plan pour former les lettres composant le mot «alien». Les caractères sont à la fois très espacés et petits par rapport à l'image, ce qui donne une impression d'immensité spatiale.

1. TITRE *Alien* · FORMAT Film 35 mm · PAYS États-Unis · DATE 1979 · CRÉATEUR R/Greenberg Associates · RÉALISATEUR Ridley Scott · SOCIÉTÉ R/Greenberg Associates

2. TITRE *Au-delà du réel* · FORMAT Film 35 mm · PAYS États-Unis · DATE 1980 · CRÉATEUR R/Greenberg Associates · RÉALISATEUR Ken Russell · SOCIÉTÉ R/Greenberg Associates

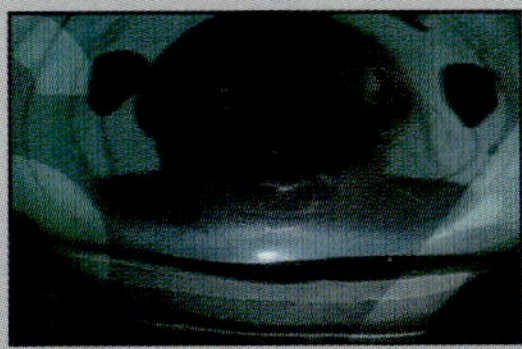

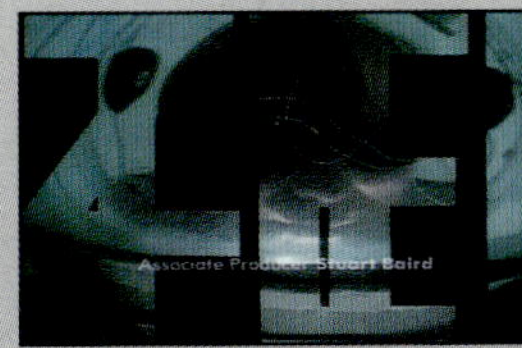

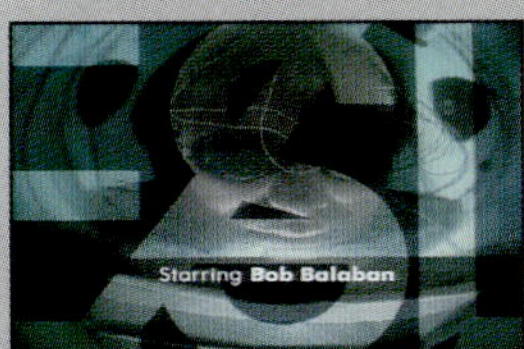

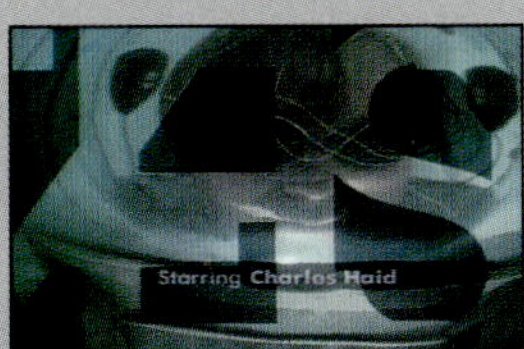

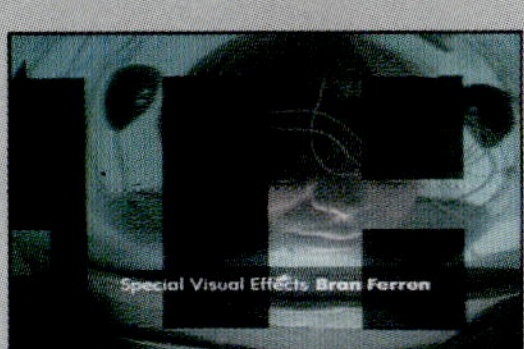

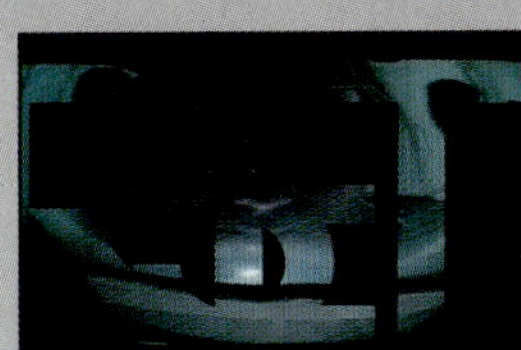

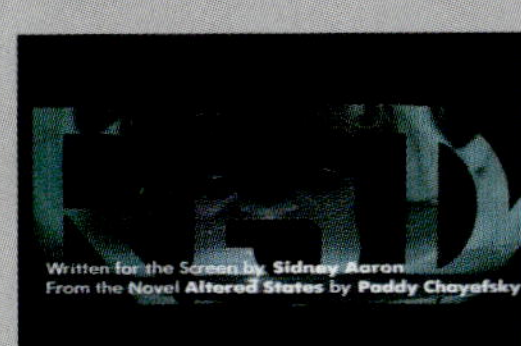

2

Les espaces autour des lettres s'unissent tandis que les caractères se juxtaposent, créant des formes abstraites qui contrastent avec les images visibles dans le corps des lettres. Le fond sur lequel s'inscrit le titre passe progressivement au noir alors que la caméra recule lentement. Le texte du générique, inscrit plus petit et en blanc, se superpose jusqu'à ce que le titre apparaisse entièrement, accompagné des derniers noms du générique de début.

Le titre est composé en Avant Garde Demi, la barre verticale de droite du A étant supprimée. Ce dessin particulier du A que l'on retrouve dans les deux mots donne, à travers le titre, une identité propre au film.

Identités télévisuelles

La chaîne de télévision publique de Boston, WGBH, a ouvert une voie en combinant support télévisuel et essais typographiques afin de créer des emblèmes d'identification inoubliables. La signature de WGBH est ainsi utilisée depuis 1976.

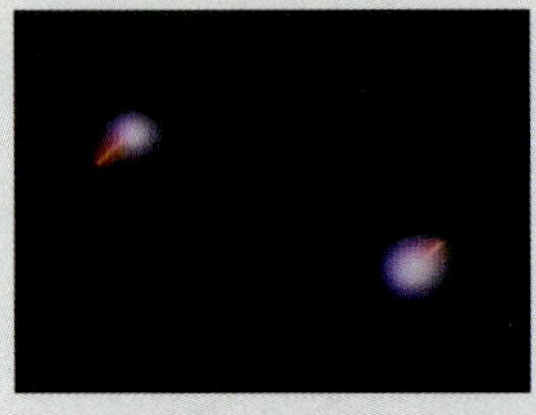

Une animation filmée en contre-jour est la technique employée pour simuler l'incandescence de ce logo en trois dimensions. Le déplacement de l'élément incandescent, tandis qu'il trace le bord irrégulier du logo en ombrage continu, se marie parfaitement avec le son synthétisé d'une musique énergique. La pérennité de cette séquence, toujours diffusée, témoigne de la victoire du concept sur la technologie, en particulier si l'on considère qu'elle serait aujourd'hui facilement réalisable sur ordinateur.

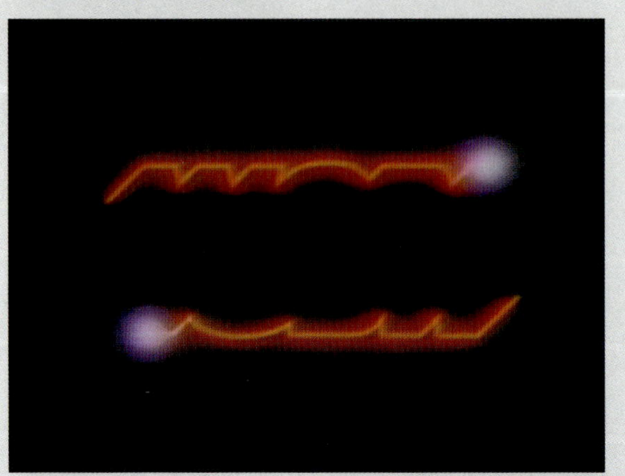

Le pendant au logo de WGBH, le 2 en trois dimensions utilisé pour la promotion des programmes de la chaîne, pour l'habillage de séquences concernant des événements saisonniers ou spéciaux, a tour à tour survolé des paysages, été envoyé d'un bout à l'autre d'un terrain de football américain, été métamorphosé en gâteau d'anniversaire et allumé tel un serpenteau de feu d'artifice.

2

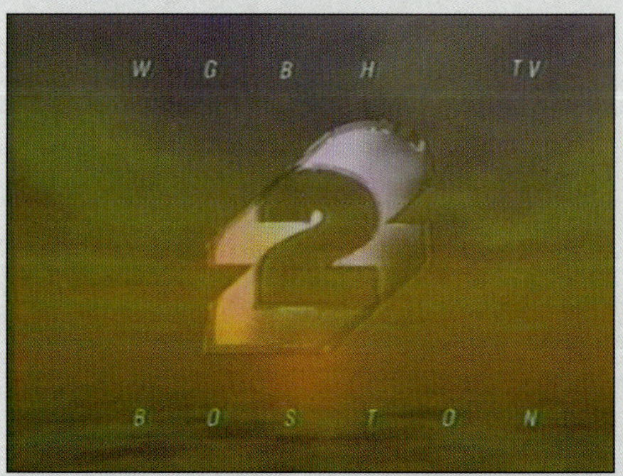

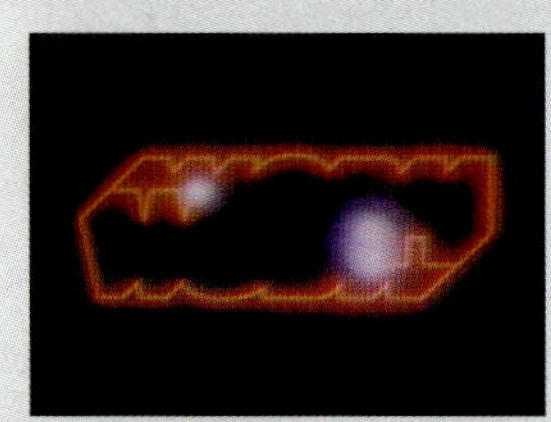

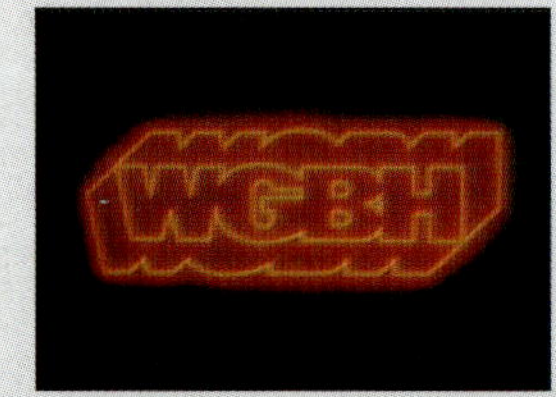

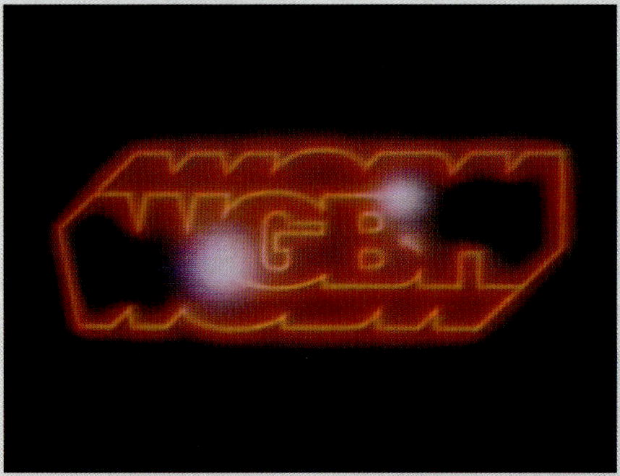

C'est l'éclat d'un coucher de soleil qui indique la fin de *Goodbye to the 80's*, une série de petits films de mots-images que WGBH diffusera fin 1989. Une vitre transparente sert de plan pour l'inscription de l'identité de la chaîne, mais aussi de prisme en reflétant le ciel orangé, jaune et bleu à travers le volume du 2, apportant à celui-ci un caractère à la fois multi-dimensionnel et insaisissable.

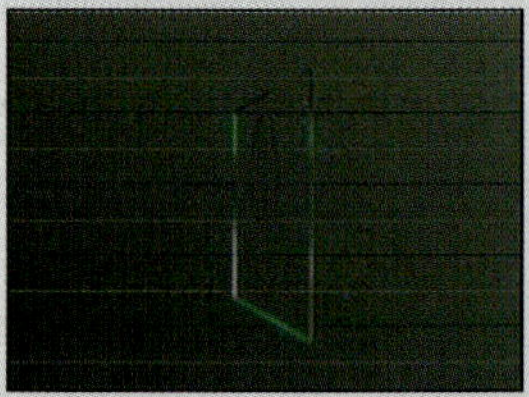

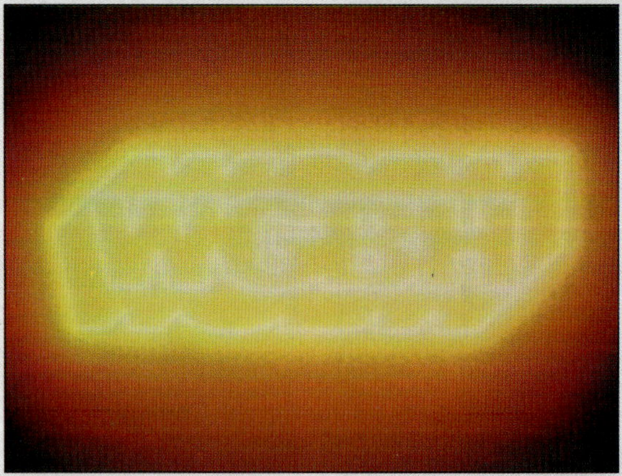

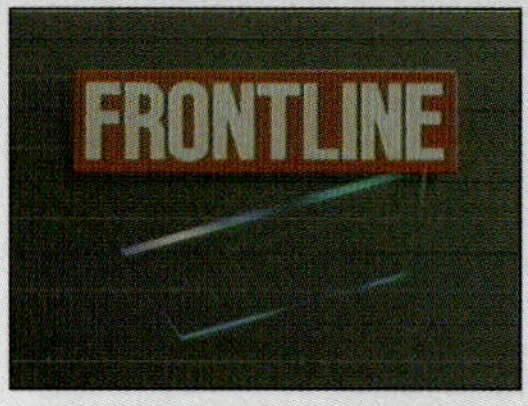

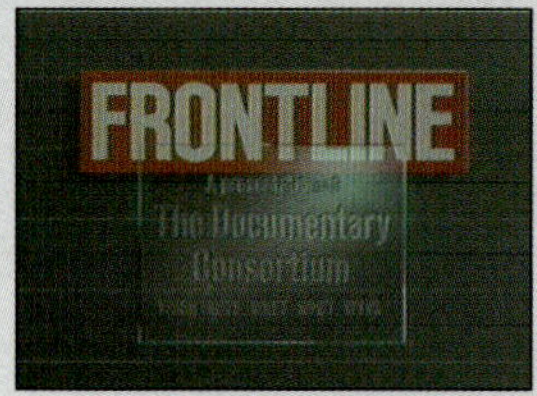

Frontline est une émission documentaire produite par WGBH pour PBS depuis 1983. La séquence de générique a pour objectif complexe d'identifier la série tout en offrant un cadre pour une séquence éditoriale variable comprenant un extrait (teasing), le titre de l'émission, les responsables du financement et de la production. Pour ce générique datant de 1991, les textes sont gravés dans des panneaux vitrés transparents créés en 3D par ordinateur, qui flottent jusqu'au logo rouge de _Frontline_ ; l'ensemble suit le rythme d'une bande son dont la version varie selon la «gravité» des sujets.

1

3

Le scénario du générique de début d'*Apollo 13*, un documentaire sur la catastrophe de la mission Apollo de 1970, débute par une terre lointaine vue de l'espace. Des chaînes de caractères bâton épais (Apollo, 13, To the Edge and Back) entrent dans le champ comme s'ils venaient de derrière le public et s'orientent vers une position cadrée au centre. Bien que produit récemment avec l'aide de la technologie numérique, l'esthétique du générique ramène le spectateur en 1970.

5

1. TITRE *WGBH On-Air Signature* · FORMAT Film, vidéo · PAYS États-Unis · DATE 1976 · CRÉATEURS Chris Pullman, Gene Mackles · MUSIQUE Gershon Kingsley · ANIMATION FILMÉE Edstan Studios, New York · SOCIÉTÉ WGBH Boston

2. TITRE *Goodbye to the 80s* · FORMAT Vidéo · PAYS États-Unis · CLIENT Caroline Collins, WGBH On-Air Promotion · DATE 1989 · CRÉATEUR Gene Mackles · MUSIQUE Gene Mackles; «We'll meet again» joué par les Ink Spots · ANIMATION 3D Viewpoint, Boston · SOCIÉTÉ WGBH Boston

3. TITRE *Frontline* · FORMAT vidéo · PAYS États-Unis · DATE 1991 · CRÉATEURS Chris Pullman, Allison Kennedy · PRODUCTEUR EXÉCUTIF David Fanning MUSIQUE Mason Deering · ANIMATION 3D Jamie McLellan · SOCIÉTÉ WGBH Boston

4. TITRE *Don't Look Now* · FORMAT Animation filmées, vidéo · PAYS États-Unis · CLIENT Kate Taylor, WGBH Children's Programming · DATE 1983 MUSIQUE Gene Mackles · CRÉATION, PHOTOGRAPHIE & ANIMATION Paul Souza · PRISE DE VUE SUR BANC D'ANIMATION Ed Joyce, The Frame Shop SOCIÉTÉ WGBH Boston

5. TITRE *Apollo 13* · FORMAT Vidéo · PAYS États-Unis · DATE 1994 · CRÉATEUR Allison Kennedy · ANIMATION 3D Frank Capria, WGBH ; Viewpoint, Boston PRODUCTEURS Noel Buckner, Rob Whittelsley · PRODUCTEUR EXÉCUTIF Zvi Dor-Ner · SOCIÉTÉ WGBH Boston

S'inspirer de la BD

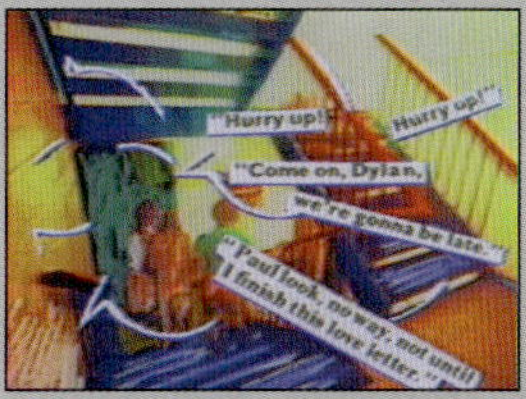

Don't Look Now **est un pilote pour une version enfantine, diffusée le dimanche matin, de l'émission satirique populaire *Saturday Night Live*. La première séquence fait appel à des lettres découpées, coloriées à la main dans des tons vifs, et à des textes animés incrustés sur un film, afin de donner une impression de bulles de bandes dessinées pour cette émission drôle et dynamique.**

Un photographe en patins à roulettes a photographié les acteurs pendant qu'ils couraient dans tout le bâtiment des studios de WGBH, afin de refléter les choix imprévisibles et le rythme des enfants au cours de leurs jeux. Une sélection d'images a ensuite été photocopiée en couleur puis coloriée à la main avec des feutres et des crayons gras. Les bulles de textes et les dessins autour ont été animés séparément, image par image, puis intégrés sur le film lors de la post-production.

Logos TV : 3D et animation

Martin Lambie-Nairn, graphiste de renommée internationale, est également directeur artistique spécialisé dans l'identité des chaînes de télévision. Ses réalisations font appel à des technologies novatrices ; il créera ainsi des visuels qui feront référence et qui n'ont cessé d'influencer le graphisme des logos de chaînes de télévision dans le monde entier.

1

Un globe sombre pivotant apporte une ambiance mystérieuse qui absorbe le logo classique et reconnaissable de la chaîne de télévision phare de la British Broadcasting Corporation, BBC1.

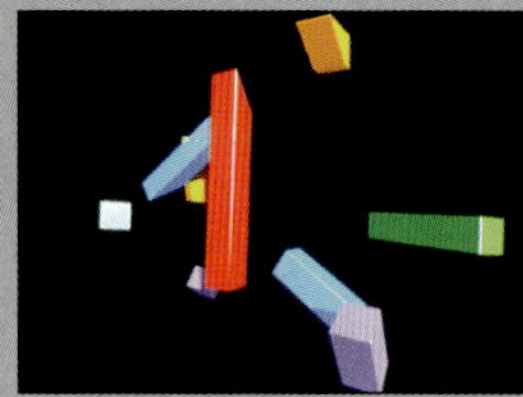

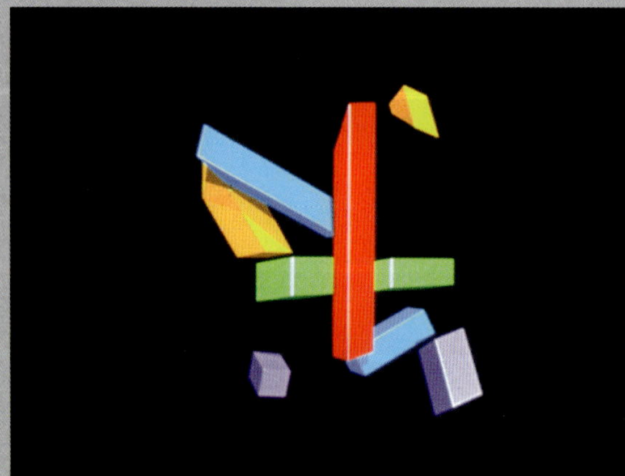

Channel Four sera la première chaîne de télévision britannique à être fondée après BBC2, en 1964. La signature de Channel Four est la première identité d'entreprise inventée dans le but d'exploiter pleinement le support télévisuel et de fournir des emblèmes d'identification efficaces, susceptibles d'être développés parallèlement à l'évolution du caractère de la chaîne.

En 1991, BBC2, la chaîne «intellectuelle» de la BBC entreprend une restructuration profonde, à la fois en termes de production et de positionnement. L'une des clés de cette stratégie sera le remodelage de l'identité de la chaîne, visant à donner au chiffre «2» une personnalité distincte.

2

Dans cette séquence, le 2 s'est doté d'accessoires automobile : jantes chromées stylisées et antenne radio. Ce 2 gonflé à bloc avance et recule en faisant crisser ses pneus dans un paysage brûlant de rouge et de jaune. Alors qu'il file en s'approchant du spectateur, le chiffre renégat se dresse sur les roues arrière avant de sortir de l'écran.

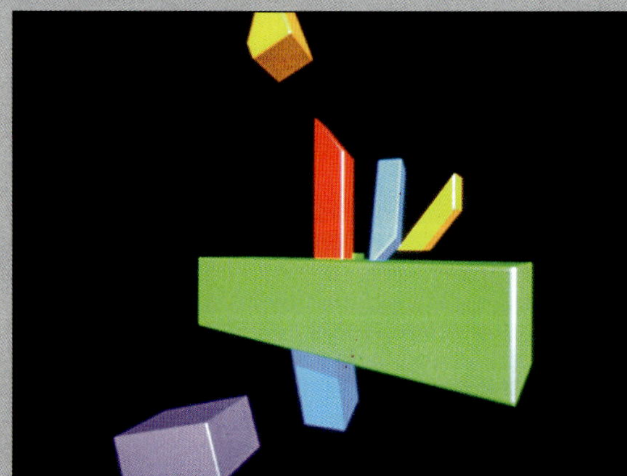

3

Le symbole modulaire sera conçu pour représenter la diversité des origines des programmes de Channel Four, tous étant produits à l'extérieur à la société. Dans cette séquence, les différents éléments convergent dans l'espace pour construire le chiffre 4. Produit en 1982, ce symbole d'une société de télévision anglaise sera le premier à employer des techniques pures d'animation informatique.

Parmi ses commandes, Lambie-Nairn créera le logo de la chaîne de télévision Carlton ; celui-ci devait refléter les valeurs et le mode de vie d'un public essentiellement métropolitain. Carlton devait apparaître spirituelle, ludique et pleine d'ambition.

Une série d'identités variables sera réalisée dans lesquelles le logo Carlton se trouve au centre de la composition. Dans cette séquence, l'insouciant logo est victime de sa propre lettre O qui lui est jetée à la figure telle une tarte à la crème.

4

En 1995, Vlaamse Televisie Maatschappij (VTM), la première télévision commerciale flamande à proposer des émissions de divertissement en flamand, lance une nouvelle chaîne pour les jeunes. Le logo de celle-ci, utilisé comme le personnage principal de ces images, reflète le rythme et l'énergie d'un groupe d'âge plus jeune, en apparaissant dans des animations aux couleurs vibrantes accompagnées d'eau, de peinture, de feu, d'effets de filtres et d'étincelles électriques.

5

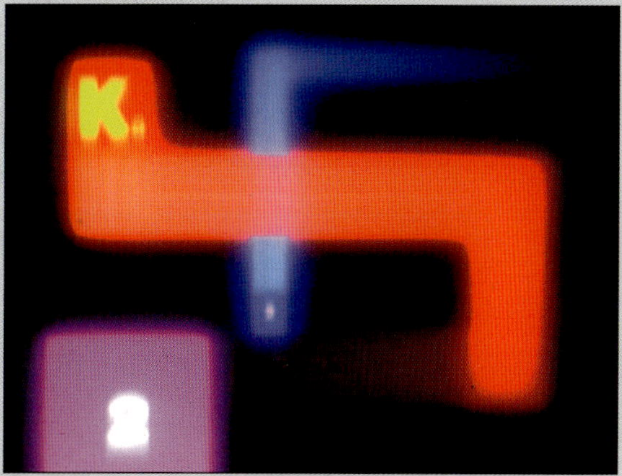

1. TITRE *Identité de la chaîne BBC1* · FORMAT Vidéo · PAYS Royaume-Uni · CLIENT British Broadcasting Corporation · DATE 1991 · DIRECTEUR DE LA CRÉATION Martin Lambie-Nairn · CRÉATEUR/RÉALISATEUR Daniel Barber · RESPONSABLE DU BUDGET Sarah Davies · PRODUCTEUR Celia Chapman · SOCIÉTÉ Lambie-Nairn @ The Brand Union · IMAGES D'ANIMATION ©1991 Lambie-Nairn

2. TITRE *Identité de la chaîne BBC2* · FORMAT Vidéo · PAYS Royaume-Uni · CLIENT British Broadcasting Corporation · DATE 1993 · DIRECTEUR DE LA CRÉATION/CRÉATEUR Martin Lambie-Nairn PRODUCTEUR Celia Chapman · SOCIÉTÉ Lambie-Nairn @ The Brand Union · IMAGES D'ANIMATION ©1993 Lambie-Nairn

3. TITRE *Identité de Channel Four* · FORMAT Vidéo · PAYS Royaume-Uni · CLIENT Channel Four · DATE 1982 · DIRECTEUR DE LA CRÉATION Martin Lambie-Nairn · DIRECTEUR DU BUDGET Ian St. John PRODUCTEUR Sarah Davies · ANIMATION SUR ORDINATEUR Tony Pritchett et Information International, Inc. · MUSIQUE David Dundas · SOCIÉTÉ Lambie-Nairn @ The Brand Union IMAGES D'ANIMATION ©1982 Lambie-Nairn

4. TITRE *Identité de Carlton Television* · FORMAT Vidéo · PAYS Royaume-Uni · CLIENT Carlton Television · DATE 1996 · DIRECTEUR DE LA CRÉATION Martin Lambie-Nairn · CRÉATEUR/RÉALISATEUR Charlotte Castle · RESPONSABLE DU BUDGET Celia Chapman · PRODUCTEUR Linda Farley · SOCIÉTÉ Lambie-Nairn @ The Brand Union · IMAGES D'ANIMATION ©1996 Lambie-Nairn

5. TITRE *Identité de la chaîne Ka2 VTM* · FORMAT Vidéo · PAYS Belgique · CLIENT Vlaamse Televisie Maatschappij (VTM) Ka2/Rhombus Media · DATE 1995 · DIRECTEUR DE LA CRÉATION Brian Eley CRÉATEUR/RÉALISATEUR Jason Keeley · RESPONSABLE DU BUDGET/PRODUCTEUR Celia Chapman · RESPONSABLE PLAN STRATÉGIQUE Terry Watkins · SOCIÉTÉ Lambie-Nairn @ The Brand Union IMAGES D'ANIMATION ©1995 Lambie-Nairn

2 [Récit]

Un film de fiction bien conçu captive le public dès l'instant où l'ampoule du projecteur éclaire l'écran. Le générique de début retient l'attention en amenant contexte, atmosphère et intrigue grâce à l'intégration de mots, d'images et de sonorités défilant à 24 images par seconde. Ce chapitre porte sur le rôle de la typographie cinétique dans une situation de narration, rôle qui trouve son application la plus évidente dans la conception des génériques de films. La technologie numérique a remplacé les cartons de générique pré-imprimés, et autorise désormais les dessins de lettres à adopter une nature poétique et cinématographique afin de pouvoir raconter une histoire tant verbalement que visuellement.

Exprimer la psychose

Animé par l'esprit créatif de Kyle Cooper, le groupe new-yorkais R/Greenberg Associates sera à l'initiative des synthèses entre les multiples technologies nouvelles et l'innovation stylistique ; il produira des génériques de films de référence et des graphismes d'effets spéciaux pour le cinéma et la télévision, deux médias longtemps soumis à la rigidité typographique.

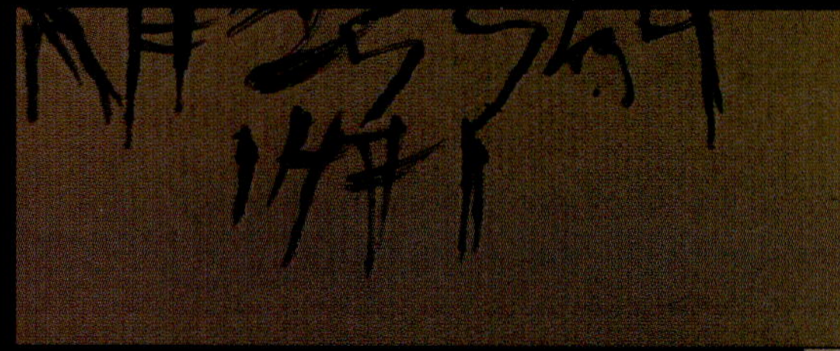

Seven parle d'un tueur en série méticuleux et de sa relation avec deux policiers qui essaient de l'attraper. A bien des titres, c'est à la première séquence de ce film que l'on doit un regain d'intérêt pour la conception des génériques de la part des producteurs, réalisateurs, spectateurs et des milliers d'étudiants en graphisme dans le secteur – historiquement conservateur – du cinéma.

Le remplacement du V par le chiffre 7 crée une identité constamment présente entre le mot et l'image : SE7EN.

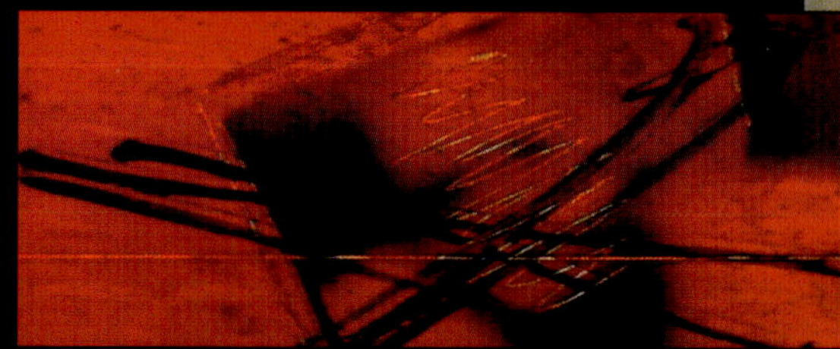

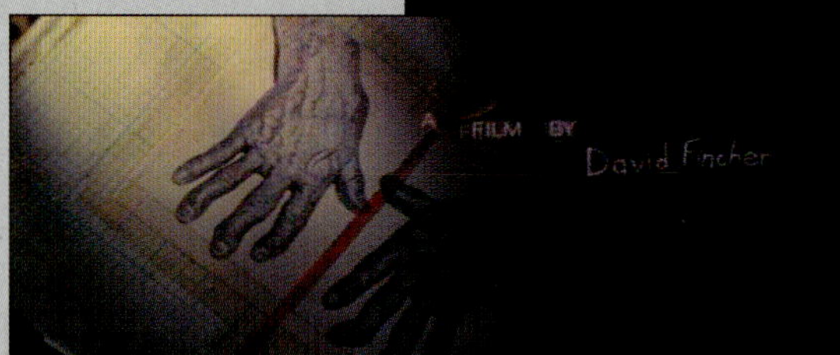

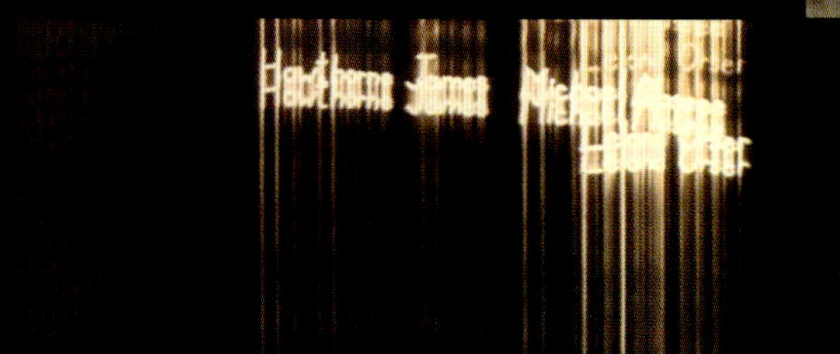

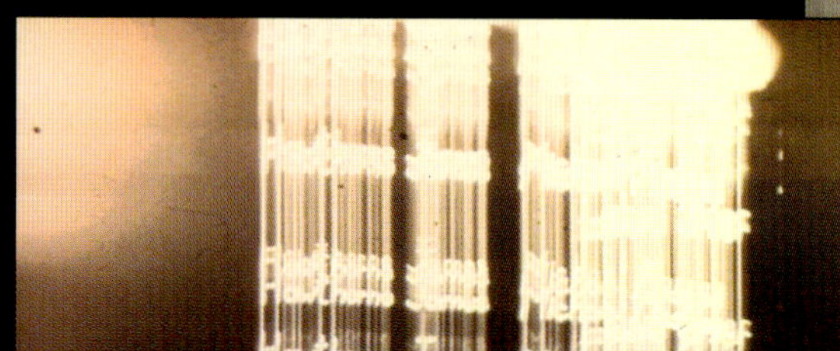

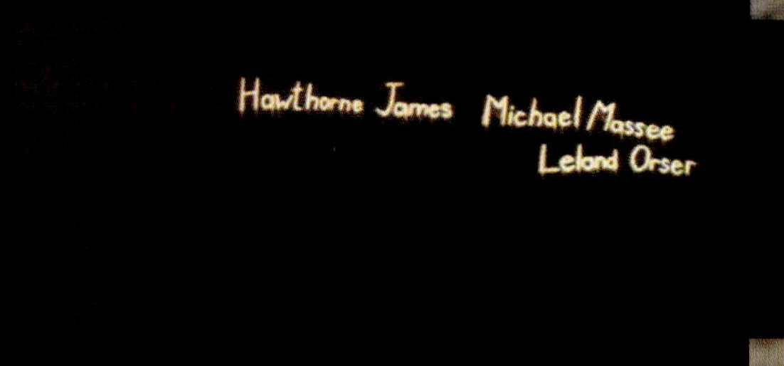

Accompagnée de la musique de Nine Inch Nails, rapide, sauvage et inspirant l'épouvante, la séquence instille une impression de malaise chez le spectateur.

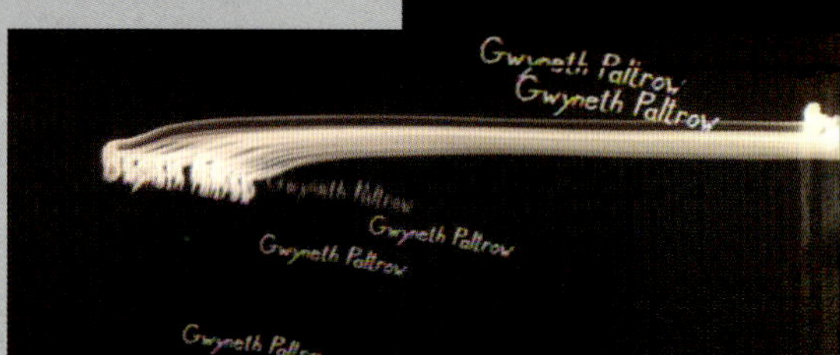

TITRE *Seven* · FORMAT Film 35 mm · PAYS États-Unis · DATE 1995 · CRÉATEUR Kyle Cooper · RÉALISATEUR David Fincher · SOCIÉTÉ R/Greenberg Associates

La réussite de cette séquence tient au fait que, non seulement le spectateur assiste à des animations typographiques tout à fait impressionnantes, mais on lui dévoile la manipulation flagrante qui est faite du support utilisé : la pellicule. Depuis, cette approche a été imitée, et finalement considérée comme un simple exercice de style par les créateurs qui réagissent à l'aspect formel sans prendre en compte la teneur du message en question.

Les textes du générique, rayés sur la pellicule même, apparaissent ici et là puis se chevauchent, repoussant les limites de la lisibilité. Cette animation vient en surimpression d'un gros plan montrant une main qui découpe et colle soigneusement des mots avec une lame de rasoir. Ce contraste installe la tension qui existe dans le film entre le comportement méticuleux du tueur en série tandis qu'il planifie ses conquêtes et la violence extrême avec laquelle il élimine ses victimes.

Le générique de fin reprend les mêmes facéties typographiques que celui du début et enfreigne certaines règles fondamentales, du fait notamment que les textes défilent de bas en haut sur l'écran, contrairement à la méthode traditionnelle qui implique un défilement vers le bas.

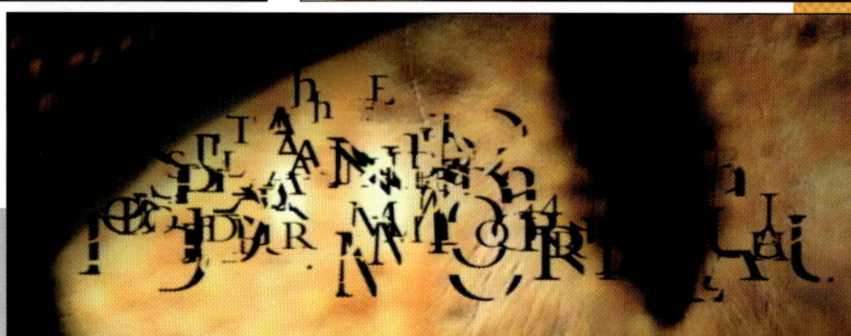

Dans le film *L'île du Dr Moreau*, d'après le récit de H.G. Wells relatant les aléas de la manipulation génétique, le générique de début commence à un rythme posé. Le texte présente un mouvement directionnel minime, il s'inscrit et s'efface dans un fondu sur un écran noir. Lorsque le titre du film apparaît, incrusté sur le gros plan d'un œil, la séquence se transforme en un véritable torrent d'images et de caractères. Des images en plans extrêmement rapprochés apparaissent brièvement derrière le texte palpitant, proposant un voyage à travers un collage d'humains, de loups, de chats, de chiens et de micro-organismes.

Fracture et métamorphose

TITRE *L'île du Dr Moreau* · FORMAT Film 35 mm · PAYS États-Unis · DATE 1996
CRÉATEUR Kyle Cooper · RÉALISATEUR John Frankenheimer · SOCIÉTÉ R/Greenberg Associates

Juxtaposée sur une série de plans rapides, la typographie commence à se métamorphoser, un peu comme les personnages du film. Les textes se brisent et se fragmentent jusqu'à devenir illisibles, tandis que les morceaux de chaque lettre, entraînés dans un zoom avant, passent au-delà du public. A ce stade de la séquence, le rythme s'est considérablement précipité, et des plans rapides toujours plus proches se succèdent jusqu'au dernier nom au générique.

Les lettres fracturées, qui tournent et changent sporadiquement de position, traduisent les «erreurs génétiques» qui vivent sur l'île. Le docteur Moreau est persuadé que le mal réside dans les gènes des humains, aussi les images du générique présentent-elles des cellules vues au microscope et des parties internes du corps. Malheureusement, le film ne correspond pas aux attentes suggérées par cette séquence aux superpositions multiples et complexes.

Tonalités, décalages et vitesse

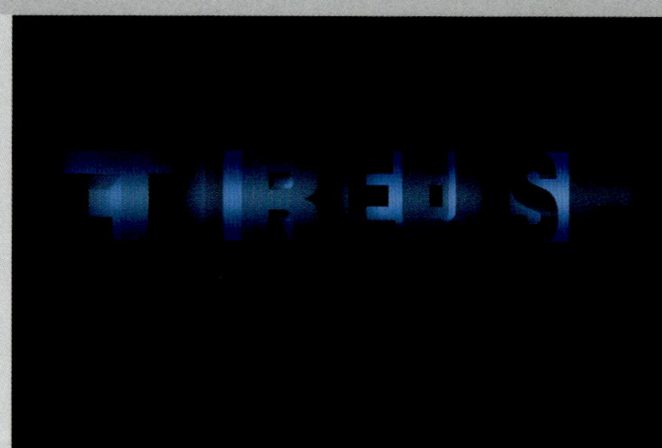

1

True Lies est un film sur un homme qui a deux vies : le jour, important espion du gouvernement ; la nuit, mari et père de famille posé, habitant dans une banlieue bourgeoise.

La séquence de générique exprime cet argument à travers sa typographie : quatre formes bleues apparaissent sur un écran sombre, puis elles pivotent en révélant le mot *True* (vrais). Les lettres pivotent à nouveau et dévoilent le mot *Lies* (mensonges). Leur volume permet un effet combiné entre les formes extérieures et intérieures des caractères, surprenant l'œil en lui faisant voir un plein au lieu d'un vide, et inversement.

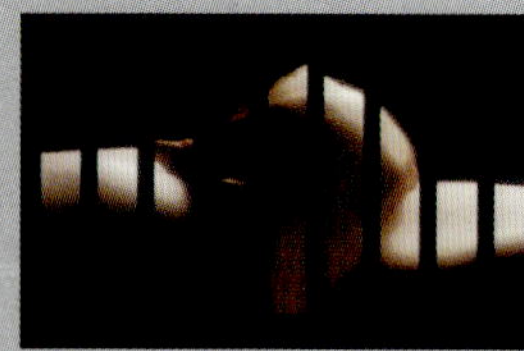

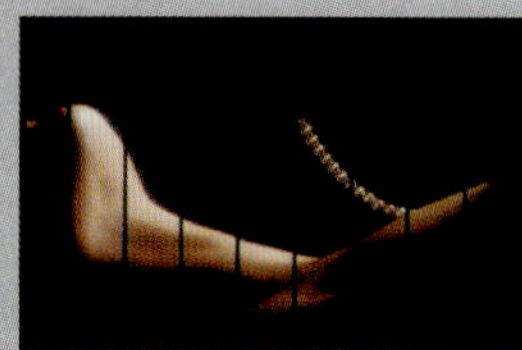

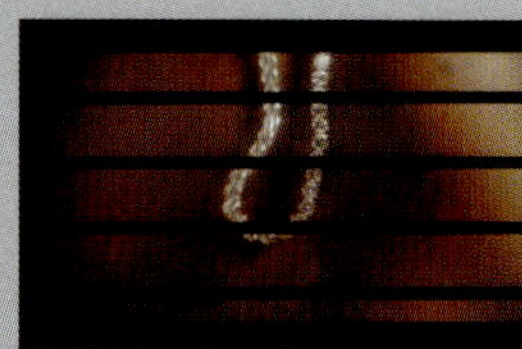

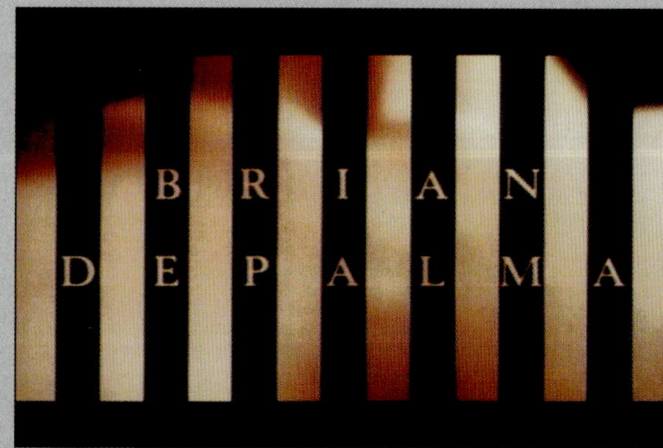

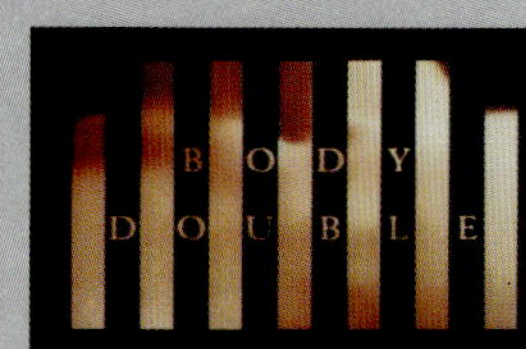

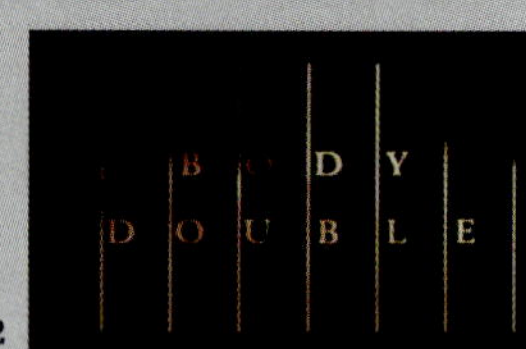

2

Body Double est l'histoire d'un homme qui croit observer une femme en secret par la fenêtre de son appartement alors qu'en fait, il est intentionnellement autorisé à jouer ce rôle ; ainsi, quand la femme est assassinée, il devient le principal suspect. Dans cette séquence, les lettres formant le nom du réalisateur sont séparées par huit barres verticales contenant les images en plan rapproché et légèrement floues d'un corps nu. Les barres se décalent ensuite, en s'écartant à la manière d'un store à lamelles, et dévoilent le titre.

1. TITRE *True Lies* · FORMAT Film 35 mm · PAYS États-Unis DATE 1994 · CRÉATEUR Kyle Cooper · RÉALISATEUR James Cameron · SOCIÉTÉ R/Greenberg Associates
2. TITRE *Body Double* · FORMAT Film 35 mm · PAYS États-Unis DATE 1984 · CRÉATEUR R/Greenberg Associates · RÉALISATEUR et PRODUCTEUR Brian De Palma · SOCIÉTÉ R/Greenberg Associates
3. TITRE *Mission Impossible* · FORMAT Film 35 mm · PAYS États-Unis · DATE 1996 · CRÉATEUR Kyle Cooper · RÉALISATEUR Brian De Palma · SOCIÉTÉ R/Greenberg Associates

La séquence de générique conçue pour le film *Mission Impossible* reflète le rythme rapide de ce film d'action créé à partir de la célèbre série des années 1960.

Les mentions principales, centrées dans l'écran, sont composées dans une police oblique aux empattements gras. En arrière-plan, une version beaucoup plus grosse du même texte, à demi transparente et en super-position multiple, passe très rapidement de gauche à droite afin d'exprimer le rythme soutenu et l'énergie du film.

Le titre du film est traité de la même manière. Le mot «Mission» entre par la gauche, se place juste à temps pour être lu avant que le mot «Impossible» ne soit tamponné dessus comme sur un passeport. Les deux mots sont ensuite entraînés dans un zoom avant au-delà de l'écran, laissant derrière eux la silhouette floue de leur forme.

3

Voir le son

Au MIT, le laboratoire spécialisé dans les médias se consacre à une grande diversité d'études dans un environnement applicatif structuré en trois domaines : Information et divertissement, Evaluation des perceptions, Apprentissage et bon sens. Au sein de ces domaines, des enseignants et des chercheurs s'attachent à des aspects liés à la science, à la technologie, ainsi qu'à l'esthétique de la communication humaine et de l'interaction homme-machine.

L'animation présentée ici a été réalisée dans le cadre du Brain Opera, mis au point par le laboratoire des médias du MIT, sous la direction de Tod Machover. Pendant le deuxième mouvement de l'opéra, la musique tourne autour des paroles de Marvin Minsky et ses Minsky Melodies, alors que celui-ci médite sur la musique et le cerveau. Les paroles étant importantes aux yeux du compositeur, il voulait que les textes soient compris, même si le tempo était rapide. Or, avec ce type de chant, il est parfois difficile d'écouter la composition musicale et, en même temps, de comprendre parfaitement les paroles.

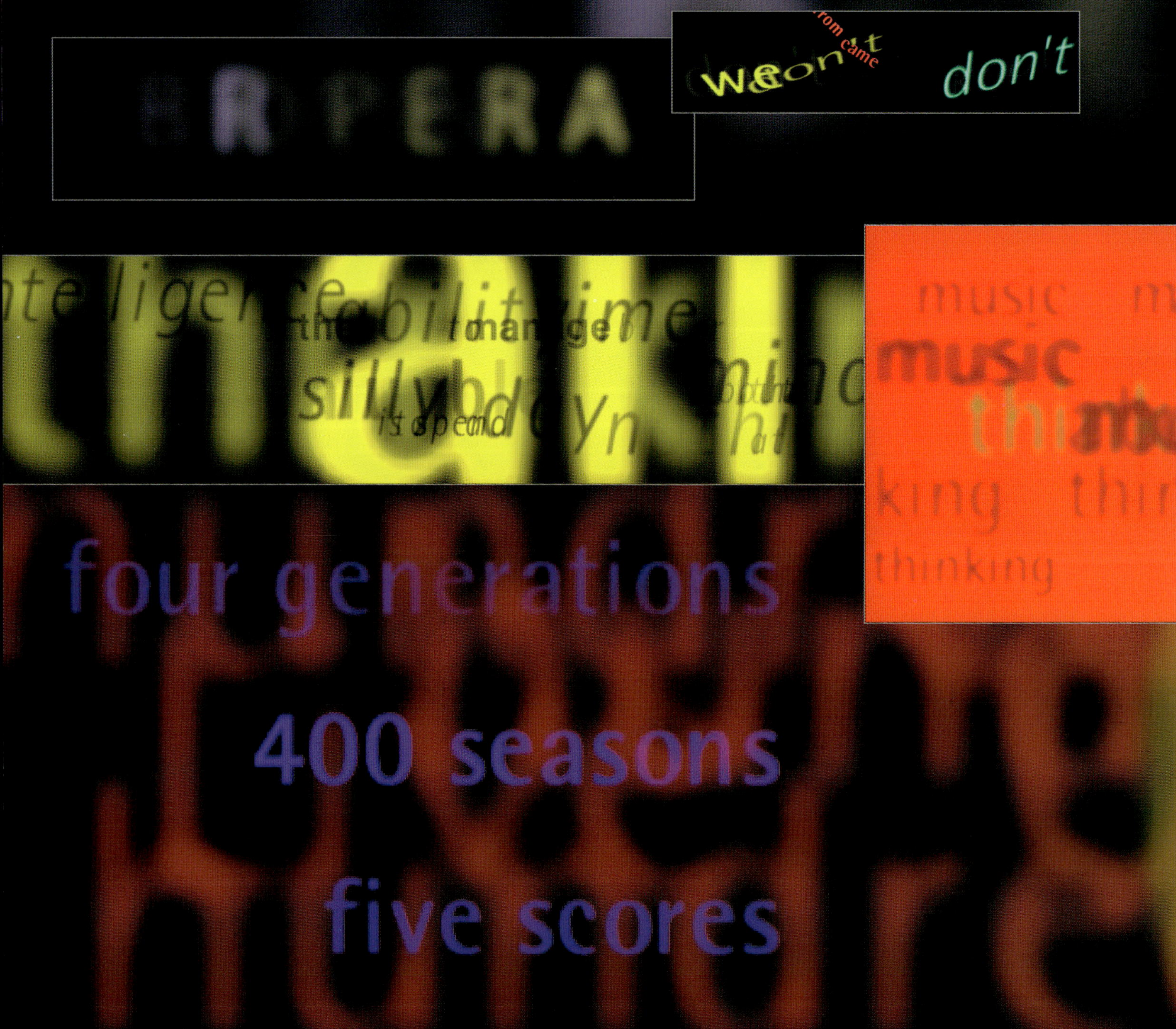

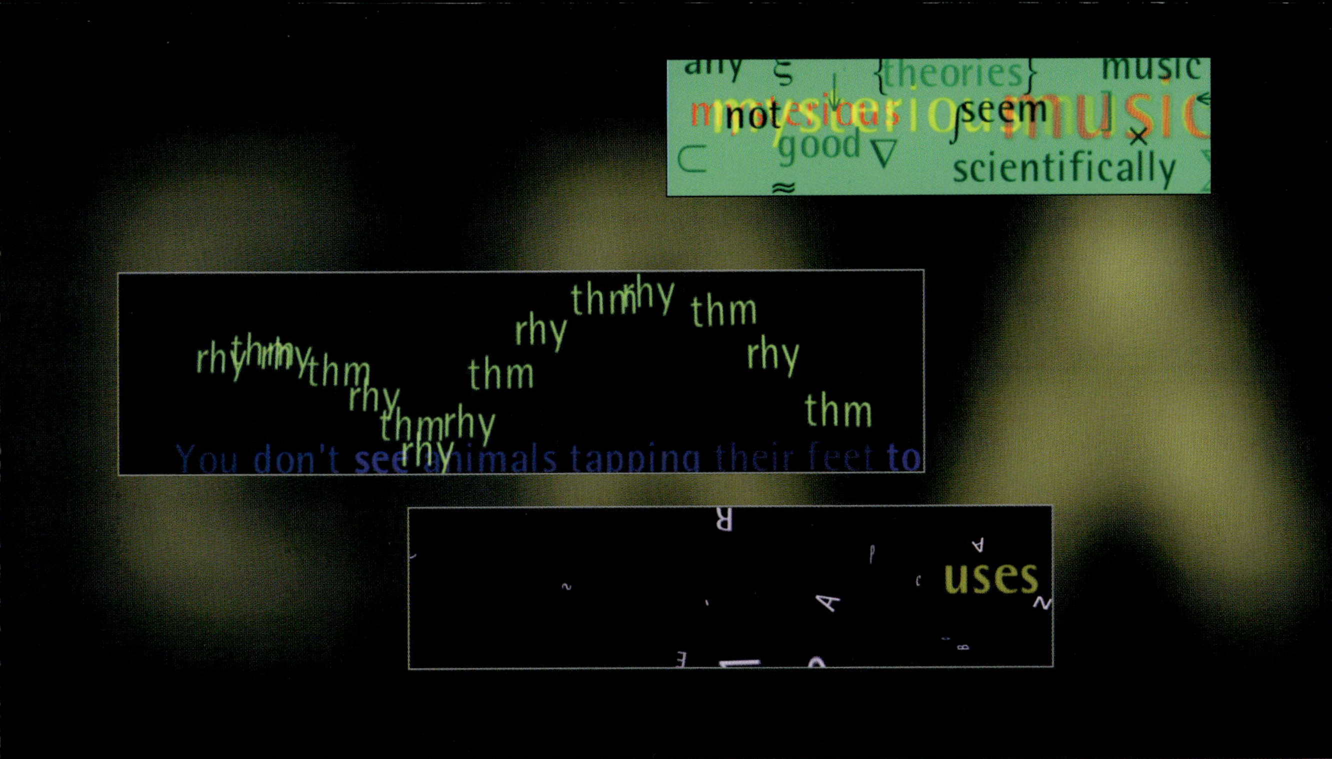

TITRE *Brain Opera*, ©1997 MIT · FORMAT Support numérique · PAYS États-Unis DATE 1997 · MUSICIENS Minsky Melodies · ANIMATION David Small and Yin Yin Wong · MUSIQUE Tod Machover · LIVRET Marvin Minsky SOPRANO Carol Bennett · BARITON Christopher Nomura · LOGICIEL Yin Yin Wong, Doug Soo, Suguru Ishizaki, David Small UNIVERSITÉ Media Laboratory, Massachusetts Institute of Technology

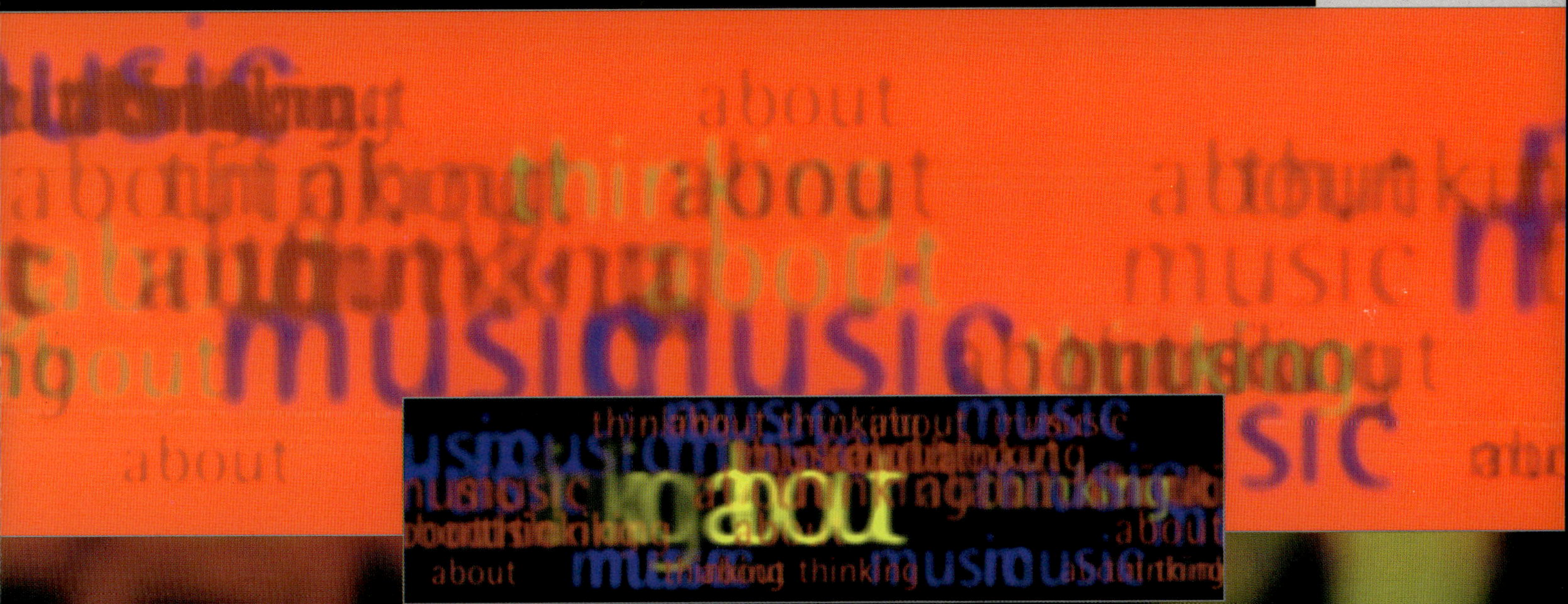

La typographie animée est utilisée pour inciter les auditeurs à écouter les paroles visuellement. Tandis que les paroles sont chantés, les mots correspondants dansent et jouent sur un grand écran placé derrière trois musiciens. Ainsi, des chorégraphies typographiques d'une grande richesse visuelle jouent le rôle de contrepoints musicaux aux paroles chantées.

La synchronisation des perceptions entre la vue et l'ouïe est obtenue grâce au mouvement, celui-ci servant à démêler les multiples chevauchements de voix. Les techniques d'animation informatiques renforcent visuellement l'inflexion, la tonalité vocale, l'atmosphère et la signification des morceaux chantés.

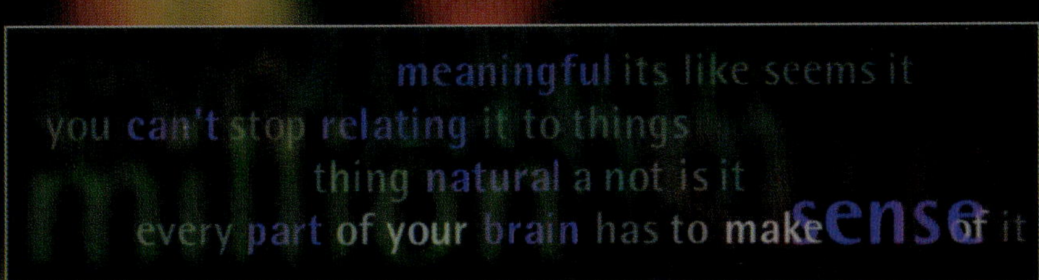

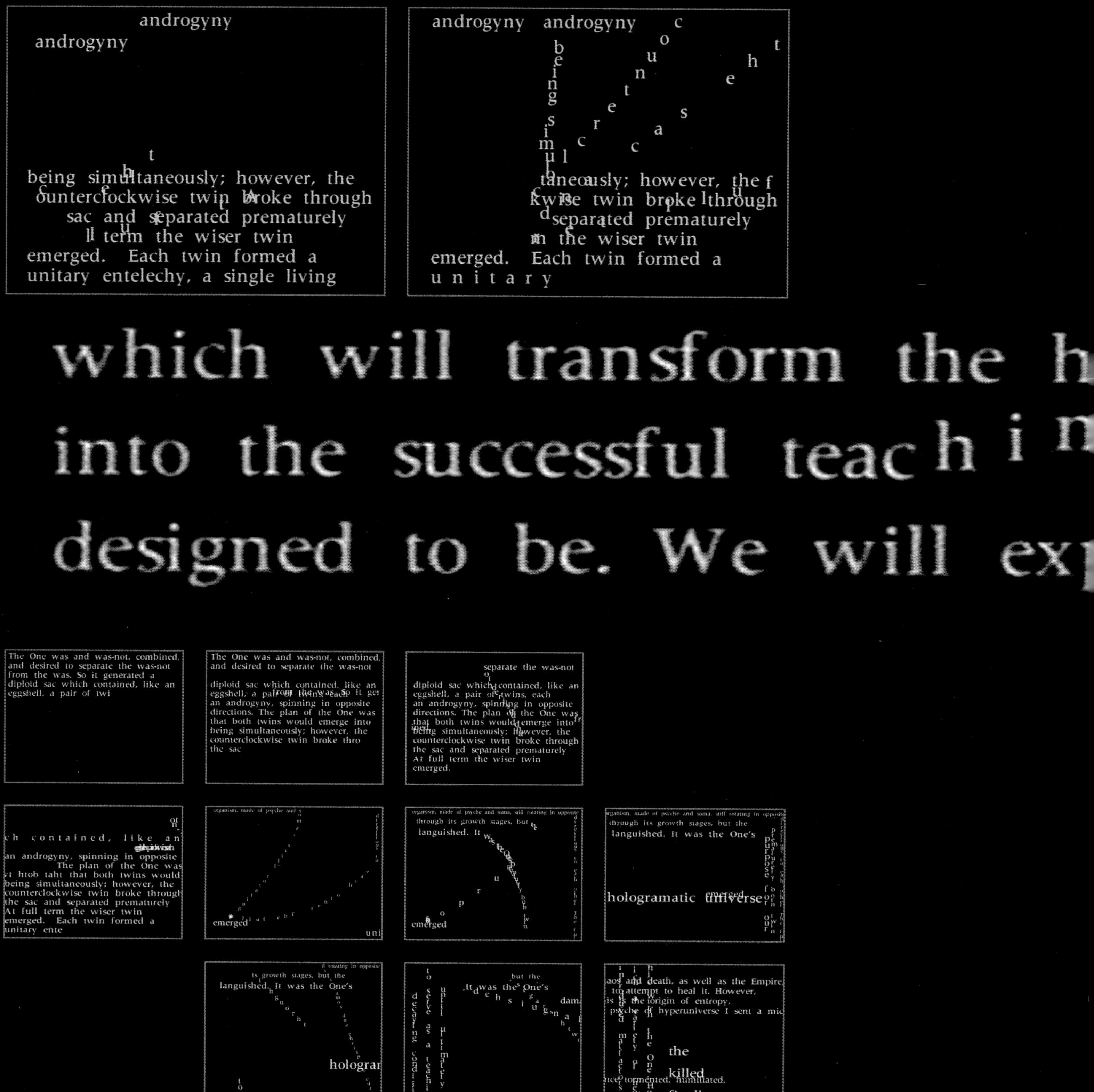
androgyny
androgyny
being simultaneously; however, the
counterclockwise twin broke through
sac and separated prematurely
ll term the wiser twin
emerged. Each twin formed a
unitary entelechy, a single living
androgyny androgyny
taneously; however, the
kwise twin broke through
separated prematurely
m the wiser twin
emerged. Each twin formed a
u n i t a r y
which will transform the h
into the successful teaching
designed to be. We will ex
The One was and was-not, combined, and desired to separate the was-not from the was. So it generated a diploid sac which contained, like an eggshell, a pair of twi
The One was and was-not, combined, and desired to separate the was-not
diploid sac which contained, like an eggshell, a pair of twins, each an androgyny, spinning in opposite directions. The plan of the One was that both twins would emerge into being simultaneously; however, the counterclockwise twin broke thro the sac
separate the was-not
diploid sac which contained, like an eggshell, a pair of twins, each an androgyny, spinning in opposite directions. The plan of the One was that both twins would emerge into being simultaneously; however, the counterclockwise twin broke through the sac and separated prematurely At full term the wiser twin emerged.
an androgyny, spinning in opposite
The plan of the One was
being simultaneously; however, the counterclockwise twin broke through the sac and separated prematurely At full term the wiser twin emerged. Each twin formed a unitary ente
emerged
through its growth stages, but the
languished. It was the One's
emerged
hologramatic universe
its growth stages, but the
languished. It was the One's
hologram
It was the One's
aos and death, as well as the Empire
to attempt to heal it. However,
is the origin of entropy,
psyche of hyperuniverse I sent a mi
the
killed
finally

PROJET *Valis* · FORMAT Vidéo, projection · PAYS États-Unis · CLIENT Centre Georges Pompidou, Paris · DATE 1989 · RÉALISATEUR INFORMATIQUE John Underkoffler · COMPOSITEUR Tod Machover · UNIVERSITÉ Media Laboratory du MIT

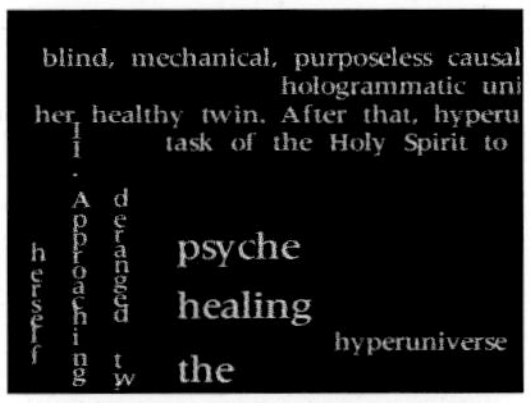

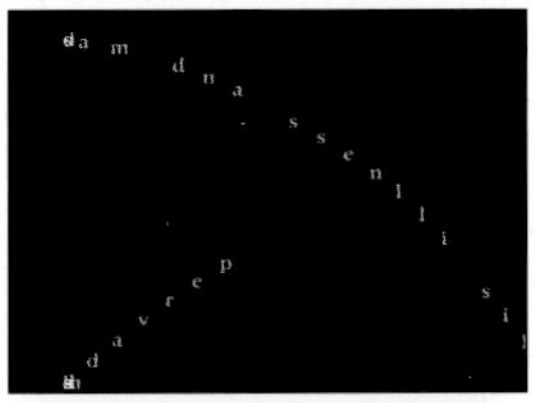

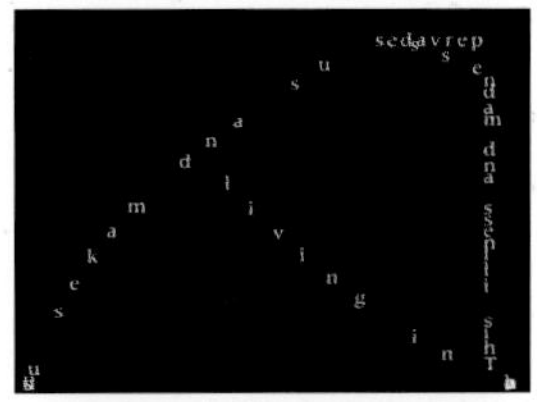

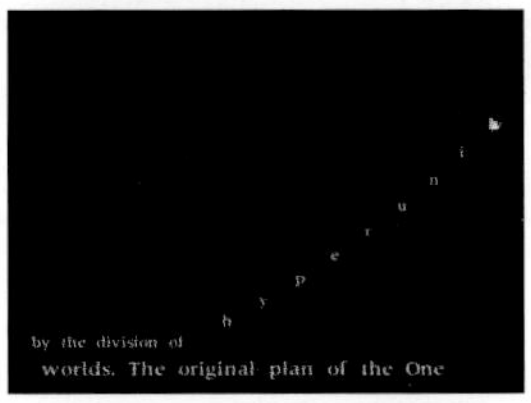

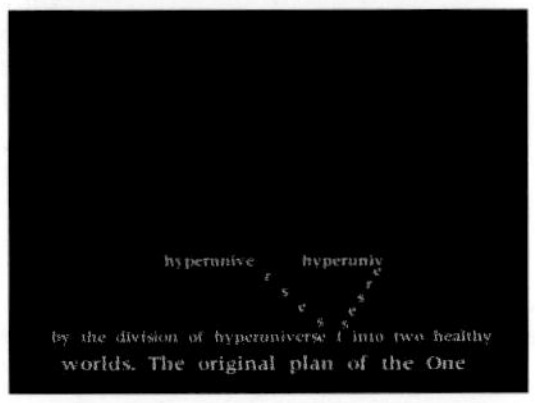

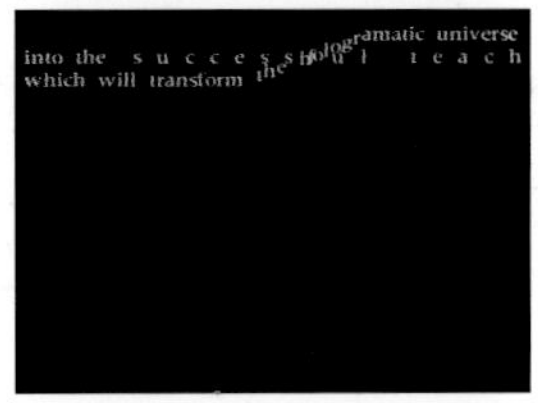

Valis est un opéra créé à partir du livre de Philip K. Dick, et composé par Tod Machover pour six voix, hyper-clavier, hyper-percussion et banc informatique interactif. Le texte, blanc, simple, à empattement, danse, avance et recule sur un fond noir, répondant à la densité de la texture verbale de la bande son.

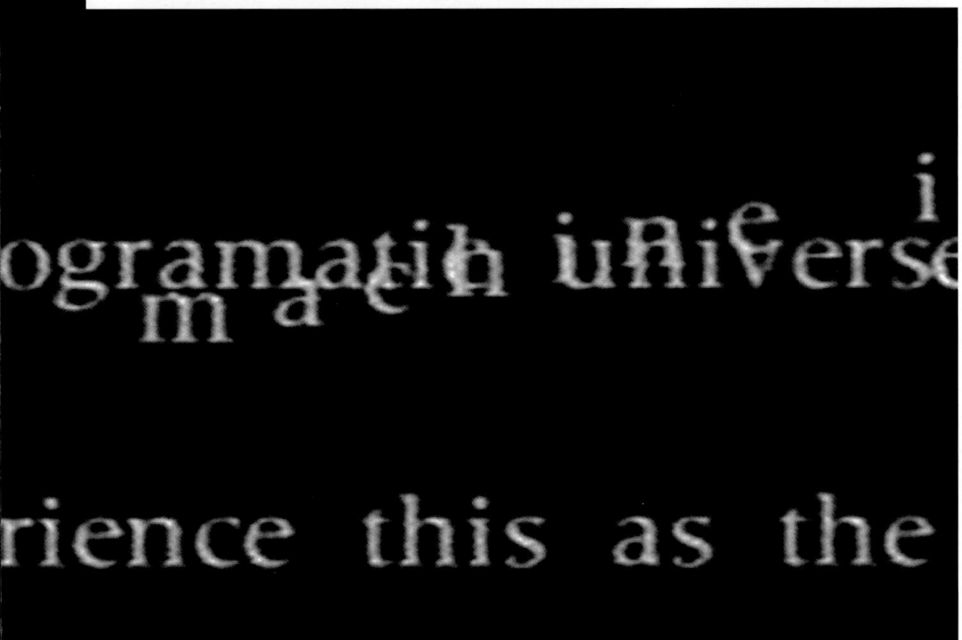

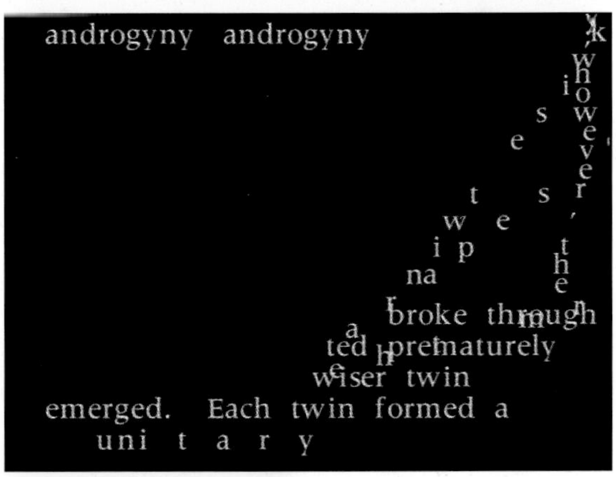

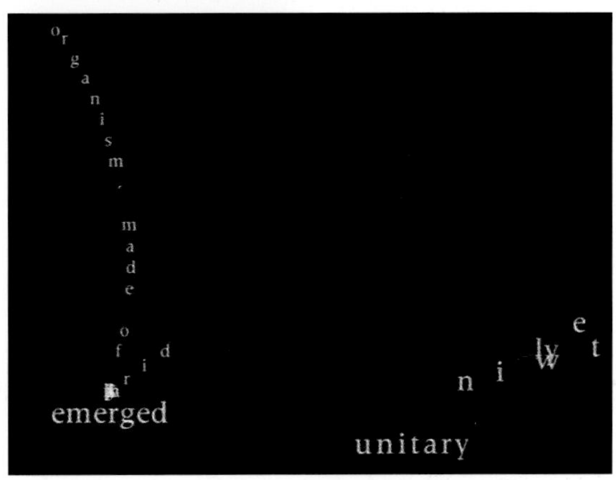

Opéra typographique

Sobriété et jeu d'ambiance

Fondé à New York par Marlene McCarty et Donald Moffett, Bureau est un studio de graphisme spécialisé dans les produits imprimés et les génériques de film. Le groupe travaille uniquement avec des cinéastes indépendants, ceux-ci autorisant souvent plus de liberté dans le processus de création et le produit final.

BUREAU (NEW YORK)

(NY)

1

Pour son trentième anniversaire, le styliste de mode Geoffrey Beene décide de produire un long métrage intitulé *30.* au lieu d'un défilé. Le film est en noir et blanc afin de retrouver l'essence des anciens classiques du cinéma.

Dans cette séquence, le nombre 30 est composé dans un caractère bâton gras, style employé au début du XXe siècle. Le 30, scintillant dans la lumière du projecteur, remplit l'écran ; puis il s'incline lentement sur un horizon tracé par le nom de Geoffrey Beene, comme dans un panneau d'affichage sur la façade du cinéma.

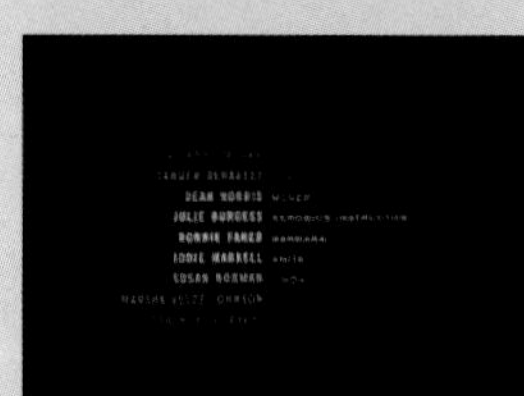

2

Le film *Safe* porte sur la maladie du personnage principal qui développe une allergie à son environnement, et sur son départ dans un refuge sûr *(safe)* à la campagne. La première séquence du film place le spectateur dans une voiture qui traverse une banlieue de Los Angeles. Bureau choisit de centrer le défilement du générique dans l'écran et de le faire petit par rapport à l'arrière-plan sombre des images. Les lettres du titre sont encadrées de crochets afin de donner au spectateur une idée du contexte du film ; puis le titre s'éclaire dans un blanc intense avant de s'atténuer en passant au rouge, comme un voyant clignotant dans un véhicule pour avertir le conducteur d'un problème. Quant au générique de fin, il innove notamment par une mise au point sur le milieu de l'écran faiblement éclairé.

Au début du film *The Ice Storm,* un train roule à petite vitesse dans la nuit, sur une voie gelée de Nouvelle Angleterre. Les plans rapprochés des stalactites sous les wagons expriment la lenteur du temps qui passe. Les textes du générique de début, composés dans une police sobre de caractères bâton, apparaissent graduellement et s'estompent progressivement au-dessus de la scène filmée, telle la buée blanche d'une respiration un jour de froid.

1. TITRE *30.* · FORMAT Film 35 mm, 16 mm, et Super 8 · PAYS États-Unis
CLIENT Geoffrey Beene · DATE 1993 · CRÉATION Bureau, NY
2. TITRE *Safe* · FORMAT Film 35 mm · PAYS États-Unis
CLIENT Chemical Films, Sony · DATE 1995 · CRÉATION Bureau, NY
3. TITRE *The Ice Storm* · FORMAT Film 35 mm · PAYS États-Unis
CLIENT Fox Searchlight · DATE 1996-1997 · CRÉATION Bureau, NY

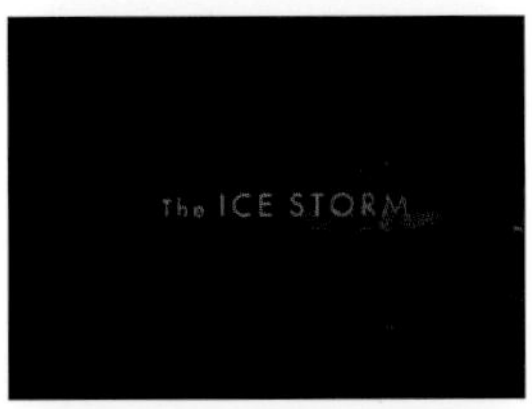

3

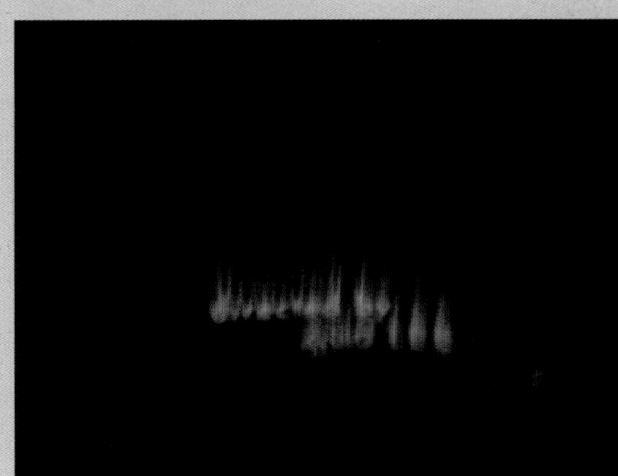

Projection et réflexion

Les mots se faufilent lentement sur un bureau encombré, s'étirant, se pliant et ondulant sur les contours d'une agrafeuse, d'un clavier d'ordinateur et de papiers épars. Une fontaine à eau, un photocopieur, un cendrier débordant

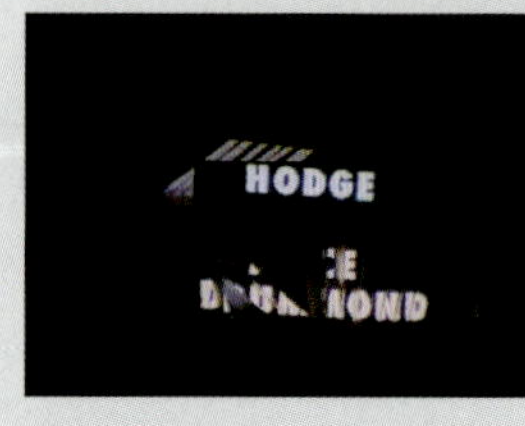

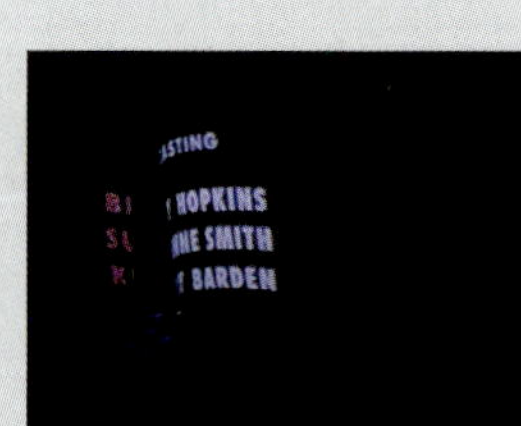

de mégots et une marre de sang, tout succombe aux textes du générique de début, dans cette séquence intense et mystérieuse conçue pour *Office Killer.*

Afin de préparer émotionnellement le spectateur à ce qui va suivre, Bureau choisit un caractère très lisible, gras et sans empattement, pour ne pas détourner l'attention de l'animation des lettres tandis qu'elles rôdent dans un bureau sans défense.

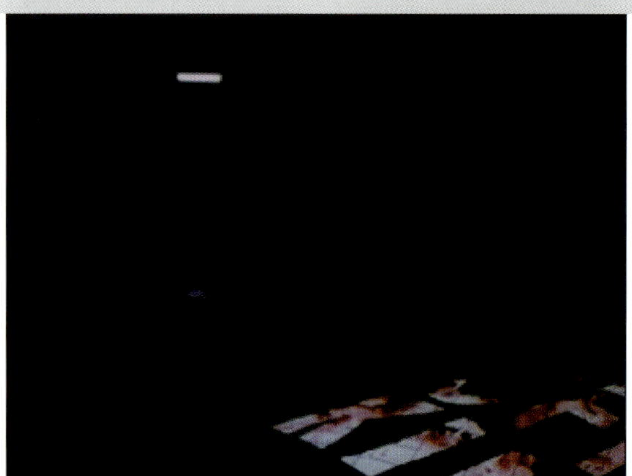

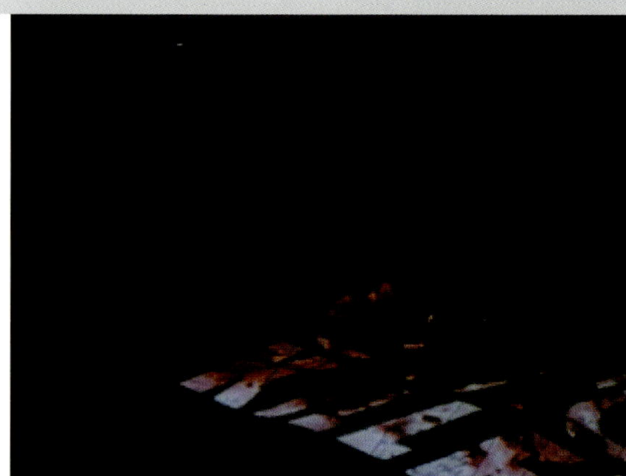

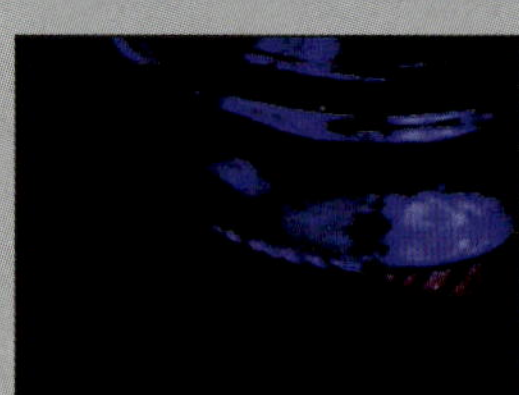

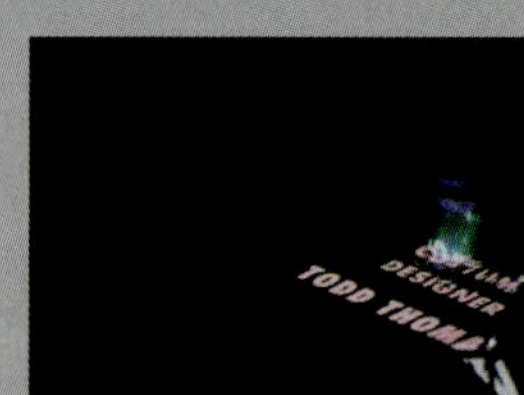

Compte tenu du budget prévu pour *Office Killer,* Bureau n'emploiera pas de technologies graphiques numériques onéreuses pour la création du générique de début. Au lieu de cela, les images fixes des textes et du titre seront assemblées et projetées sur le matériel de bureau. La séquence définitive prouve que les technologies traditionnelles peuvent encore offrir des solutions inimitables.

TITRE *Office Killer* · FORMAT Film 35 mm · PAYS États-Unis · CLIENT Killer Films · DATE 1998
CRÉATION Bureau, NY · DIRECTEUR DE LA PHOTOGRAPHIE Russel Fine

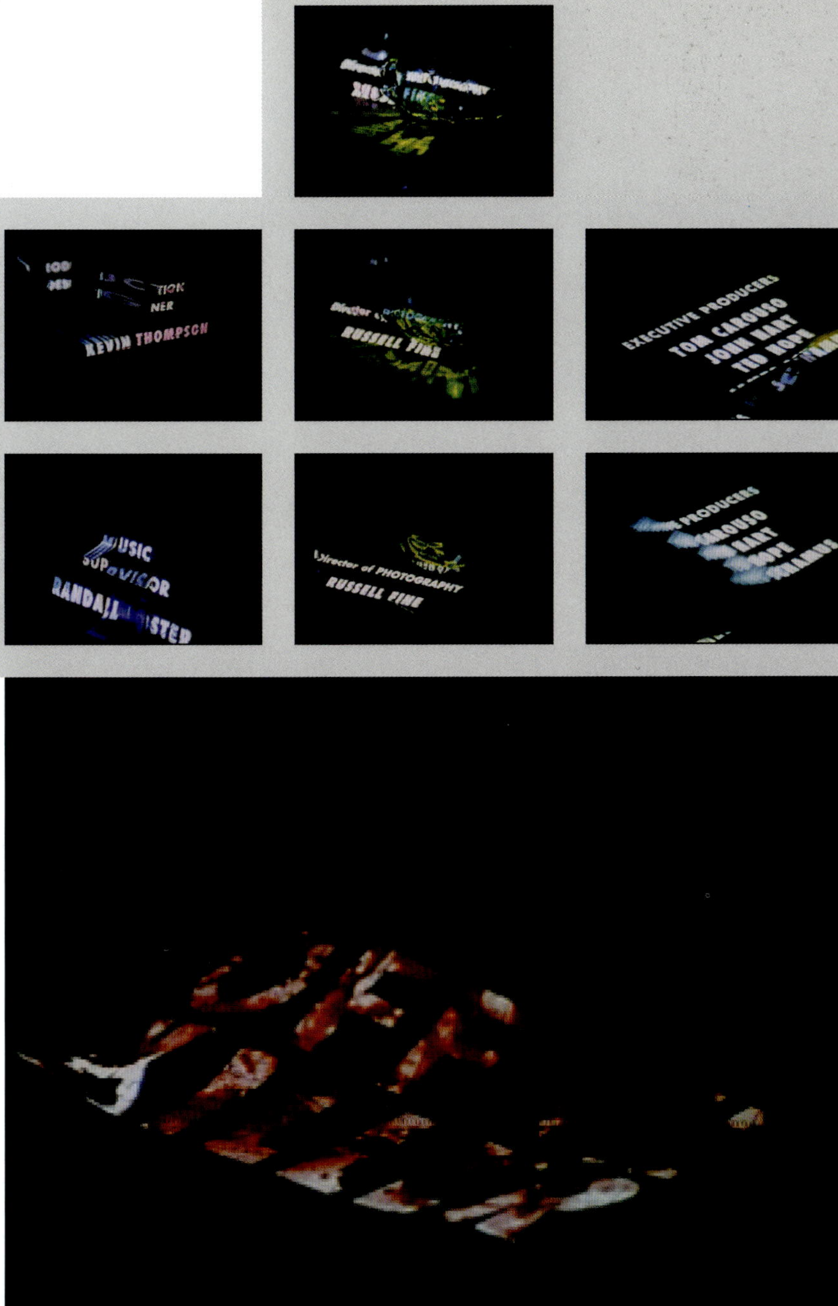

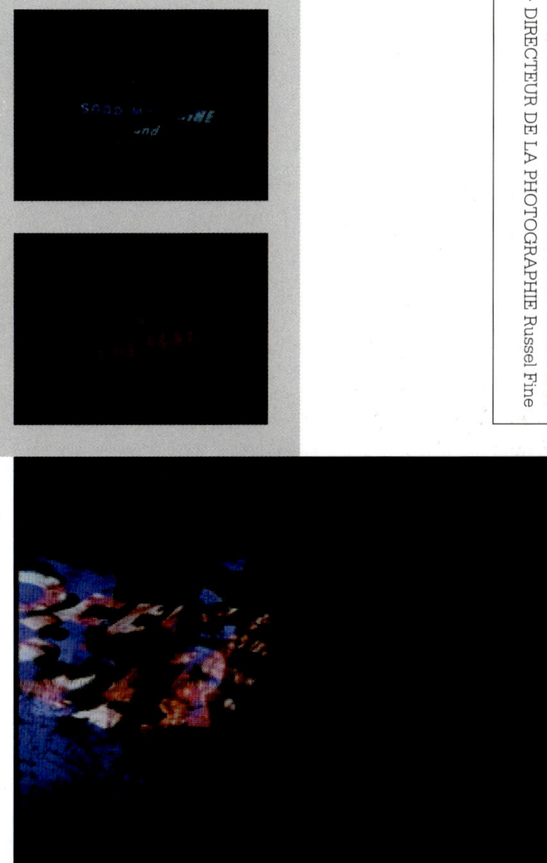

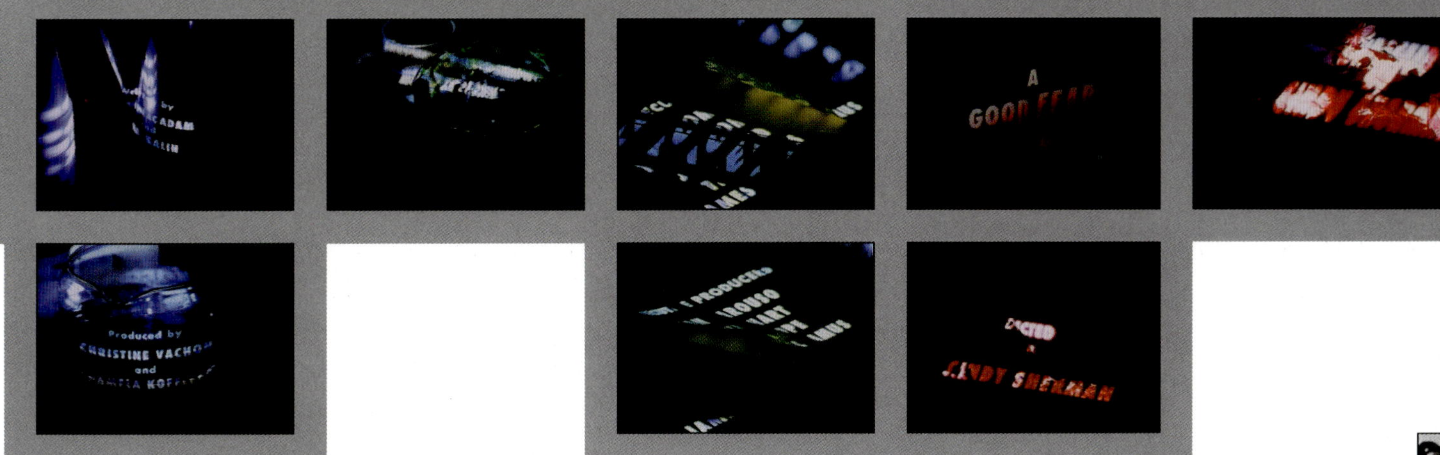

1

Dramaturgie et impact

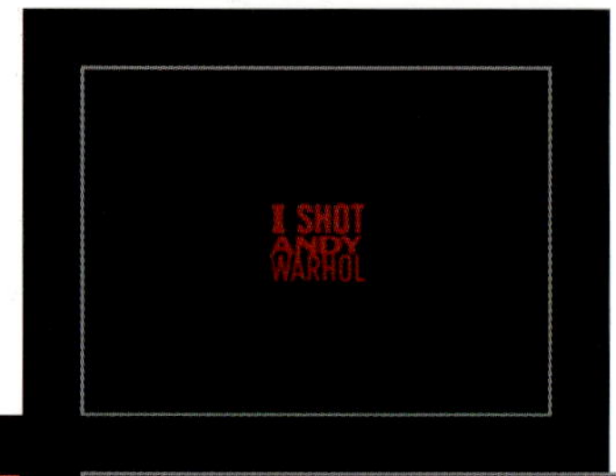

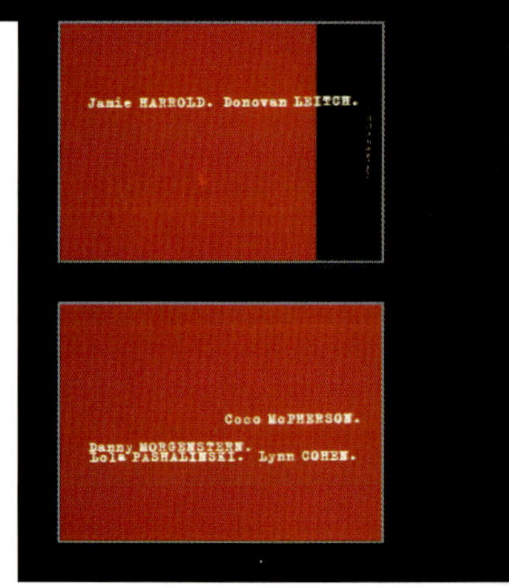

Propagande

La séquence ci-dessus – petit film diffusé dans *MTV Top of the Hour* – est conçue pour se combiner avec «Rock the Vote», une campagne qui encourageait les 18-22 ans à voter lors des élections présidentielles américaines de 1996. Dans le cadre d'une exploitation inventive de cartons de générique, d'amusants animaux familiers captent l'attention du spectateur en portant littéralement le message (tout en le mordant et en trébuchant ou s'asseyant dessus).

Le titre du film *I Shot Andy Warhol* s'installe à l'écran avant d'avancer jusqu'à faire passer le public dans l'espace qui sépare les lettres. La très forte augmentation de leurs dimensions, combinée au cadrage au-delà de l'écran, fait des lettres et du fond de simples formes noires et rouges. Celles-ci constituent un arrière-plan pour une police de type machine à écrire, qui présente les autres textes du générique de début.

1. TITRE *MTV Spots Top of the Hour* · FORMAT Film 16 mm, vidéo PAYS États-Unis · CLIENT MTV · DATE 1992 · CRÉATION Bureau, NY
2. TITRE *I Shot Andy Warhol* · FORMAT Film 35 mm · PAYS États-Unis CLIENT Valerie Films · DATE 1995 · CRÉATION Bureau, NY
3. TITRE *Swoon* · FORMAT Film 35 mm · PAYS États-Unis CLIENT Intolerance Films · DATE 1991 · CRÉATION Bureau, NY

Le scénario de générique du film *Swoon* se déroule à peu près comme celui de *I Shot Andy Warhol*. Associant lettres majuscules et minuscules, le titre est à la fois élégant et intimidant, ce qui reflète parfaitement les principaux personnages du film : deux jeunes hommes séduisants qui deviennent des assassins. Les autres mentions du générique de début s'affichent ensuite, se déplaçant horizontalement à travers l'image dans des sens opposés, par dessus une scène représentant les deux héros en train de marcher. Le générique de fin rompt avec le défilement traditionnel justifié au centre, en suivant les courbes ondulantes de la lettre S.

Créer la forme et l'espace

Pour le film *Ratchet*, la séquence de générique adopte le fonctionnement d'un cliquet *(ratchet)*. Composés sur un fond noir, les textes en caractère bâton s'affichent en blanc sur le périmètre d'un cercle. Les mentions apparaissent une par une sous la forme d'arcs qui se déplacent vers la droite pour donner l'impression d'une rotation.

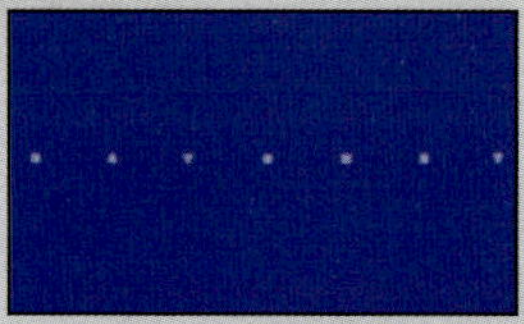

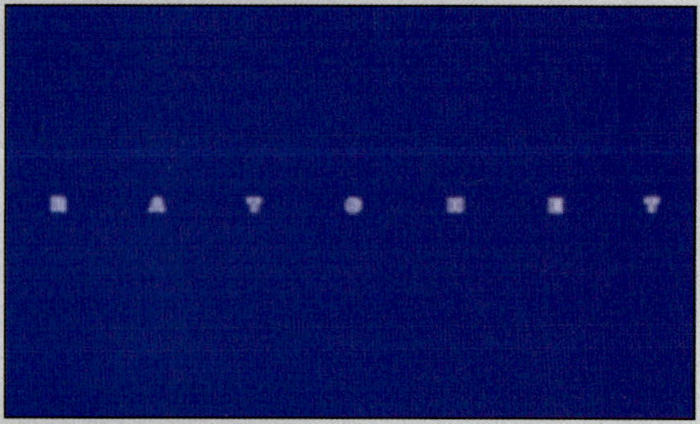

1

Composé dans une police aux lettres ouvertes, épaisses et sans empattement, le titre s'inscrit sur un fond bleu uni. Le mot «ratchet» naît en petits caractères au centre de l'image. Puis, les lettres largement espacées avancent lentement et se rapprochent les unes des autres jusqu'à se chevaucher en une combinaison de lignes et de formes, insufflant une impression d'étroitesse et de tension.

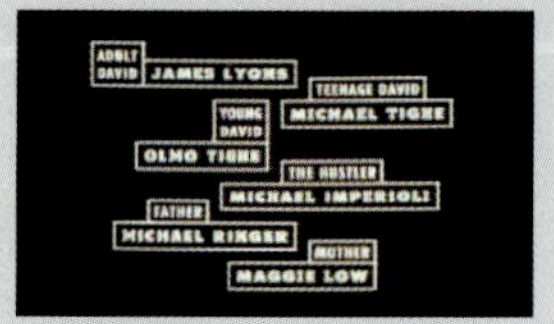

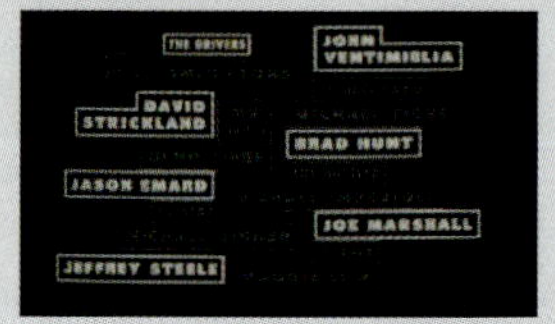

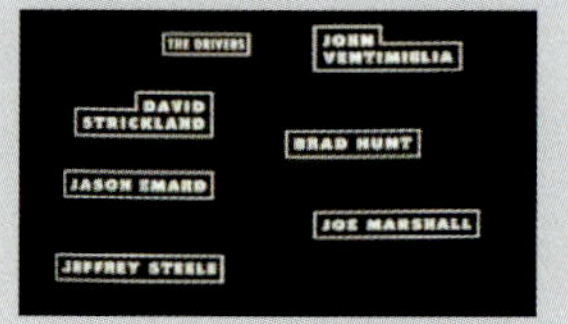

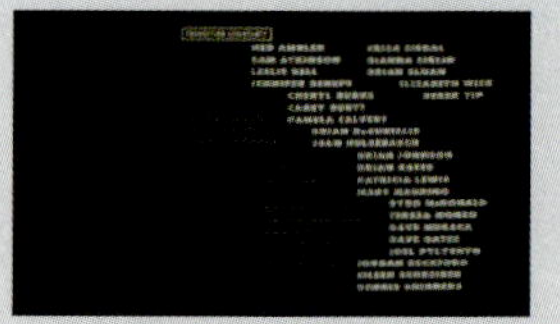

Le générique de fin reprend le thème du début en emboîtant les textes les uns dans les autres selon des motifs rectilignes de plus en plus lumineux ; ceux-ci se fondent progressivement dans le fond noir dépouillé.

1. TITRE *Ratchet* · FORMAT Film 35 mm
ANIMATION Silicon Graphics · PAYS États-Unis
CLIENT Altar Rock Films · DATE 1996 · CRÉATION
Bureau, NY
2. TITRE *Postcards From America* · FORMAT
Film 35 mm · PAYS États-Unis · CLIENT Islet Films
DATE 1994 · CRÉATION Bureau, NY

Durant la première séquence de *Postcards from America*, le spectateur est transporté dans une automobile et observe à travers le pare-brise un paysage désertique alors que le soleil, d'un orange flamboyant, passe au-dessus des nuages lointains.
Un par un les quatre mots du titre surgissent à l'horizon, chacun étant composé dans une police et une couleur différentes, faisant ainsi allusion à une collection disparate de cartes postales de voyage. Les autres textes sont tous en capitales grasses sans empattement et disposés à angle droit ; la pointe est centrée et dirigée vers le public, ce qui accentue l'immensité du paysage.

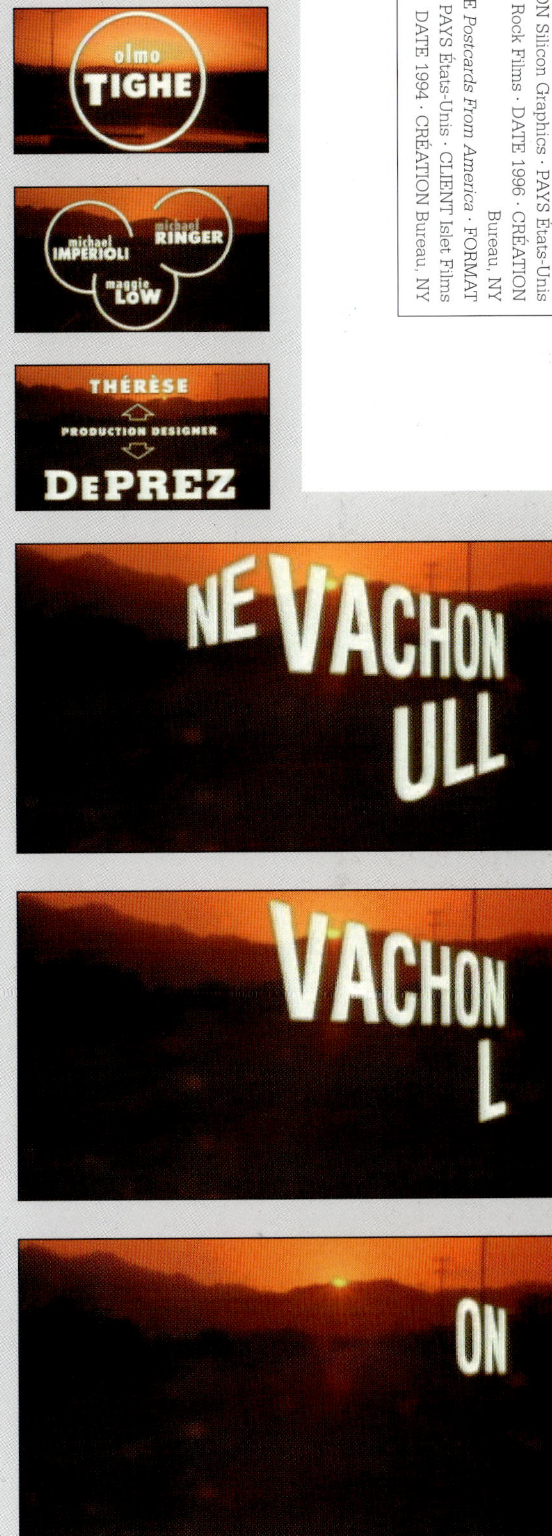

2

Voiler le sens

p2 est un studio de création installé à New York. Il a à son actif un échantillon de travaux professionnels et personnels provenant de supports très variés, dont l'imprimé, le numérique et le graphisme animé sur film et vidéo. Certaines des œuvres les plus dynamiques du groupe font partie de vidéos expérimentales dont la conception déliée est libérée des contraintes dictées par les clients et le monde des affaires.

Les images présentées sur cette page sont extraites de la première séquence d'un film d'auto-promotion du studio, p2 Self-Promotional Video, qui utilise une synthèse du mot et de l'image dans des structures poétiques et narratives.

1

1. TITRE *Vidéo auto-promotionnelle de p2* · FORMAT Vidéo · PAYS États-Unis
DATE 1998 · CRÉATEURS Matthew Pacetti, Christopher Pacetti · SOCIÉTÉ p2
2. TITRE *p2 1990:96 Variations Electronic Portfolio* · FORMAT Support numérique
PAYS États-Unis · DATE 1996 · CRÉATEURS Matthew Pacetti,
Christopher Pacetti · SOCIÉTÉ p2
3. PROJET *Vidéo expérimentale sans titre* · FORMAT Vidéo · PAYS États-Unis
DATE 1998 · CRÉATEURS Matthew Pacetti, Christopher Pacetti · SOCIÉTÉ p2

Par son approche originale de la création contemporaine, p2 défie le style et le traitement des surfaces généralisés par David Carson et Tomato. Au lieu de se contenter d'appliquer un effet, p2 pousse le processus bien plus loin en s'attachant de plus près au contenu afin de parvenir à des conclusions formelles. Il s'occupe en réalité de *ce* qu'il dit en plus de *comment* il le dit.

(2) Dans la première séquence de la rétrospective *p2 1990:96 Variations Electronic Portfolio*, des lignes de textes décrivant la méthodologie de création chez p2 sont découpées et collées en une rapide succession. Ce scénario typographique reflète la nature expérimentale des processus intuitifs de p2. En réaction au contenu, ils enfreignent délibérément les sempiternelles «règles» du métier typographique en brisant la notion de lisibilité que peut avoir le lecteur.

(3) p2 s'appuie sur la réflexion qui est à la base de la poésie concrète et du Fluxisme, quoique l'appliquant à un contexte contemporain avec des médias temporels. Dans le projet ci-contre, des lignes de texte défilent en permanence et se répètent, entrant et sortant du champ de mise au point, l'ensemble s'écoulant sur une surface transparente en trois dimensions.

Luminosité

Le spectateur perçoit le texte de cette séquence comme s'il regardait à travers un verre, les mots s'étirent, se plient et s'enroulent en épousant les contours de la forme cylindrique. La police au style semi-liquide, aux bords flous et valeurs de couleurs changeantes, papillone et échappe ici et là au point de netteté, tandis que certains mots restent immobiles suffisamment longtemps pour être lus.

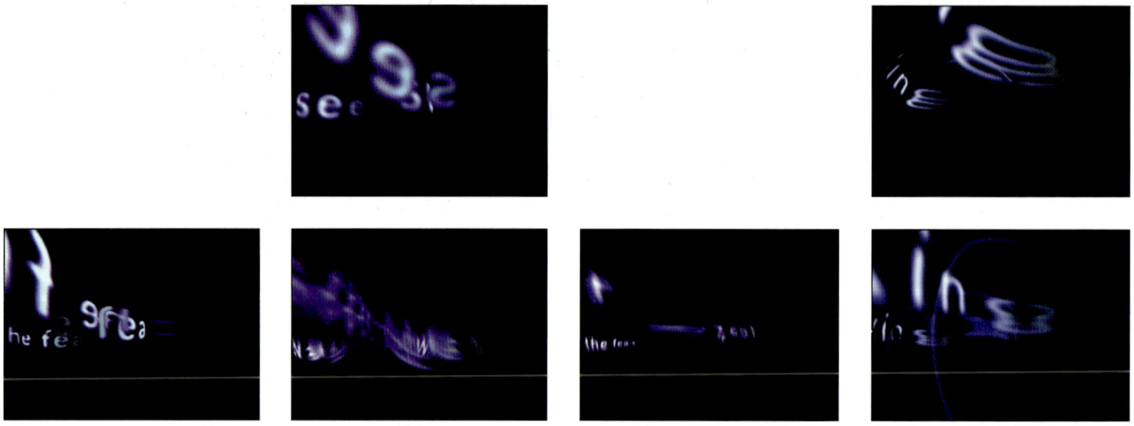

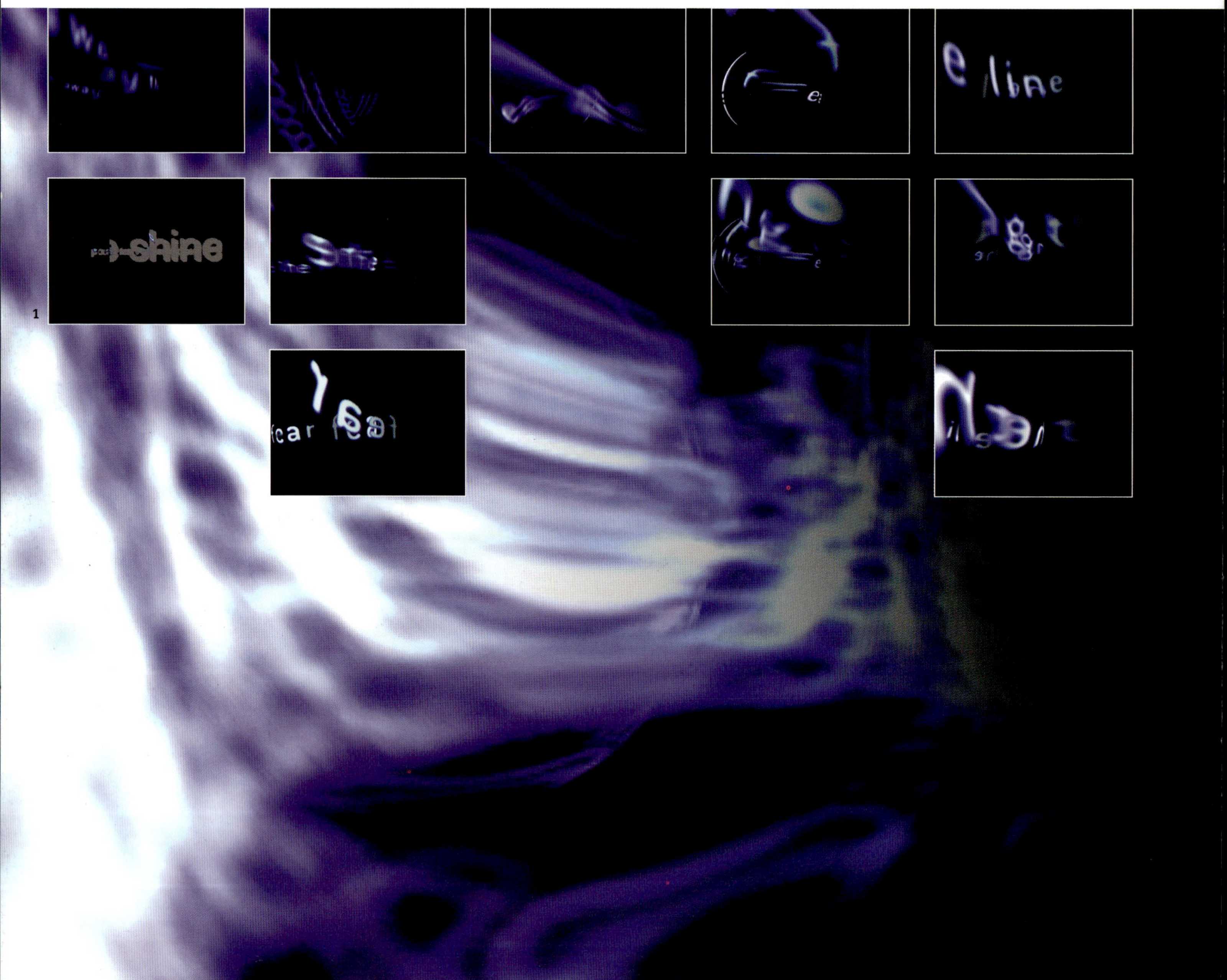

1

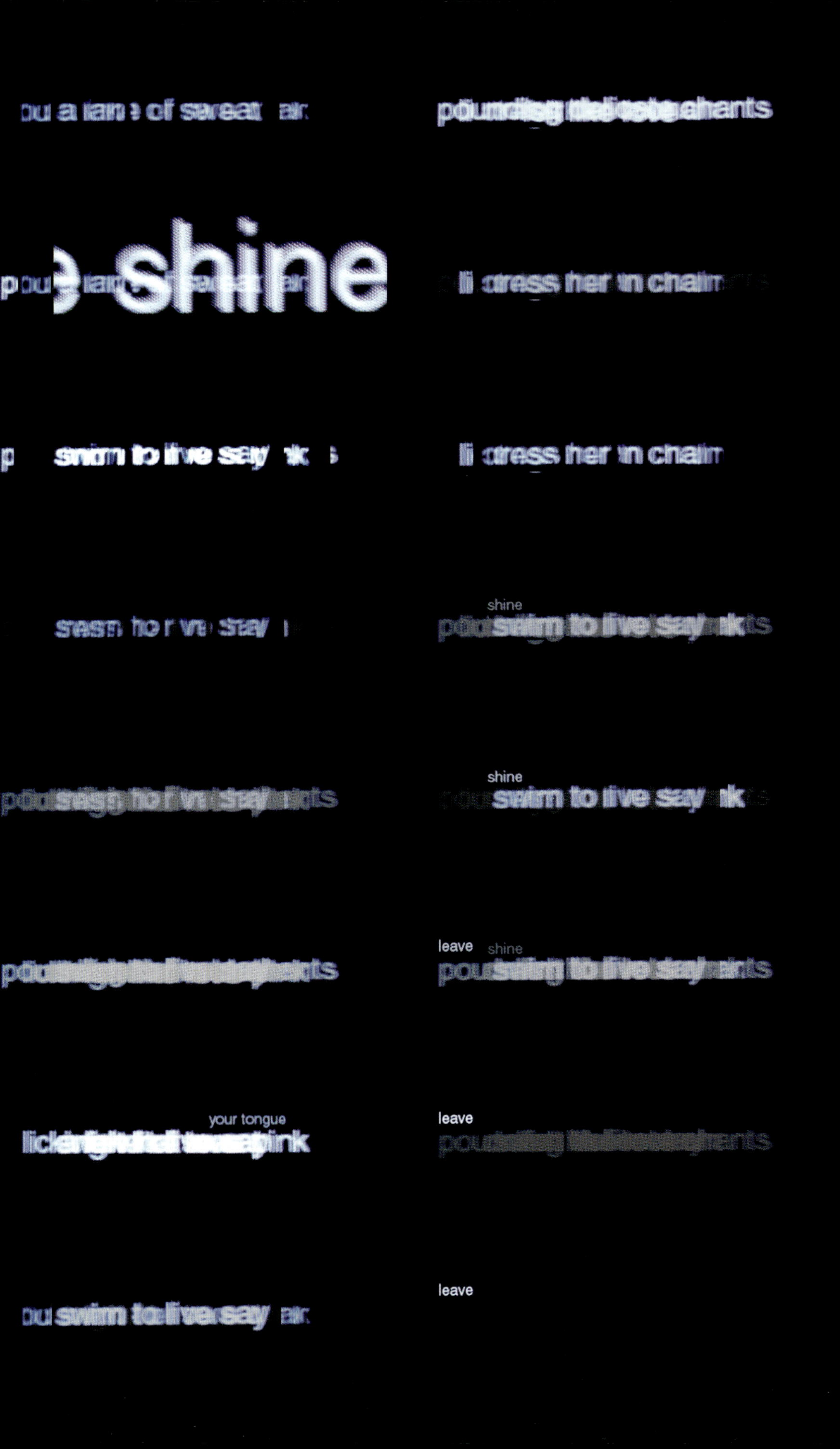

1. PROJET *Vidéo expérimentale sans titre* · FORMAT Vidéo · PAYS États-Unis
DATE 1998 · CRÉATEURS Matthew Pacetti, Christopher Pacetti · SOCIÉTÉ p2
2. PROJET *Vidéo expérimentale sans titre* · FORMAT Vidéo · PAYS États-Unis
DATE 1998 · CRÉATEURS Matthew Pacetti, Christopher Pacetti · SOCIÉTÉ p2

Dans cette séquence, le texte défile sur une même ligne. Chaque portion de phrase passe devant la précédente tandis que cette dernière s'efface progressivement dans le plan. Les dessins de lettres fusionnent ; parallèlement, de temps en temps, un morceau de texte est accentué par sa taille imposante défiant ouvertement le lecteur, ou par sa taille réduite forçant celui-ci à regarder plus attentivement.

270° CONFESSION
Two Hundred and Seventy Degree Confessional
had sex wit
sex with a Russian
ussian hooker
And my confession is that ah, I've been ah, I've been doing
I've thrown
acted like an
"I'm a dominatrix"
"I'm a don
still dream abo
completely out of plac
a day
a domina
really

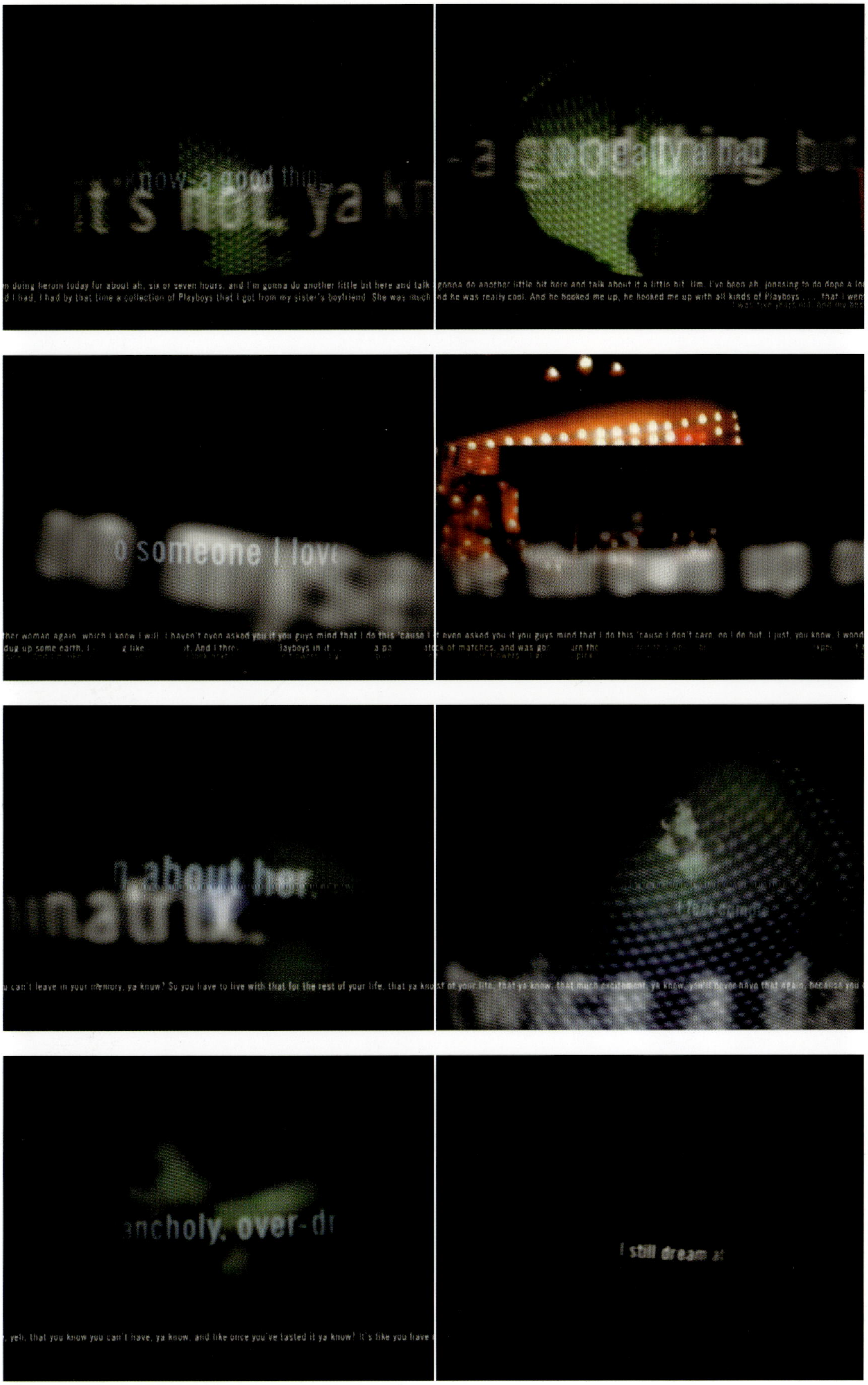

Appel à la mémoire

270° Confessional **est un film vidéo expérimental de six minutes illustrant l'activité du confessionnal du point de vue de celui qui écoute. Bien que le film et la vidéo soient considérés comme des médias linéaires, *270° Confessional* développe le concept de linéarités multiples, opérant à plusieurs niveaux en parallèle.**

La séquence typographique est une exploration de la mémoire, de la communication verbale et de la visualisation d'une conscience. Des transcriptions de confessions provenant de plusieurs individus apparaissent sous forme de lignes de texte qui défilent de gauche à droite en bas de l'écran, tel le déroulement d'un monologue intérieur. Des groupes de mots surgissent du texte en mouvement, et apparaissent en gros caractères à demi transparents au-dessus du flux – à une position hiérarchique supérieure. D'une taille encore plus importante, perçant l'écran, des morceaux de texte encore plus courts et plus spécifiques s'affichent, ramenant chaque confession à des points clés. Souvent, plusieurs confessions se chevauchent et créent une juxtaposition de contenus inattendue, non dépourvue d'humour.

L'activité du texte s'effectue par superposition, sur une scène aux images denses et dans une atmosphère sombre qui transforme le confessionnal classique en un environnement transcendant pour que le lecteur puisse vivre une expérience de voyeur.

TITRE *270° Confessional* · FORMAT Vidéo · PAYS États-Unis · DATE 1997 · CRÉATEURS Matthew Pacetti, Christopher Pacetti · SOCIÉTÉ p2

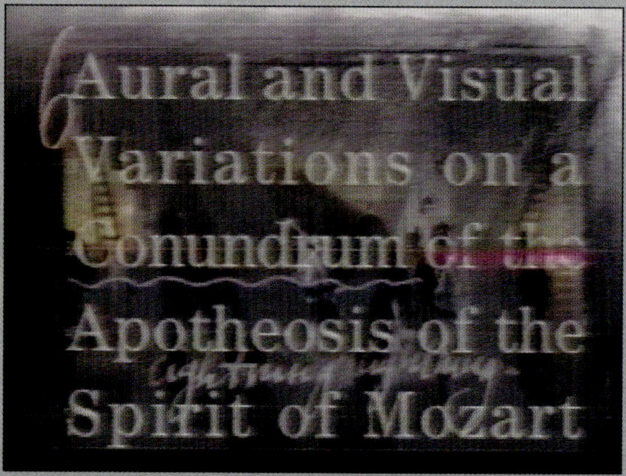

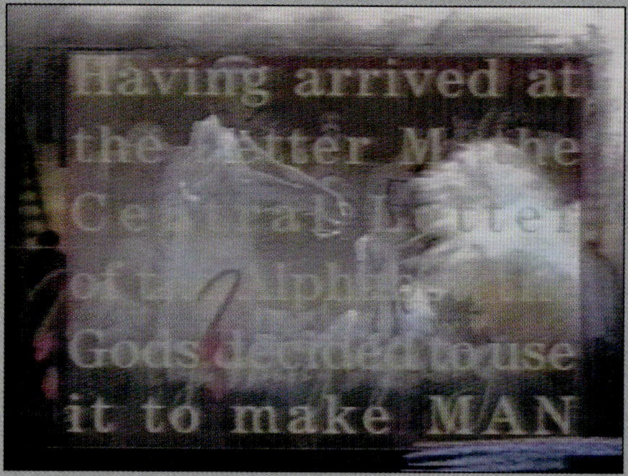

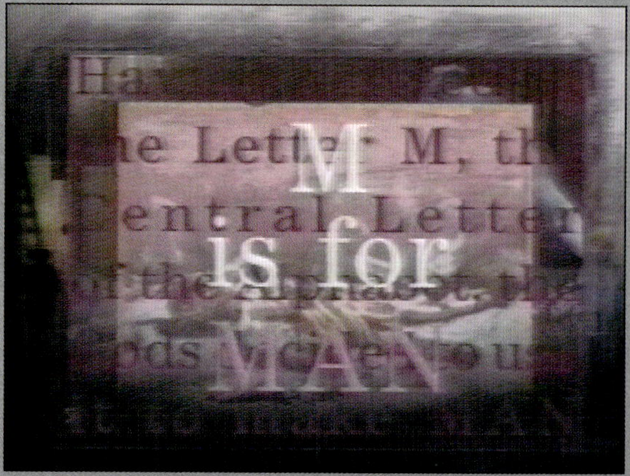

1

Le court métrage *M is for Man, Music and Mozart* – conçu pour la BBC – commémore le bicentenaire de la mort de Mozart. La calligraphie de Neuenschwander illustre visuellement plusieurs textes musicaux qui y sont traités.

L'écran devient une surface à demi transparente sur laquelle des mouvements significatifs et des lettres manuscrites servent de légendes aux images des acteurs en train de chanter. De nombreuses superpositions de textes chantés, lus et narratifs se combinent dans des compositions qui sollicitent la vue, l'ouïe, ainsi que des sensations tactiles sur le plan visuel. Les acteurs sont également habillés de texte, manipulent du texte et inscrivent des graffiti sur les murs du décor.

Les films de Peter Greenaway créent un nouveau langage visuel en mouvement via une combinaison associant film, photographie, typographie, calligraphie, peinture et illustration. En recourant aux multi-images, et à l'insertion d'images à l'intérieur d'une image, le réalisateur transmet des récits parallèles et des différentiels de temps grâce à un collage d'image et de texte aux superpositions nombreuses.

1. TITRE *M is for Man, Music and Mozart* · FORMAT Film de télévision · PAYS Royaume-Uni · CLIENT BBC DATE 1993 · CALLIGRAPHIE Brody Neuenschwander RÉALISATEUR Peter Greenaway
2. TITRE *Prospero's Books* · FORMAT Film 35 mm PAYS Royaume-Uni · DATE 1991 · CALLIGRAPHIE Brody Neuenschwander · RÉALISATEUR Peter Greenaway

Vue, sonorité et toucher

Brody Neuenschwander est à la fois artiste maître-calligraphe, graphiste et professeur de calligraphie. Il collaborera avec le réalisateur Peter Greenaway sur plusieurs films dont *Prospero's Books, The Pillow Book* et *M is for Man, Music and Mozart*, tous se caractérisant par des thèmes littéraires rehaussés d'un symbolisme tant graphique que typographique.

2

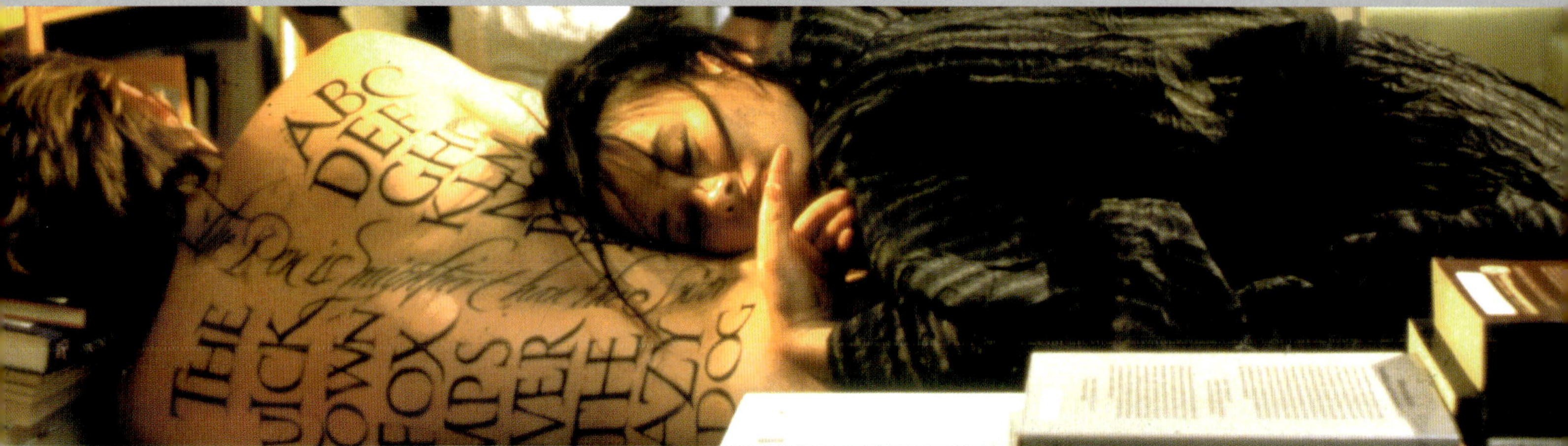

Prospero's Book est une interprétation de *La Tempête* de Shakespeare au travers de l'histoire de Prospero, ce dernier écrivant une pièce de théâtre qu'il joue et vit à la fois. La calligraphie sert ici de lien entre l'œuvre initiale de Shakespeare et un autre niveau de langage symbolique imposé à l'œuvre par Greenaway. La relation de l'homme avec le savoir et les livres est illustrée dans des scènes vues à travers des supports écrits à demi transparents. Le public est incité à observer, écouter et lire tandis que textes et images s'unissent dans une entité de composition cinétique. L'art de la calligraphie se fond avec érotisme dans le corps humain et devient le thème central de *The Pillow Book*. Dans une interprétation de textes japonais du xe siècle, Greenaway crée une histoire contemporaine qui se déroule à Hong Kong et au Japon. Désirant satisfaire sa pulsion littéraire, une jeune femme japonaise transcrit ses textes en une calligraphie tracée sur les corps de ses amants, ceux-ci devenant les porteurs d'une série de manuscrits auprès de son éditeur. Le corps devient littéralement un livre qui mange, respire, dort et bouge, exprimant la relation d'extase entre la chair et la littérature.

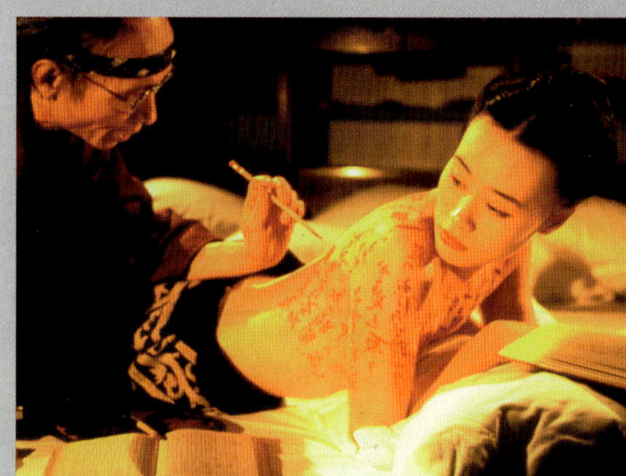

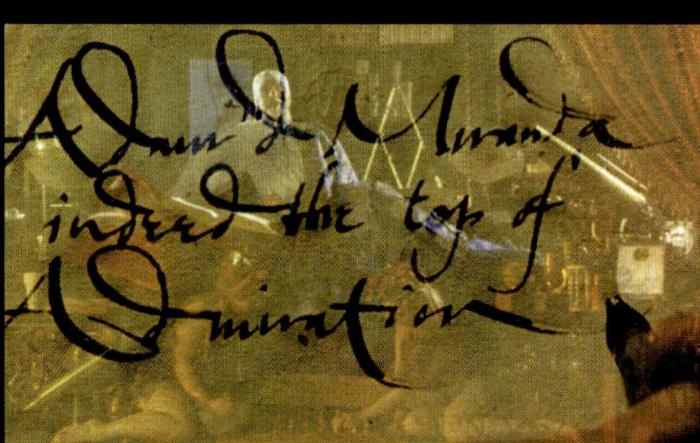

2

1. TITRE *Prospero's Books*
FORMAT Film 35 mm
PAYS Royaume-Uni
DATE 1991
CALLIGRAPHIE
Brody Neuenschwander
RÉALISATEUR Peter Greenaway

2. TITRE *The Pillow Book*
FORMAT Film 35 mm
PAYS Royaume-Uni
DATE 1996
CALLIGRAPHIE
Brody Neuenschwander et Yukki Yaura
RÉALISATEUR Peter Greenaway

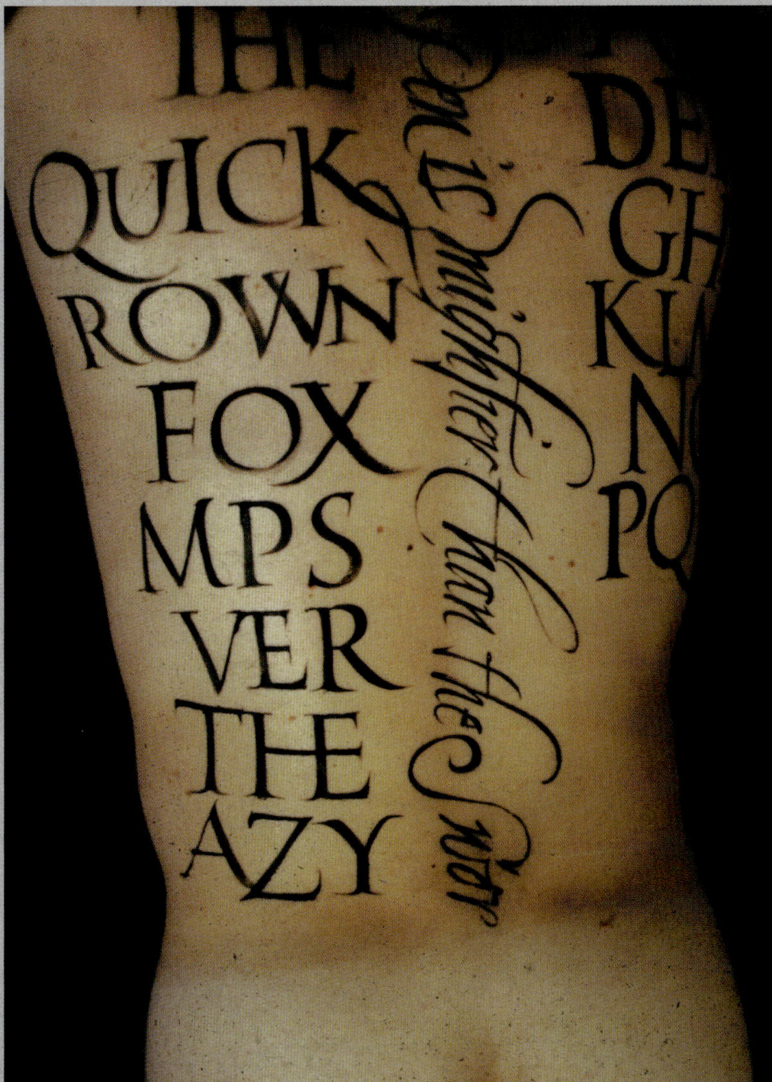

Dans ces trois films, le tracé manuscrit des lettres par Neuenschwander est réalisé au moyen d'une grosse plume d'oie, puis manipulé dans un système de retouche numérique qui positionne les textes dans les scènes et séquences appropriées.

Neuenschwander dessine les lettres directement sur la peau des acteurs dans *The Pillow Book*. Il recourt au formalisme incisif et précis de l'écriture script Kanji et des majuscules arabes, afin de créer un contraste avec les contours irréguliers du corps humain. A chaque mouvement, le dessin des lettres se tord et s'étire de façon inattendue, souvent élégante et érotique.

1

2

Abstraction

La première séquence de *Goodfellas (Les affranchis)* simule le rythme de vie agité des petits truands. Le titre, composé en Helvetica rouge éclatant, arrive rapidement à l'horizontal, s'arrête juste assez longtemps pour être vu, puis file aussi vite qu'il est arrivé.

Au début de *Cape Fear*, la séquence de générique, bien que réduite au minimum, assure une résonance certaine. Le titre et les textes, dans une police de caractères gras, obliques et étroits, se renversent au-dessus d'une multitude d'images superposées, représentant notamment de l'eau, du sang qui coule et des déformations bizarres du visage du tueur. Une distorsion très subtile du titre reflète l'approche de la typographie temporelle propre à Bass : réductrice et efficace.

Dans la première séquence de *The Age of Innocence (Le temps de l'innocence)*, l'épanouissement de roses projeté en accéléré se juxtapose à des lignes d'une élégante écriture anglaise qui nourrissent l'arrière-plan en définissant le contexte historique du film.

1. TITRE *Les affranchis* · FORMAT Film 35 mm · PAYS États-Unis · DATE 1990 · CRÉATEURS Saul et Elaine Bass RÉALISATEUR Martin Scorsese · PRODUCTEUR Irwin Winkler · ©1990 Warner Bros. Inc.
2. TITRE *Cape Fear* · FORMAT 35 mm Film · PAYS États-Unis · DATE 1991 · CRÉATEURS Saul et Elaine Bass RÉALISATEUR Martin Scorsese · PRODUCTEUR Barbara De Fina · SOCIÉTÉ Cappa Films et Tribeca Productions ©1991 Universal City Studios, Inc.; Amblin Entertainment
3. TITRE *Le temps de l'innocence* · FORMAT Film 35 mm PAYS États-Unis · DATE 1993 · CRÉATEURS Saul et Elaine Bass · RÉALISATEUR Martin Scorsese · PRODUCTEUR Barbara De Fina · ©1993 Columbia Pictures Industries, Inc.

3

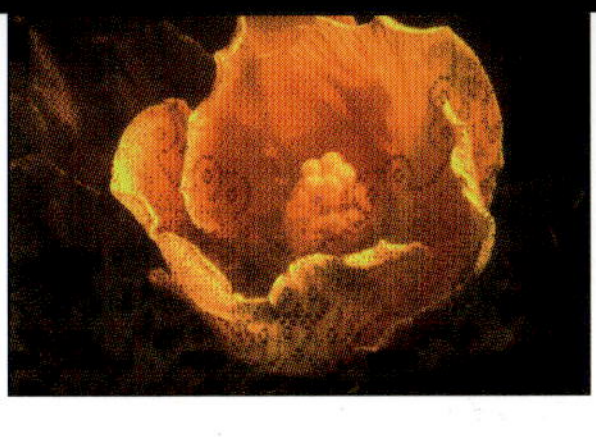

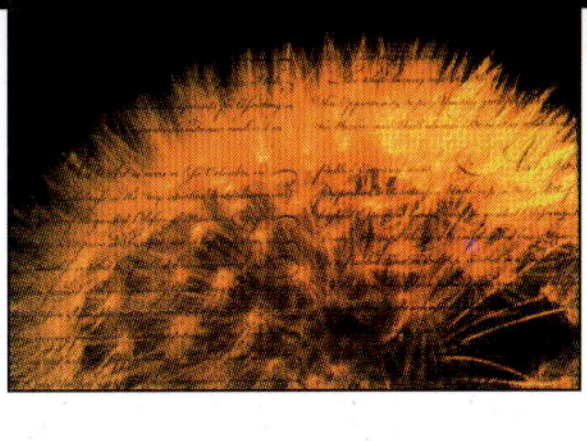

Premiers mots

Balsmeyer & Everett Inc. est une société de création new-yorkaise spécialisée dans les séquences de génériques. Randy Balsmeyer revendique une relation étroite avec le réalisateur durant le processus de création afin que le générique traduise exactement le thème traité.

Dans *Ransom (La rançon)*, la trame de l'histoire s'appuie sur le rapt d'un enfant et sur la quête d'indices qu'entreprennent alors ses parents. Le générique de début simule cette recherche par une métaphore graphique : l'intérieur des épais caractères bâton apparaît lettre après lettre jusqu'à ce que le titre soit complet, révélé sur une rectangle rouge (ce qui permet de voir la scène). L'intérieur des caractères s'inverse ensuite, terminant la séquence de générique.

1

Short Cuts* est un film basé sur une série de nouvelles écrites par Raymond Carver. Son argument repose sur la vie de plusieurs personnages dont les histoires séparées seront liées au cours du film.

Les lettres du titre au tracé grossier se brisent et se recollent, comme découpées aux ciseaux, rappelant ainsi la trame du scénario. Les autres textes oscillent et flottent devant des images d'hélicoptères en train de pulvériser un insecticide au-dessus de la Californie et des existences des personnages.

2

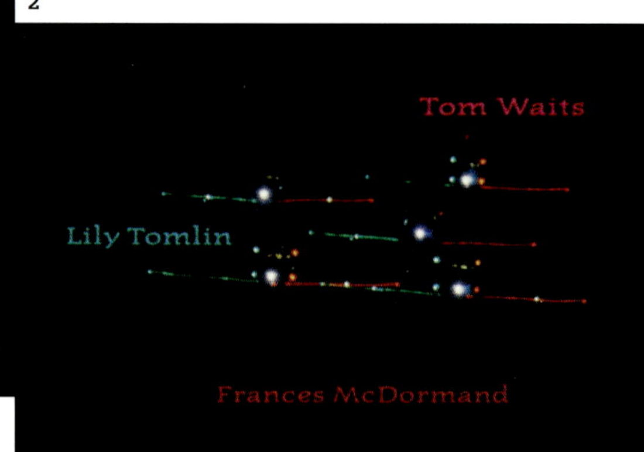

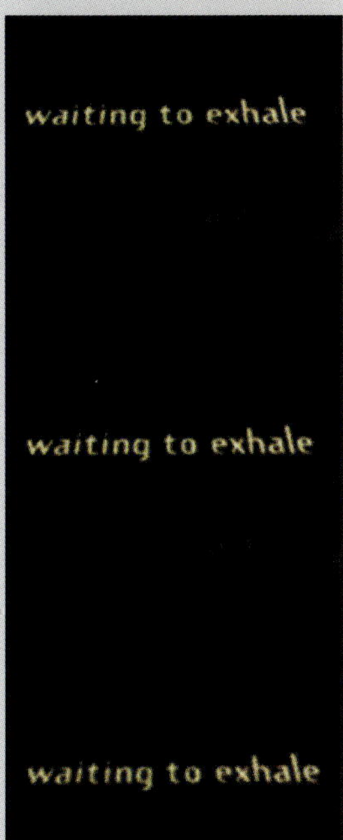

3

The Big Lebowski débute comme un vieux western, la caméra suivant un buisson emporté par le vent à travers le désert. Cependant, ce bosquet vagabond parcourt en fait les rues et les plages de Los Angeles de nos jours. Le voyage culturel sur la côte Ouest se termine dans un bowling, là où débute l'histoire de Lebowski, surnommé «Dude».

C'est Bureau qui relève le défi de concevoir un générique combinant parfaitement les qualités mythiques d'un western classique avec la mentalité citadine d'un bowling. Les créateurs y parviennent par un mariage forcé entre des caractères Ponderosa, animés sur un fond de boiserie, et Magneto, exhibant un aspect chromé. Toute l'animation du générique simule les opérations d'un mécanisme de quillier de bowling, qui amène ensuite la première scène du film.

4

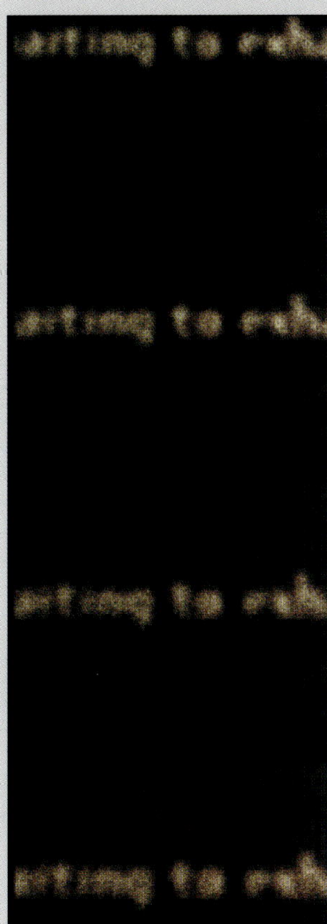

La scène utilisée dans le générique de *Waiting to Exhale* ressemble aux vagues de l'océan dans la nuit ; pourtant, au cours de la séquence, la couleur se transforme de nuit en jour, et l'océan devient dunes de sable. Le titre passe sur ces dunes et se désagrège en une tempête de minuscules particules qui s'approchent de l'écran en grossissant.

5

Un homme à l'existence normale et routinière voit s'abattre sur lui le chaos et, finalement, la mort. Tel est l'argument du film de Jim Jarmusch, *Dead Man*.
La première séquence suit le personnage principal dans un train quittant la civilisation implantée sur la côte Est pour l'Ouest sauvage. Les textes du générique de début simulent le train, entraînés dans un zoom avant qui sort de l'écran. Le titre, lui, prend le parti de l'illustration, des os composant le dessin des lettres ; les mots sont ensuite pris dans un lent zoom arrière, puis les lettres explosent et se désintègrent.

1. TITRE *La rançon* · FORMAT Film 35 mm · PAYS États-Unis · CLIENT Touchstone Pictures · DATE 1996 · CRÉATEUR Randy Balsmeyer · RÉALISATEUR Ron Howard · MONTAGE Dan Hanley, Mike Hill · SOCIÉTÉ Balsmeyer & Everett, Inc.
2. TITRE *Short Cuts* · FORMAT Film 35 mm · PAYS États-Unis · CLIENT Fine Line Features · DATE 1993 · CRÉATEUR Randy Balsmeyer · RÉALISATEUR Robert Altman · ANIMATION 3D Michael Arias · MONTAGE Geraldine Peroni · SOCIÉTÉ Balsmeyer & Everett, Inc.
3. TITRE *Waiting to Exhale* · FORMAT Film 35 mm · PAYS États-Unis · CLIENT 20th Century Fox · DATE 1995 · CRÉATEUR Randy Balsmeyer · RÉALISATEUR Forest Whitaker · GRAPHISME Jennifer Bernstein · ANIMATION NUMÉRIQUE Daniel Leung · MONTAGE Richard Chew · SOCIÉTÉ Balsmeyer & Everett, Inc.
4. TITRE *The Big Lebowski* · FORMAT Film 35 mm · PAYS États-Unis · CLIENT PolyGram Filmed Entertainment · DATE 1998 · CRÉATEUR Randy Balsmeyer · RÉALISATEUR Joel Coen · PRODUCTEUR Ethan Coen · ANIMATION NUMÉRIQUE Matt McDonald (carton de générique du titre), Amit Sethi (boules de bowling) · COMPOSITION NUMÉRIQUE Daniel Leung · TEXTES/GRAPHISMES Gray Miller · SOCIÉTÉ Balsmeyer & Everett, Inc.
5. TITRE *Dead Man* · FORMAT Film 35 mm (n/b) · PAYS États-Unis · CLIENT 12-Gauge Productions, Inc. · DATE 1995 · CRÉATEUR Randy Balsmeyer · RÉALISATEUR Jim Jarmusch · GRAPHISME Jennifer Bernstein · MONTAGE Jay Rabinowitz · SOCIÉTÉ Balsmeyer & Everett, Inc.

Rotation et force centrifuge

Un balanced was her load **est une installation conçue pour une démonstration de thèse. Elle utilise les cycles d'un lave-linge comme métaphore de l'agitation intérieure que connaît une personne mise à la place fictive de quelqu'un d'autre. Deux voix, l'une subjective (la femme gérant les nombreux appels sollicitant son attention), l'autre objective (le commentaire historique sur le rôle de la femme qui manipule les vêtements sales d'autres personnes), expriment l'agitation intérieure ressentie par le sujet, et ce, en trois cycles : agitation, rinçage, rotation centrifuge.**

Ce travail est une critique de la chose domestique, de la situation historique des gens qui nettoient, et des difficultés psychologiques qui gouvernent notre itinéraire à travers le monde. L'utilisation de logos pertinents et de typographies représentatives sert le thème, tandis que les mots de la séquence sont envoyés dans le processus de lavage.

L'installation se compose de la séquence diffusée sur un moniteur vidéo placé à l'intérieur d'un lave-linge s'ouvrant par le dessus. Le spectateur est invité à regarder dans la machine et à méditer sur le linge sale pendant le déroulement des trois cycles.

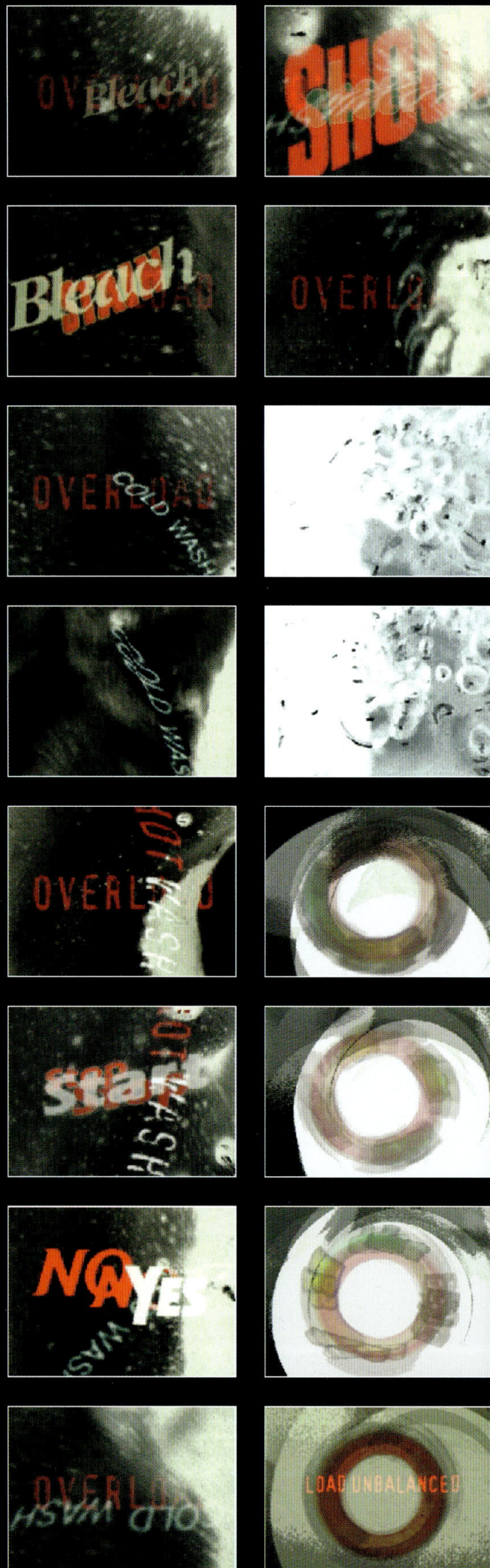

1

Motion and Typography **(mouvement et typographie) est un cours sur un semestre au California Institute of the Arts ; il traite du rôle du temps dans la conception des génériques de film.**
La première moitié du semestre explore les notions de signification à travers la forme typographique et le mouvement, l'aspect narratif, le rythme et les concepts de maquette de scénario.
La seconde moitié du semestre implique la création d'une séquence de générique de film de 30 secondes.
Les étudiants choisissent leur film et sont incités à générer leurs propres images au moyen de la typographie.

2

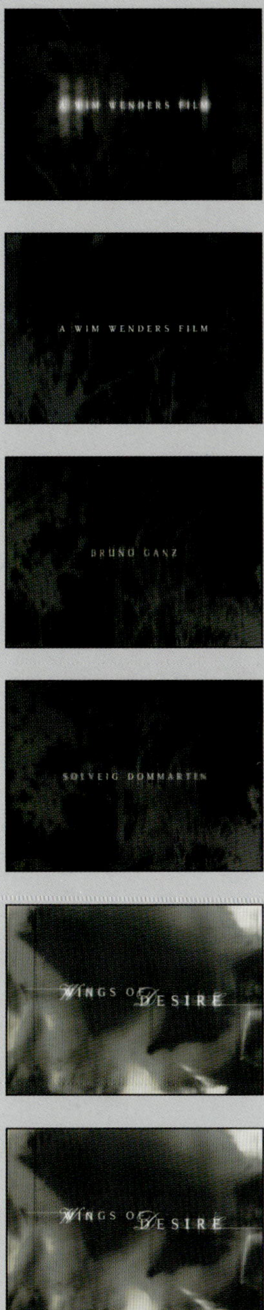

Symboles et icônes

Reminiscence with My Grandmother **est une saynète faisant partie d'une série d'enregistrements vidéo d'entretiens entre Polly Johnson et sa grand-mère. Les bribes de souvenirs sur les lieux, les personnes, les événements et les objets trouvent un parallèle avec des articles de presse, des livres et des photographies vieillies, tout en révélant les expériences passées de l'aïeule. Le film vidéo illustre les lieux et/ou les personnages tels qu'ils existent aujourd'hui. Certains endroits ont été complètement occultés ou n'existent plus, d'autres ont changé, les vestiges du passé s'intégrant au présent ; quelques-uns ont été restaurés pour préserver leur signification historique.**

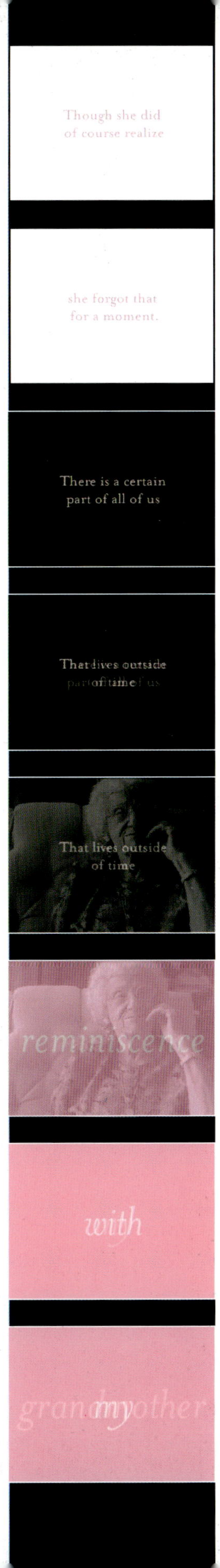

1. TITRE *Un balanced was her load* · FORMAT Vidéo · PAYS États-Unis · DATE 1996 · FORMATEURS Katherine McCoy, Andrew Blauvelt · CRÉATEUR Ziddi Msangi · UNIVERSITÉ Cranbrook Academy of Art
2. TITRE *Création de générique* · FORMAT Support numérique · PAYS États-Unis · DATE 1997 · FORMATEUR Michael Worthington · CRÉATEURS Pat Dinkfield, Hwee Min Loi, Lee Schultz, Jamandru Reynolds, Bucky Fukomoto · UNIVERSITÉ California Institute of the Arts
3. TITRE *Reminiscence with My Grandmother* · FORMAT Vidéo · PAYS États-Unis · DATE 1997-1998 · CRÉATEUR Polly Johnson

Des entrevues avec ses amis et sa famille comblent les périodes qu'elle ne peut pas se rappeler, tout en contredisant ses récits et en ajoutant des points de vue particuliers à ses souvenirs.

La typographie choisie pour cette séquence fonctionne à plusieurs niveaux. Le texte se substitue à la voix de l'enquêtrice (l'auteur) ; comme la grand-mère de celle-ci est sourde, l'absence de toute voix audible semble pertinente. Les mots communiquent des informations supplémentaires qui étayent et complètent son histoire. La typographie en mouvement souligne des points du texte. La typographie spécifique, provenant de documents et de supports divers (affiches de menus, panneaux de signalétique ou articles de journaux), contribue à créer une certaine idée du lieu.

Évocation du passé

Multi-linguisme

Le créateur Bruce Mau, qui a fondé son studio Bruce Mau Design à Toronto, est reconnu internationalement pour ses conceptions d'ouvrages chez Zone Books, et pour sa collaboration avec l'architecte Rem Koolhaas sur le livre *S,M,L,XL* (1995). *The Red Violin (Le Violon Rouge)* est le premier générique de film signé de Mau.

TITRE *The Red Violin*
FORMAT Film 35 mm
PAYS Canada · CLIENT
Rhombus Media · DATE 1998
CRÉATEURS Bruce Mau
avec Christopher Pommer
SOCIÉTÉ Bruce Mau Design

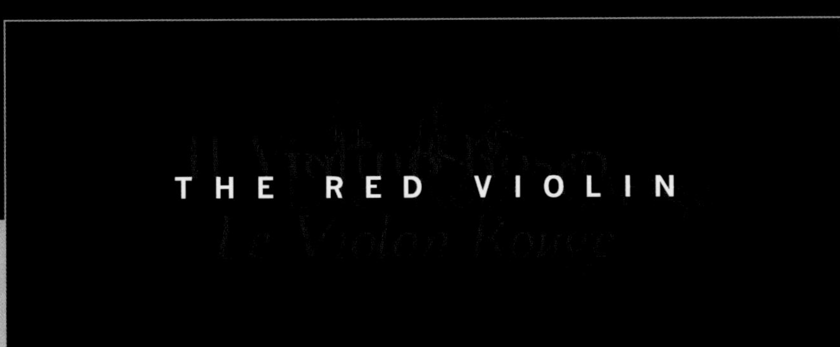

Le film *The Red Violin* retrace la vie d'un violon à travers cinq continents et trois siècles, à partir de sa fabrication à l'apogée de Crémone en Italie, jusqu'à sa fin dans le Montréal d'aujourd'hui. Le récit se structure en épisodes, reliant directement ou métaphoriquement les histoires des différents personnages qui ont détenu le violon à Vienne, Londres et Shanghai.

La première séquence, un long panoramique lyrique dans un atelier d'artisan italien, conduira les graphistes à choisir le News Gothic, police nette et contemporaine dont, selon eux, les «contours simples accentueront le mouvement riche du son et de l'image».

La composition du titre est un équilibre subtil entre la traduction anglaise, composée en News Gothic blanc, et les autres langues qui se superposent dans des polices significatives sur le plan historique. Le texte de fond crée un champ dense d'un pourpre instable sur lequel le titre s'appuie, liant l'histoire du violon à son avenir.

Le film portant sur une durée très longue, ainsi que sur plusieurs pays et langues, le générique constitue une excellente solution pour suggérer un certain nombre de périodes historiques et de valeurs culturelles, sans se priver de la fonction de communication.

Illusion optique

Pablo Ferro a été un pionnier de l'innovation technologique en matière de film, notamment pour les effets d'optique sur support vidéo visant à libérer la typographie de son rôle d'antan – statique, plat et frontal – pour les séquences d'ouverture.

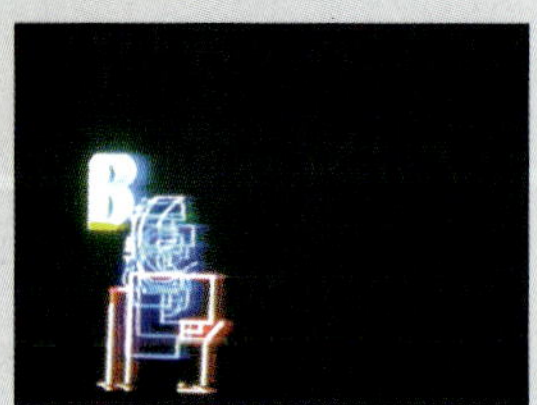

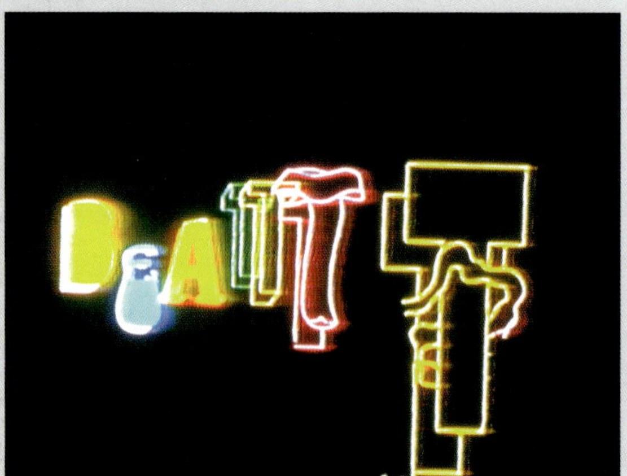

Dans cette bande annonce de film, les lettres, dotées des couleurs, du volume et de la luminosité des néons, se précipitent sur l'écran et s'assemblent avec l'énergie d'un groupe de rock en écrivant *Beatlemania: the Movie*.

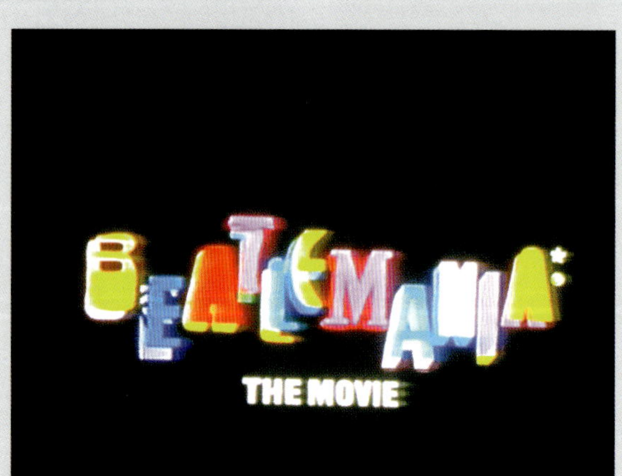

1

3

Simples, blanches, sans empattement, les lettres associées à des formes colorées rebondissent sur l'écran, dansent puis se combinent pour former *That Thing You Do !* dans cette séquence de générique.

2

Les textes sortent de la bouche de ce personnage, tandis qu'il parle durant la première séquence du film *Career Opportunities*.

Le générique de *Good Will Hunting (Will Hunting)* exploite la technologie informatique pour créer une mosaïque hypnotisante translucide, en hypersuperposition composée de livres, notes et formules mathématiques qui absorbent et refoulent le titre et les textes.

4

Le titre et les mentions au générique sont composés dans une police sobre sans empattement afin de préserver la lisibilité tandis que les textes errent dans l'espace complexe du savoir, exprimant le génie troublé du personnage principal, Will Hunting.

1. TITRE *Beatlemania, the Movie* · FORMAT Film 35 mm · PAYS États-Unis · CLIENT American Cinema · DATE 1980 · RÉALISATEUR et CRÉATEUR Pablo Ferro · SOCIÉTÉ Pablo Ferro

2. TITRE *Career Opportunities* · FORMAT Film 35 mm · PAYS États-Unis · CLIENT MCA/Universal Pictures · DATE 1991 · CRÉATEUR DU GÉNÉRIQUE Pablo Ferro · RÉALISATEUR Bryan Gordon · SOCIÉTÉ Pablo Ferro & Associates

3. TITRE *That Thing You Do !* · FORMAT Film 35 mm · PAYS États-Unis · CLIENT Twentieth Century Fox · DATE 1996 · CRÉATEUR DU GÉNÉRIQUE Pablo Ferro · SÉQUENCE DE GÉNÉRIQUE Pablo Ferro · RÉALISATEUR Tom Hanks · SOCIÉTÉ Pablo Ferro & Associates

4. TITRE *Good Will Hunting* · FORMAT Film 35 mm · PAYS États-Unis · CLIENT Miramax · DATE 1998 · CRÉATEUR DU GÉNÉRIQUE Pablo Ferro · SÉQUENCE DE GÉNÉRIQUE Pablo Ferro · RÉALISATEUR Gus Van Sant · SOCIÉTÉ De Pablo Productions

Les lettres manuscrites, simples et raffinées, sont tracées sur un arrière-plan de scène de rêve, dans cette première séquence de *Leo Tolstoy's Anna Karenina (Anna Karenine).*

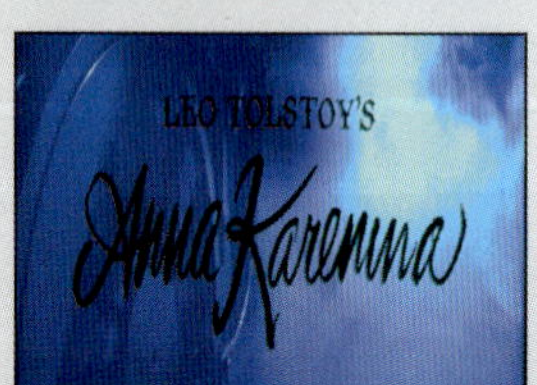

1

Mots manuscrits, grossis et fluidifiés

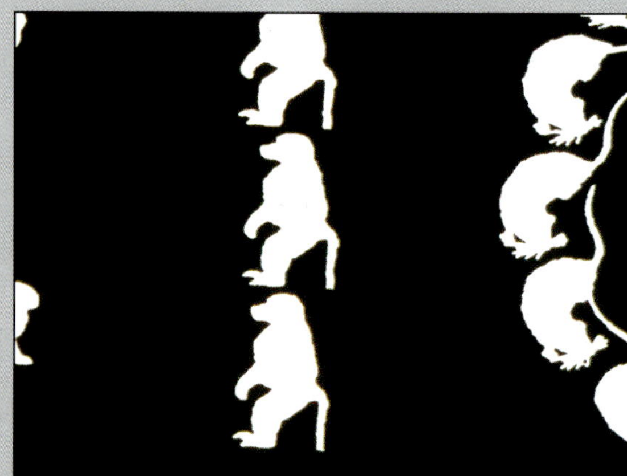

2

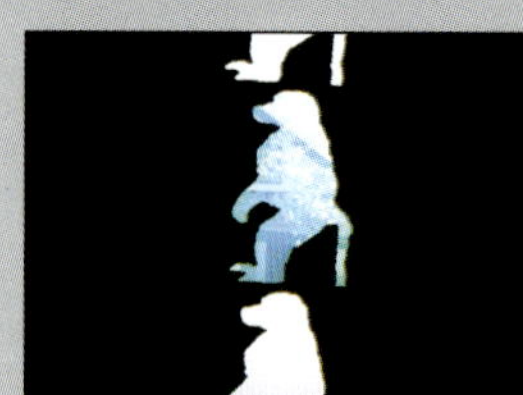

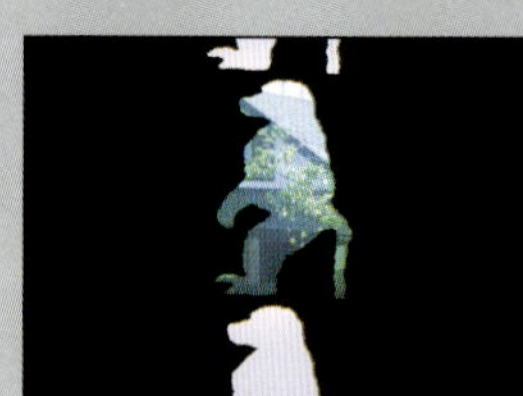

Les rapports macro-micro sont exploités de façon ludique dans ce générique conçu pour un remake du grand classique *Doctor Dolittle.* Le titre et les textes surgissent, inscrits en petits caractères bâton de couleur blanche sur un fond noir. Tandis que les mots se rapprochent du spectateur en grossissant, celui-ci réalise que les lettres sont en fait constituées d'animaux soigneusement disposés, et particulièrement expressifs.

Le titre et les textes du générique de ***Hope Floats*** apparaissent à l'état liquide et se solidifient pour devenir lisibles, comme s'ils sortaient à gros bouillons de la scène de fond.

3

1. TITRE *Leo Tolstoy's Anna Karenina* · FORMAT Film 35 mm · PAYS États-Unis · CLIENT Icon Pictures/Warner Bros. · DATE 1998 · CRÉATEUR DU GÉNÉRIQUE Pablo Ferro · RÉALISATEUR Bernard Rose · SOCIÉTÉ De Pablo Productions
2. TITRE *Doctor Dolittle* · FORMAT Film 35 mm · PAYS États-Unis · CLIENT Twentieth Century Fox · DATE 1998 · CRÉATEUR DU GÉNÉRIQUE Pablo Ferro · RÉALISATEUR Betty Thomas · ASSISTANT GRAPHISTE Joe Gornik · SOCIÉTÉ De Pablo Productions
3. TITRE *Hope Floats* · FORMAT Film 35 mm · PAYS États-Unis · CLIENT Twentieth Century Fox · DATE 1998 · CRÉATEUR DU GÉNÉRIQUE Pablo Ferro · RÉALISATEUR Forest Whitaker · SOCIÉTÉ De Pablo Productions
4. TITRE *Dance with Me* · FORMAT Film 35 mm · PAYS États-Unis · CLIENT Mandalay Entertainment · DATE 1998 · RÉALISATEUR Randa Haines · SÉQUENCE DE GÉNÉRIQUE Pablo Ferro avec Harold Adler · SOCIÉTÉ De Pablo Productions

4

Ferro collaborera avec le grand artiste calligraphe Harold Adler pour créer l'aspect de gravure sur bois du générique et de la première séquence de *Dance with Me.* Adler, considéré comme le père du graphisme de générique, ouvrira la voie à Pablo Ferro et Saul Bass et, par là même, influence aujourd'hui – directement et indirectement – un nombre toujours plus grand de jeunes créateurs de génériques.

3 [Message]

Le secteur de la publicité a canalisé la puissance de la lettre pour diffuser des messages adaptés à chaque marché. C'est pourquoi ce chapitre aborde le rôle de la typographie cinétique dans la construction des messages. Grâce aux technologies numériques, les caractères peuvent aujourd'hui revendiquer des qualités poétiques dans le cadre de séquences qui se doivent de transmettre d'importantes quantités d'informations dans une durée limitée.

STEOPOROSIS
B O DY
afflicting
WO MEN
%
AFFLICT over
1,000,000
WO MEN
A YEAR
BRITTLE
CALL 1-888-62-WOMEN

1

Romantisme typographique

Jon Barnbrook est réalisateur de génériques chez Tony Kaye Films à Londres. Ce graphiste britannique novateur satisfait sa soif de création typographique dans sa fonderie, dont le nom est Virus. Constamment en quête d'une aventure romanesque avec la typographie, il étreint l'image de la lettre afin d'accentuer la signification du mot dans lequel elle est utilisée, tout en se servant de sa création comme tribune personnelle.

1. TITRE *Spot télévisé sur l'ostéoporose* · FORMAT Vidéo · PAYS États-Unis · CLIENT Borgess Health Alliance · DATE 1997 · CRÉATEUR Jonathan Barnbrook · AGENCE Traver Rohrback Advertising · DIRECTEURS ARTISTIQUES Scott Osborne, Tracey Ellenberg · TEXTES Bill Hann MONTAGE Keiron Walsh, Manhattan Transfer · SOCIÉTÉ Tony Kaye & Partners
2. TITRE *Spot télévisé pour Vicks* · FORMAT Vidéo · PAYS Royaume-Uni · CLIENT Procter & Gamble · DATE 1996 · CRÉATEUR Jonathan Barnbrook · AGENCE Leo Burnett · DIRECTEUR ARTISTIQUE Stuart Newman · TEXTES Julian Borra · MONTAGE Jon Hollis, Smoke & Mirrors SOCIÉTÉ Tony Kaye & Partners
3. TITRE *Spot télévisé pour Koan* · FORMAT Film 35 mm · PAYS Italie · CLIENT Koan Fashions DATE 1996 · CRÉATEUR Jonathan Barnbrook · AGENCE McCann Erickson · DIRECTEUR ARTISTIQUE Roxanne Bianco · TEXTES Alexando Canale · MONTAGE Dave Smith, The Mill DIRECTEUR DE LA PHOTOGRAPHIE Julian Court · SOCIÉTÉ Tony Kaye & Partners

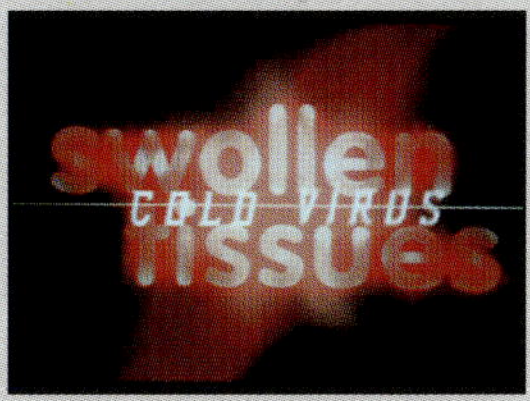

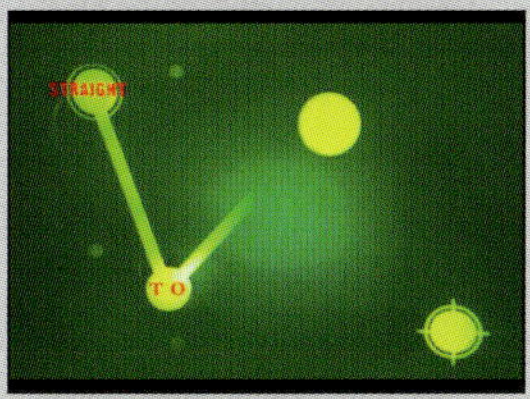

La séquence pour les médicaments Vicks emploie une panoplie de lignes, crochets, cercles et cases pour relier les textes et les images d'une manière impalpable et schématisée exprimant le soulagement que procure le produit au malade enrhumé. Chaque image est une composition en elle-même : un fond indéfini contraste avec les éléments typographiques soigneusement composés pour amener une impression de profondeur. Chaque mot s'inscrit dans une police qui renforce visuellement sa signification : le caractère utilisé pour les tissus gonflés enfle réellement, tandis que les lettres du mot «stuffy» (bouché) giclent ensemble avant de se séparer avec soulagement.

Dans la séquence pour Borgess Health Alliance, les lettres se dissolvent lentement en apparaissant et disparaissant sur un arrière-plan de radiographies humaines et d'images d'organismes microscopiques. Ce spot télévisé, destiné à avertir les femmes sur les dangers de l'ostéoporose et à informer sur la prévention, constitue une rupture par rapport au vecteur d'informations sanitaires habituel qui affiche un texte sans fioritures de manière factuelle et froide ou qui tente une approche humaine à travers un couple marchant sur une plage. La nature floue de l'image et la palette de couleurs chaudes apportent tout son attrait à la séquence de Barnbrook tandis qu'elle délivre son message grave.

La typographie est séquencée sur un texte en voix off ; non pas mot à mot, mais par morceaux. Barnbrook recourt à un «0» centré dans l'écran pour définir un foyer de composition. Cette constante graphique joue les rôles d'image et de lettre au fur et à mesure que surgissent les points clés soulignés par le commentaire.

2

3

Ce petit film pour les vêtements Koan Fashions utilise une élégante séquence de textures de tissus et d'éléments organiques abstraits cadrés en plans rapprochés. Les bords des formes typographiques blanches sont adoucis afin de créer une atmosphère qui s'inscrit sur des images en dégradés de gris. Les lettres se déplacent juste assez pour attirer l'attention et servent de point focal dans chaque composition de plan.

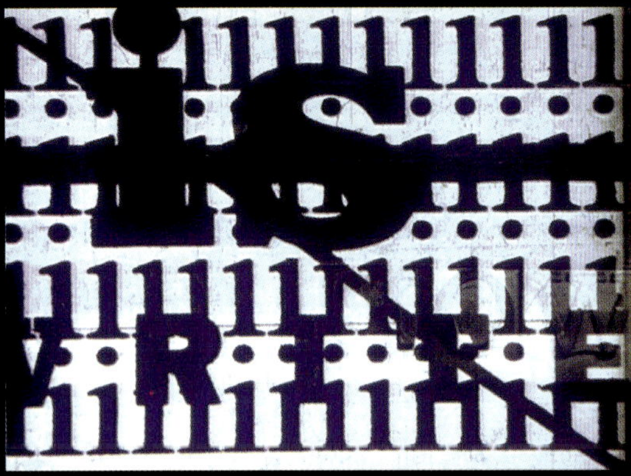

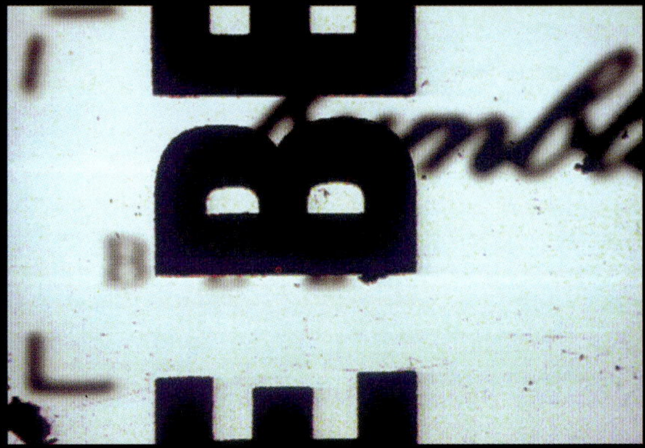

Cette publicité pour BBC Radio Scotland invite le spectateur à «redécouvrir la force du mot parlé». Barnbrook en profite pour fondre cette réflexion avec l'impact du mot *visible* en assemblant des plans magnifiquement composés à base de caractères et d'images, la plupart étant fabriqués à la main. Ecrire en toutes lettres les mots *word* (mot) et *think* (penser) à l'aide de caractères au plomb, puis recomposer le mot *think* en faisant ressortir *ink* (encre) constituent des interjections très astucieuses.

Cette séquence au rythme saccadé via un montage rapide est une suite de compositions statiques peu animées. Des superpositions de lettres brisées, parfois extrêmement torturées et aux comportements étranges – le texte vertical défilant de haut en bas de l'écran est impossible à lire – semblent jubiler en flirtant avec leur propre lisibilité.

TITRE *Spot TV pour BBC Radio Scotland* · FORMAT Film 35 mm, vidéo · PAYS Écosse · CLIENT BBC Radio Scotland · DATE 1995 · CRÉATEUR Jonathan Barnbrook
AGENCE Faulds Advertising · DIRECTEUR ARTISTIQUE Adrian Jeffrey · TEXTES David Reid · MONTAGE Jon Hollis, The Mill · SOCIÉTÉ Tony Kaye & Partners

Caractères recyclés

Phosphorescence

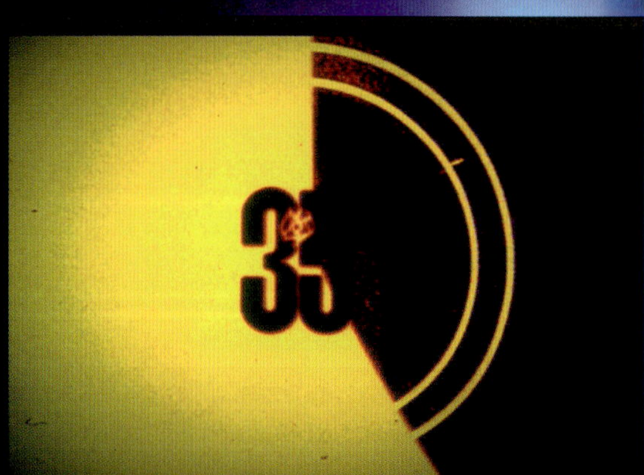

1

Il n'y a de nouveauté que dans la disposition. **— Will Durant**

Cet aphorisme et bien d'autres constituent le contenu de la séquence intitulée *35 Years of Design and Art Direction*, qui se lit à la fois «35 ans de direction artistique et de création» et «35 ans de la société Design and Art Direction», commanditaire du film. La séquence débute avec trois croix éclatantes ; ces caractères sont en fait la lettre T de la police Exocet de Barnbrook. Arrivent ensuite d'autres formes organiques et géométriques aux contours flous, qui flottent dans un environnement à l'éclairage instable et aux teintes multiples. L'aspect doux de la typographie, tandis qu'elle apparaît et disparaît dans un fondu et se déplace lentement à travers l'écran, inspire un attrait émotionnel pour le contenu.

Vitesse et orientation

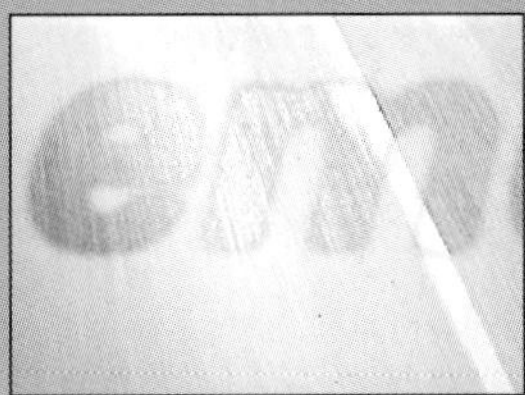

Dans cette présentation des réalisations numériques du Design Centre (Wanganui Polytechnic School of Art and Design, Nouvelle Zélande), une route et sa ligne médiane constituent la trame de fond pour un texte descriptif destiné à la promotion du Centre. Au lieu d'être animés par le biais de l'informatique, les caractères sont imprimés sur papier, puis numérisés par un ordinateur via une caméra vidéo.

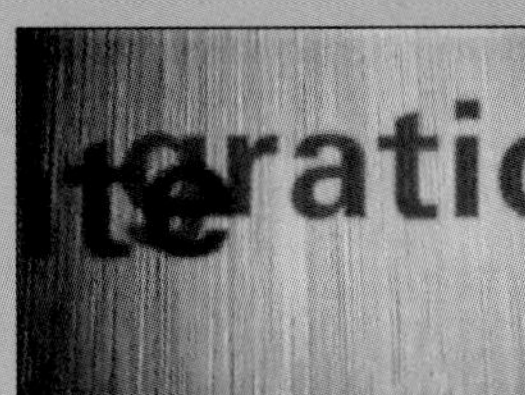

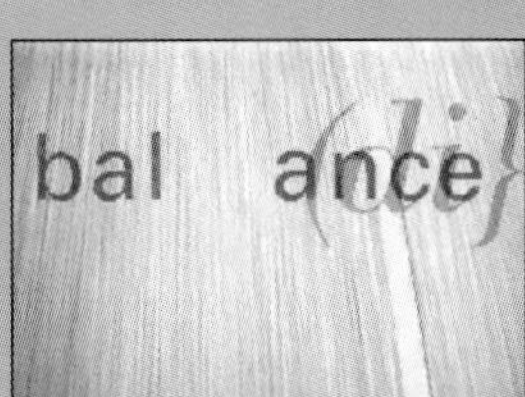

Le mouvement du texte est lié au déplacement des tirages sur papier pendant que la caméra prend les images. La séquence typographique obtenue est ensuite composée sur la séquence de la route afin d'ajouter davantage de mouvement et de texture à la présentation.

Breathing Backwards **est un film vidéo de trois minutes illustrant un concept. Il porte sur la relation intrinsèque qui gouverne toute chose dans un monde qui a été morcelé, évincé et apparemment désenchanté.**

1. TITRE *35 Years of Design and Art Direction* · FORMAT Vidéo · PAYS Royaume-Uni · CLIENT D+AD · DATE 1997 · CRÉATEUR Jonathan Barnbrook · MONTAGE Jon Hollis, Smoke & Mirrors · SOCIÉTÉ Jonathan Barnbrook
2. TITRE *Design Centre* · FORMAT Support numérique · PAYS Nouvelle Zélande · CLIENT Design Centre · DATE 1995 · CRÉATEUR Jeff Bellantoni/-Ization
3. TITRE *Breathing Backwards* · FORMAT Vidéo · PAYS États-Unis · DATE 1997 · CRÉATEUR Kathryn Marsan · UNIVERSITÉ Cranbrook Academy

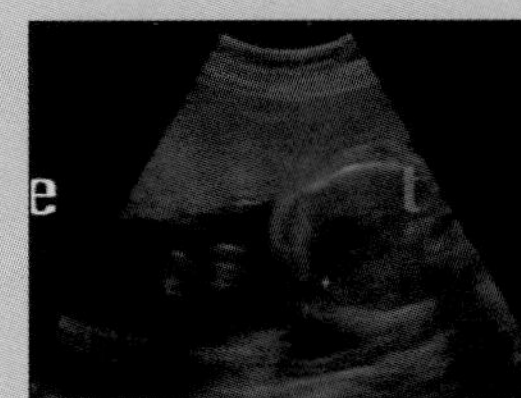

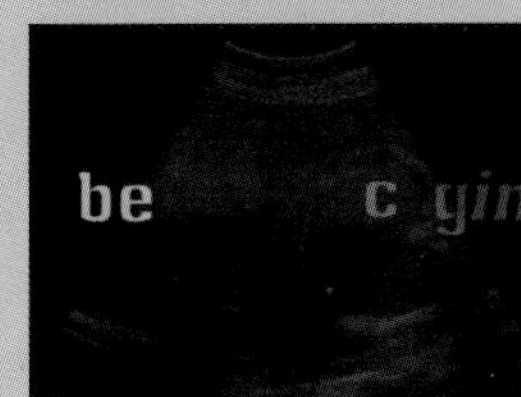

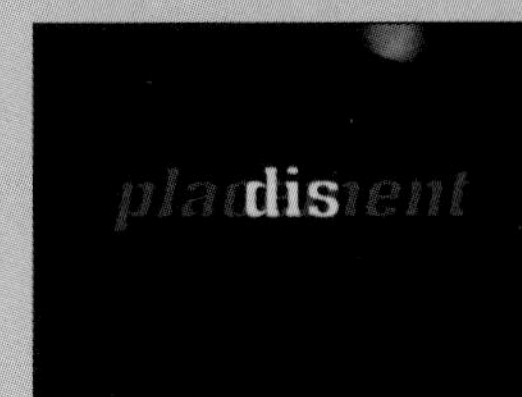

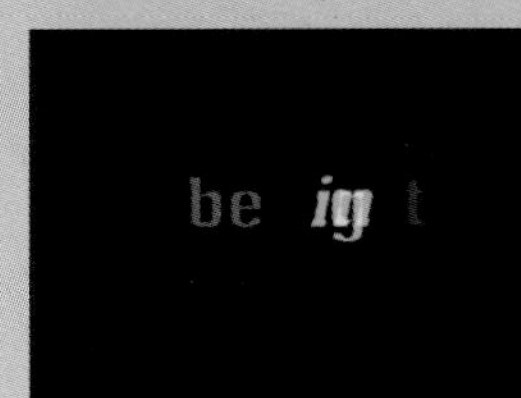

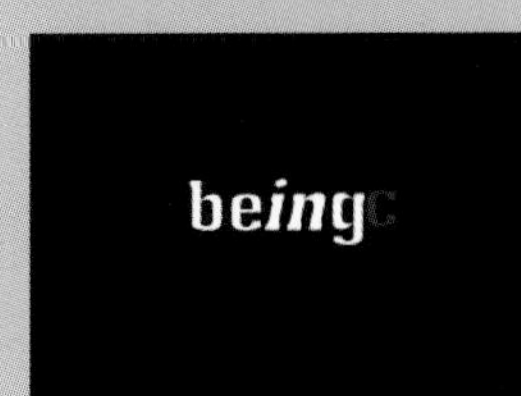

Il s'agit de respirer à l'envers sous une forme métaphorique, pour essayer d'exister d'une autre manière, dans un défi personnel pour vivre, être et ressentir davantage.

Cette séquence réagit à la question de l'identité contemporaine en interrogeant sur le «où» nous rentrons en contact avec nous-même, au lieu du «quand» qui aurait été plus pertinent étant donné la nature de plus en plus temporelle de «l'être» dans un monde gouverné par la technologie.

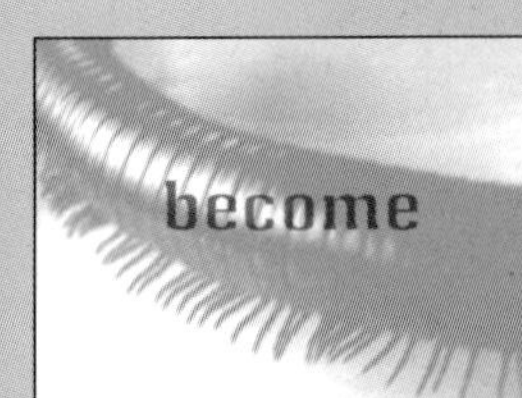

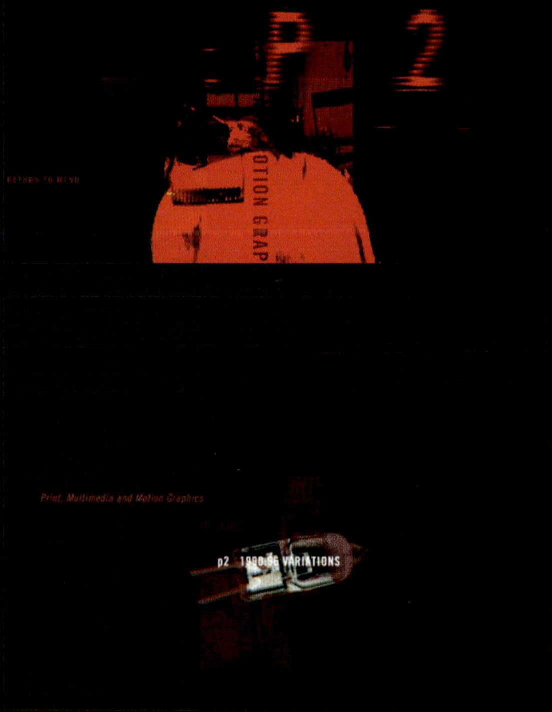

1

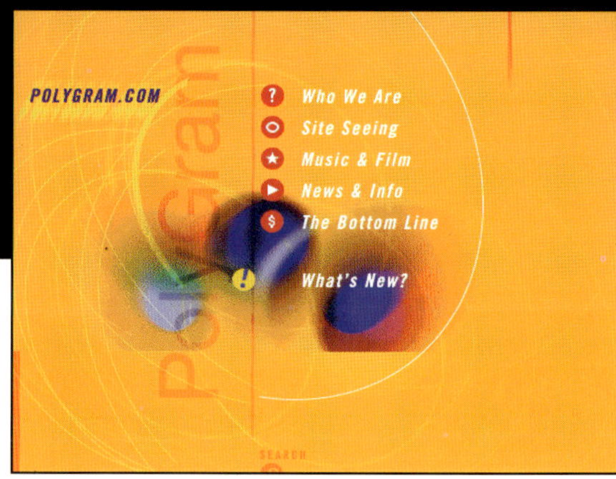

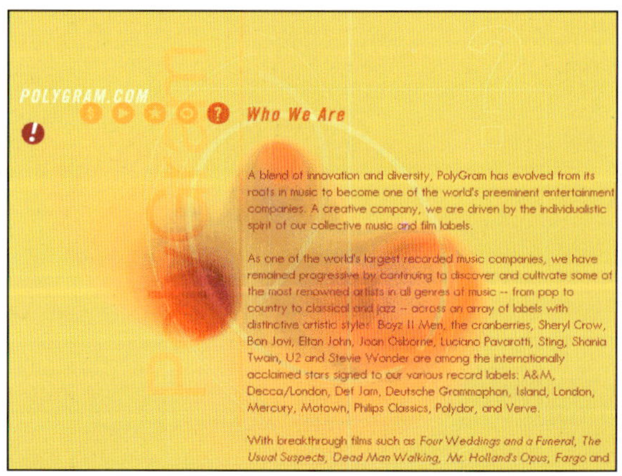

2

Réinventer le logo

Les travaux du studio de création p2 constitue une évocation réussie du style contemporain caractérisé par un mélange prudent de technologie numérique et une palette de documents, méthodes et supports traditionnels. La typographie est dynamique et raffinée et, bien que parfois en superpositions multiples, elle ne perd jamais de vue sa fonction : communiquer efficacement et stimuler visuellement le public visé.

(1) L'interface du CD-ROM publicitaire de p2 accueille l'utilisateur par une panoplie de synthèses visuelles très approfondies.

(2) p2 a appliqué au site Web de Polygram une version subtile de son style empreint de mouvement.

(3) Quatre images fixes extraites des animations d'identification de la chaîne MTV expriment l'électricité dégagée par la chaîne musicale. p2 a mis au point un style dynamique travaillé à la main qui se combine parfaitement avec une typographie née de la technologie. Même figé sur la page, le logo de MTV donne la sensation d'être avalé par le tourbillon d'une tornade construit à partir d'un motif noir et blanc de lignes circulaires plus ou moins larges.

1. TITRE *p2 1990-96 Variations Electronic Portfolio* · FORMAT Support numérique · PAYS États-Unis · DATE 1996 · CRÉATEURS Matthew Pacetti, Christopher Pacetti · SOCIÉTÉ p2
2. TITRE *Polygram.com Website* · FORMAT Support numérique · PAYS États-Unis · CLIENT Polygram Corporate · DATE 1996 · CRÉATEURS Matthew Pacetti, Christopher Pacetti · PROGRAMMATION TradeMedia.Net · SOCIÉTÉ p2
3. TITRE *Identité de la chaîne MTV* · FORMAT Vidéo · PAYS États-Unis · CLIENT MTV Networks · DATE 1997 · CRÉATEURS Matthew Pacetti, Christopher Pacetti · SOCIÉTÉ p2 · ©1997 MTV Networks

Fusion et fission

Sonya Mead et Margaret Jacobi appliquent une typographie animée à la conception de vidéos de présentation et ont mis leur créativité au service de Fitch Inc., agence de création internationale de Boston, spécialisée dans le design et l'élaboration de produits fondés sur la recherche ainsi que dans la conception d'identités et d'environnements.

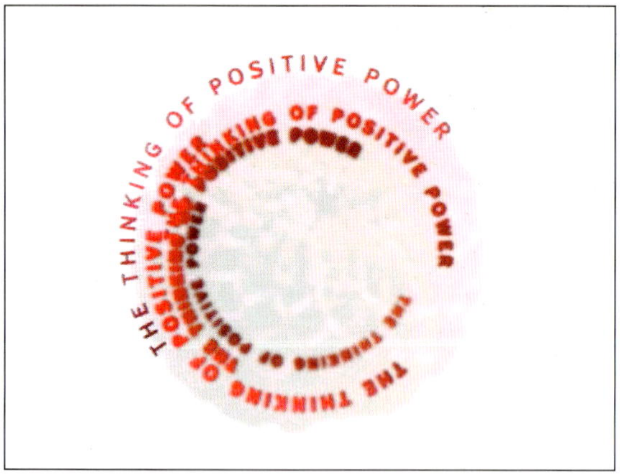

Gamescape **est une séquence animée qui exprime les visions créatives, les solutions expertes et les stratégies globales propres au monde du jeu de GTech. Le logo** ***Gamescape*** **se compose de deux parties floues, en avant-plan et en arrière-plan, qui deviennent nettes au moment où elles se rejoignent. La séparation horizontale curviligne du logo fait penser à une chaîne de montagne et le texte magenta définit une ligne d'horizon.**

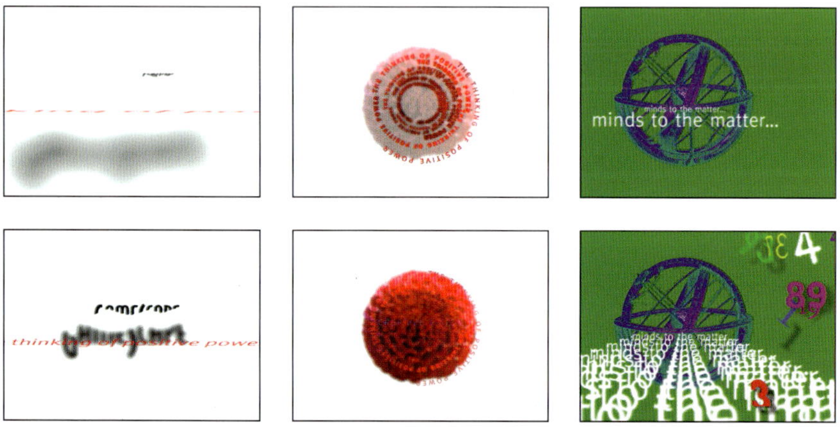

Cet horizon textuel prend ensuite un chemin incurvé, puis se multiplie et tourne en se rapprochant du centre de l'écran, perdant de sa netteté tandis que l'image d'un cerveau vient progressivement prendre sa place.

1

2

1. TITRE *Gamescape* · FORMAT Vidéo · PAYS États-Unis · CLIENT GTech
DATE 1996 · CRÉATEURS Sonya Mead, Margaret Jacobi, Gideon Ansell
PROGRAMMEUR Peter Newbery · SOCIÉTÉ Fitch, Inc.
2. TITRE *MoCCA (Mobile Communication and Computing Architecture)*
FORMAT Vidéo · PAYS États-Unis · CLIENT Digital · DATE 1997
CRÉATEURS Sonya Mead, Margaret Jacobi, Kyle Hoyt · MUSIQUE Gideon
Ansell · SOCIÉTÉ Fitch, Inc.

Le thème de la spirale est repris par un gyroscope qui se substitue au cerveau, accompagné du texte *minds to the matter* (des esprits dédiés au problème). L'écran se divise ensuite en six cadres où s'inscrivent des mots reflétant les objectifs de GTech.

Ces mots changent rapidement de place et de police, puis finissent par fusionner vers le centre de l'écran, grossissant tout en se rapprochant du spectateur jusqu'à être complètement flous.

MoCCA (Mobile Communication and Computing Architecture) **est un produit conceptualisé qui assiste les techniciens de maintenance de la compagnie informatique Digital de Boston. Il s'agit d'un dispositif de communication portable de 20 om² qui pormot appols multiples, vidéo-conférences, commande vocale, archivage de données, accès au Web, diagnostics et bien d'autres fonctions.**

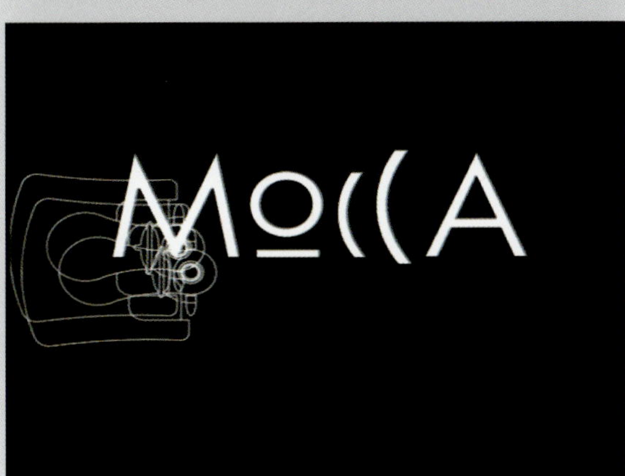

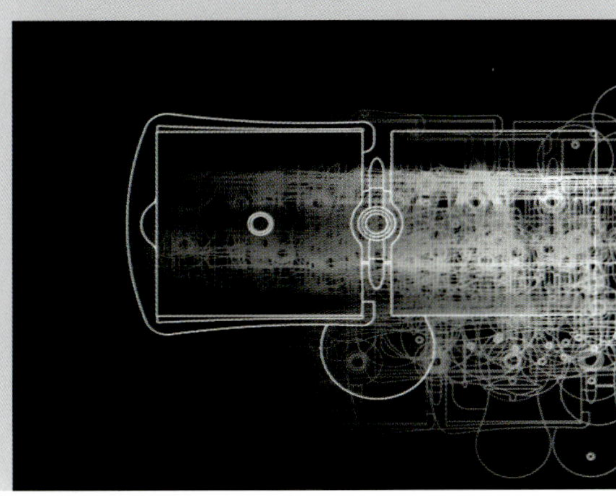

Les images fixes figurant sur ces pages présentent la séquence utilisée pour la promotion de MoCCA. La police du logo est construite à partir de lignes sobres. Les filets maigres du schéma complexe du produit contrastent juste assez avec l'épaisseur des caractères pour établir une profondeur tandis que les deux éléments se fondent en une seule image en mouvement.

En 1998, le produit et l'interface remporteront la médaille d'or IDEA (Industrial Design Excellence Award).

2nd Sight est un film de promotion participant au lancement d'un ouvrage du même nom sur le travail de David Carson, graphiste bien connu pour «enfreindre les règles» en introduisant dans le graphisme une approche de lisibilité *illisible* privilégiant le traitement. Ce film ne fait pas exception à ce qui deviendra son style propre.

PROCESS

1

Subversion

Au-delà de l'espace typographique

Parallèlement aux nombreuses années consacrées à la conception de génériques inoubliables, R/Greenberg Associates créera également pour la télévision des publicités et des bandes annonces d'un très haut niveau technologique.

1. TITRE *2nd Sight* · FORMAT Film · PAYS États-Unis DATE 1997 · UN FILM DE John DiRe, Antoine Tinguely, Jakob Trollbeck · CONCEPT David Carson · PRODUCTEUR Melissa August · MUSIQUE Elias Associates MIXAGE SON Jakob Trollbeck · MONTAGE Brendan Werner · SOCIÉTÉ R/Greenberg Associates · ©1997

2. TITRE *Dodge, campagne TV* · FORMAT Vidéo PAYS États-Unis · DATE 1998 · CRÉATEUR R/Greenberg Associates · SOCIÉTÉ R/Greenberg Associates

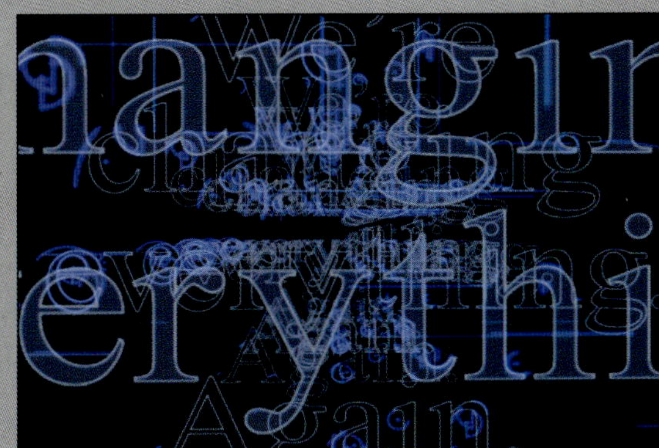

Cette séquence, inspirée du concept de Carson, n'est pas conçue pour se dérouler en douceur ni transmettre un message simple ; elle vise plutôt à laisser au spectateur des bribes de réflexion sur les notions d'émotion, d'intuition et de processus telles qu'elles s'appliquent à la création et à la communication. Elle y parvient grâce à des plans rapides et des projections courtes et désordonnées de citations. La typographie est enregistrée à partir d'un écran vidéo, puis brisée, surexposée, rendue floue et colorisée pour exprimer une nature de trame spatiale cinétique.

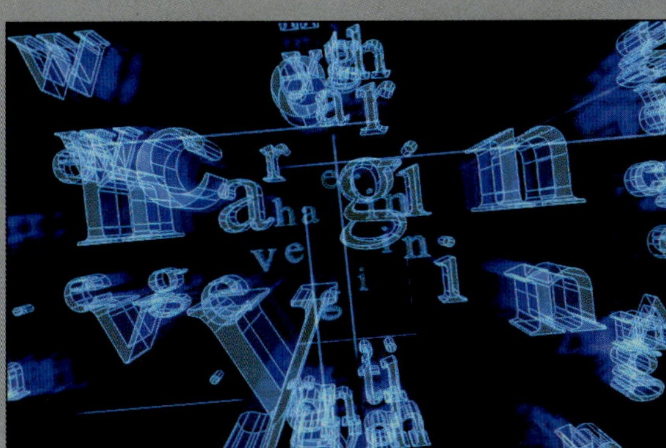

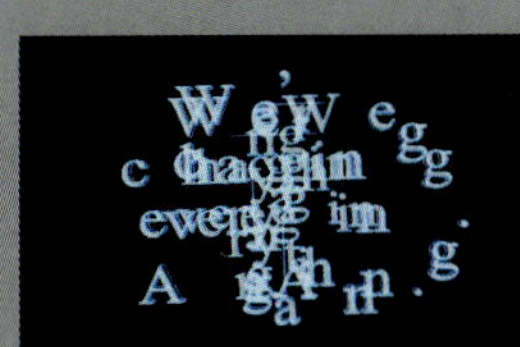

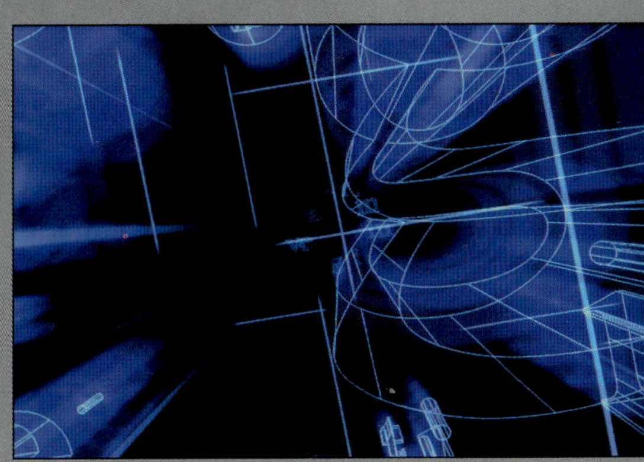

2

Trois débuts de séquences de publicité télévisée pour les nouveaux produits Dodge se caractérisent par le même scénario typographique : le texte *We're changing everything. Again.* (Nous changeons tout. Encore une fois.) composé en Garamond et disposé dans le centre traditionnel du plan, blanc sur noir. Toutefois, dès que le spectateur a eu le temps de lire cette phrase, les mots se dissocient brusquement et les lettres avancent à la vitesse de la lumière, droit dans les yeux du public.

Les spots d'identification de la chaîne Lifetime Television (1987) ont d'abord été filmés en 8 mm avec une caméra à l'épaule, puis manipulés via la palette graphique et vidéo Paintbox Quantel, à la pointe du progrès à l'époque. Greiman appelle cette technologie «les mitigeurs visuels» à cause de l'aspect quasi-liquide de la représentation numérique. Les motifs visibles sur ces exemples proviennent du manque de stabilité latérale de la plage vidéo, c'est-à-dire des lignes de balayage horizontal qui produisent l'image sur un écran cathodique. Un carré y est apposé, contenant le L épais et trapu du logo de Lifetime ; il crée ainsi une zone secondaire et un point focal dans le plan. Cette zone exploite la superposition et les opacités diverses des éléments techniques, tels que la mire fixe de réception et la mire d'essai des barres de couleur, permettant ainsi au logo d'émerger avec subtilité de l'arrière-plan liquide.

1

Pixélisme

April Greiman, moteur de Greimanski Labs et professeur de graphisme, adoptera sans retenue l'ordinateur au début des années 1980 ; elle mettra au point un style personnel qui tire parti des contraintes de résolution des premiers outils numériques sur un plan moléculaire, en faisant des motifs de points composés de pixels carrés des composantes graphiques formelles, structurelles et spatiales.

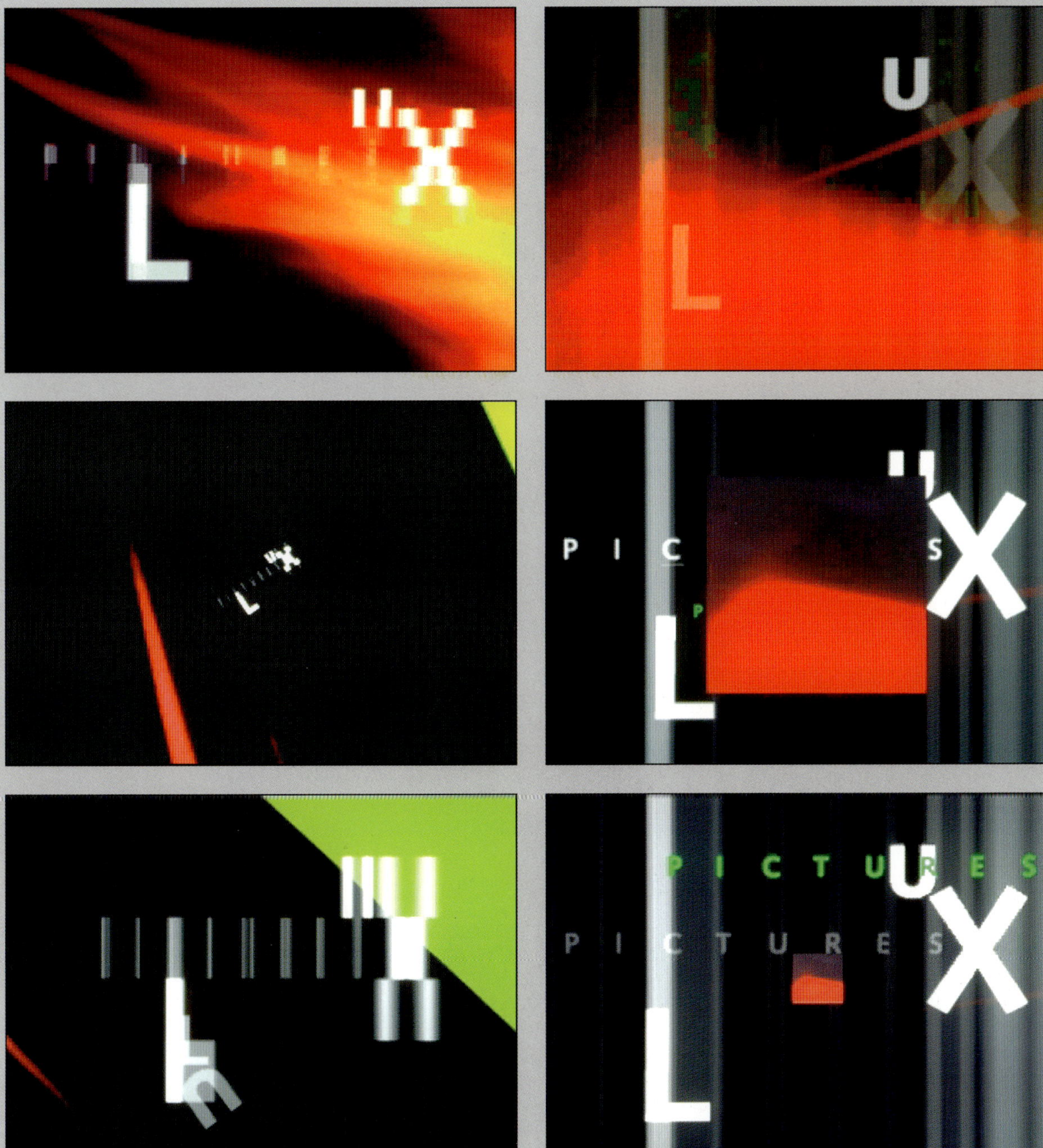

2

Bien que cette animation de page d'accroche ait été conçue pour le site Web de Lux Pictures dix ans après les spots pour Lifetime, l'approche de Greiman garde les caractéristiques visuelles uniques du niveau «micro» en technologie numérique. Les lignes de balayage vidéo se combinent avec des formes géométriques, créant une trame de fond d'où sortent des lettres simplistes construites à partir de grands carrés. Ces lettres grossières en mode point prennent ensuite leur véritable apparence tout en s'assemblant pour écrire le nom Lux Pictures.

1. TITRE *Lifetime Television, spots d'identification* · FORMAT Vidéo · PAYS États-Unis · CLIENT Lifetime Television · DATE 1987 · CRÉATEUR April Greiman · SOCIÉTÉ Greimanski Labs
2. TITRE *Lux Pictures, animation de page de site Web* · FORMAT Support numérique · PAYS États-Unis · CLIENT Lux · DATE 1997 · CRÉATEUR April Greiman · SOCIÉTÉ Greimanski Labs

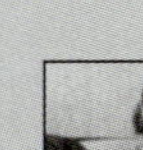

DARKNESS
BOUNDING US
WE FLOA
THEN
GRAVITATION
IN TIME
&
FLOAT
NOR ANY SOUNDS
SPACE OF SOUL
NOR ANY SOUNDS

1

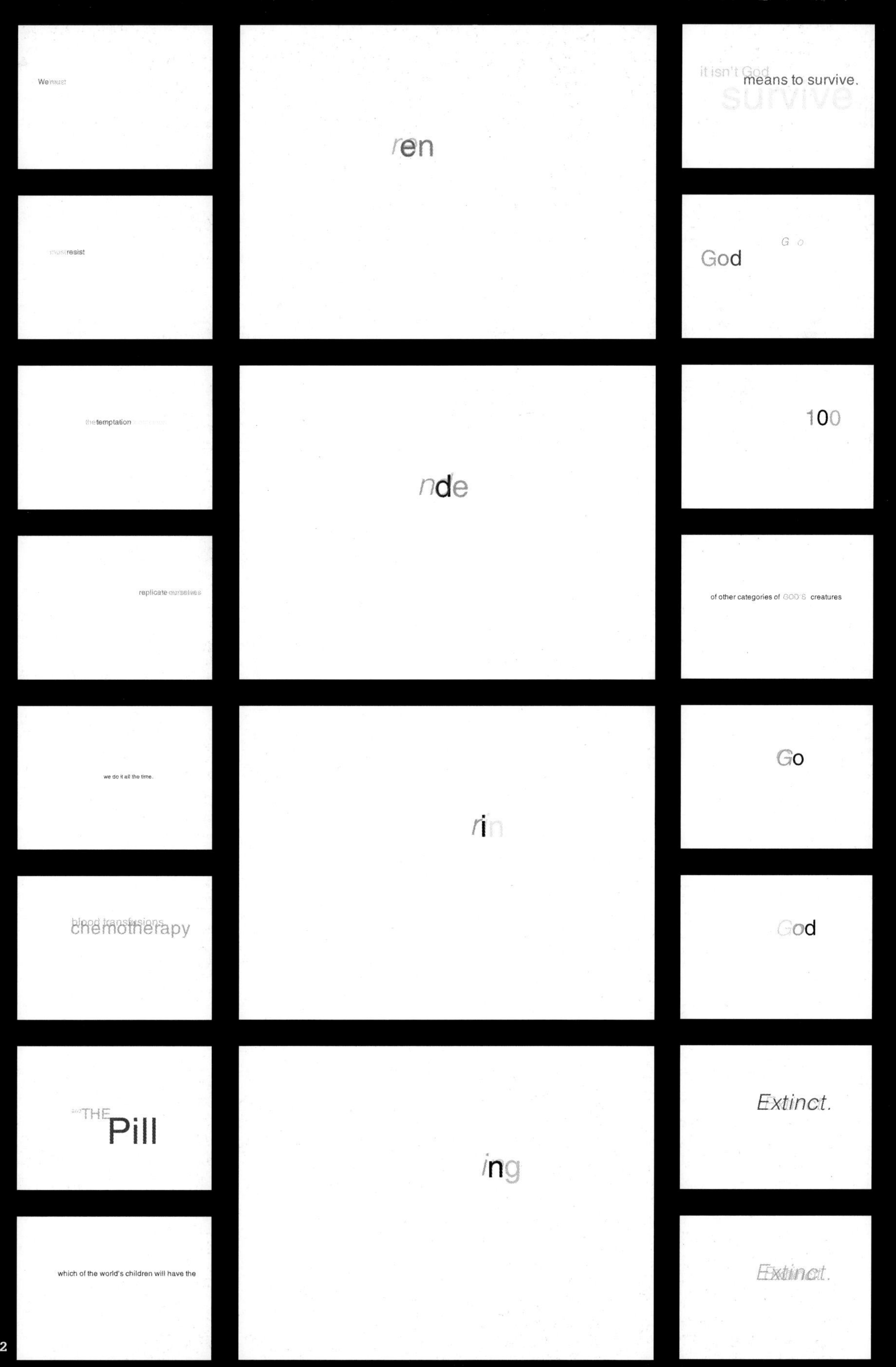

1. PROJET *Création dans le cadre du cours Type in Motion* FORMAT Film 16 mm, vidéo · PAYS Nouvelle Zélande · DATE 1996 · FORMATEUR Jeff Bellantoni · CRÉATEUR Hishamuddin Saruwi · UNIVERSITÉ Wanganui Polytechnic School of Art and Design

2. PROJET *Création dans le cadre du cours Type in Motion* FORMAT Vidéo · PAYS États-Unis · DATE 1997 · FORMATEUR Jeff Bellantoni · CRÉATEUR Laurie Sheets · UNIVERSITÉ Virginia Commonwealth University

Les séquences présentées ici illustrent deux solutions faisant appel à des approches technologiques différentes dans le cadre de projets d'étudiants pour le cours *Type in Motion*.

Soumis à une méthode directe plus traditionnelle, le texte de la séquence illustrée sur la page gauche est souligné par des trames d'arrière-plan réalisées en rayant la pellicule 16 mm. Le texte est imprimé, puis filmé. Le mouvement plat bidimensionnel, à la fois simple et efficace, est généré par le déplacement rapide du papier que capture la caméra.

La séquence ci-contre utilise des dessins de lettres créés et manipulés numériquement afin de communiquer la teneur d'un article de journal par ailleurs sans ambiguïté. Composés dans des valeurs de gris plus claires, les caractères bâton obliques se transforment les uns après les autres dans la police de base, écrivant les mots que le spectateur lit à l'écran. Cette manière de révéler le mot «rendering» est particulièrement efficace.

Interaction sculpturale

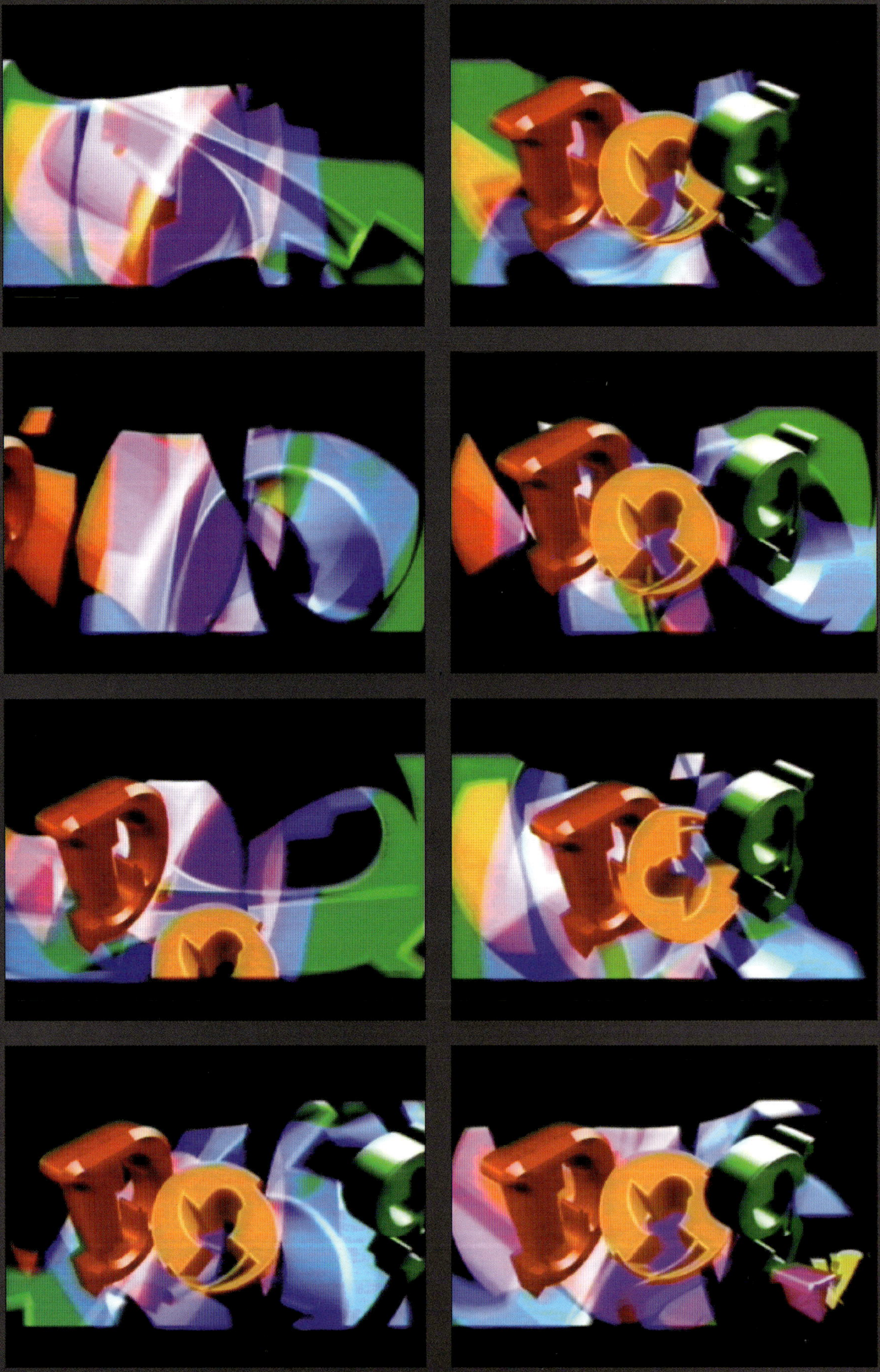

1

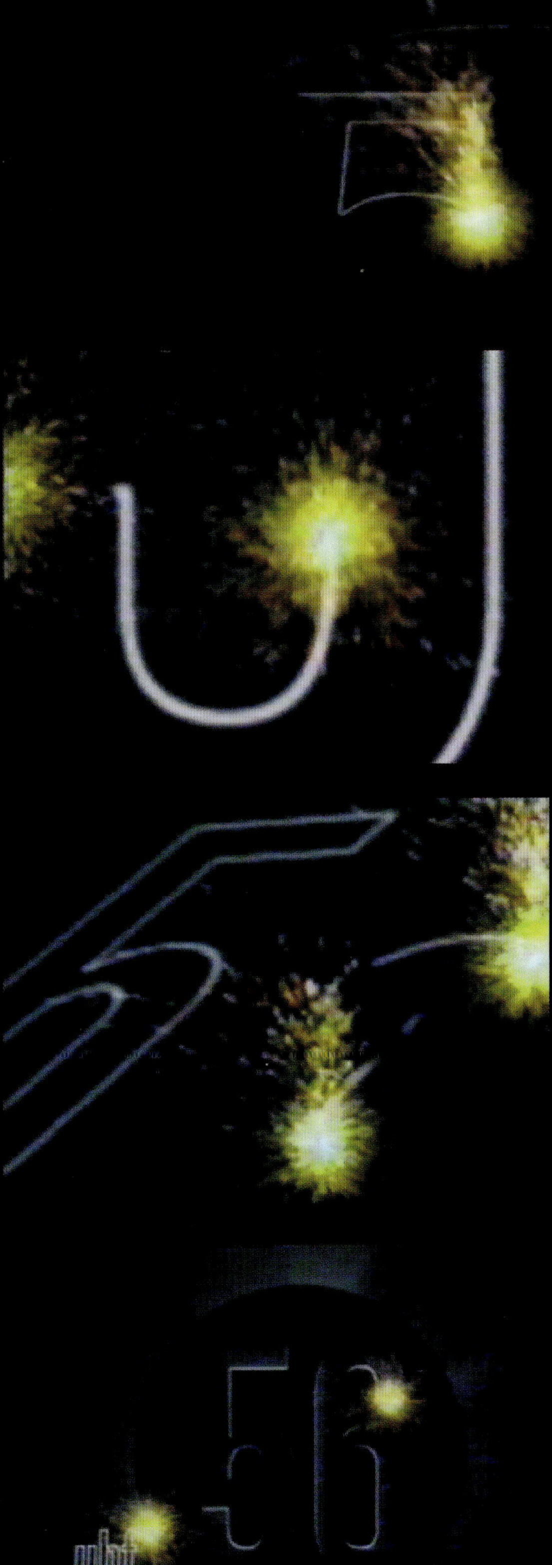

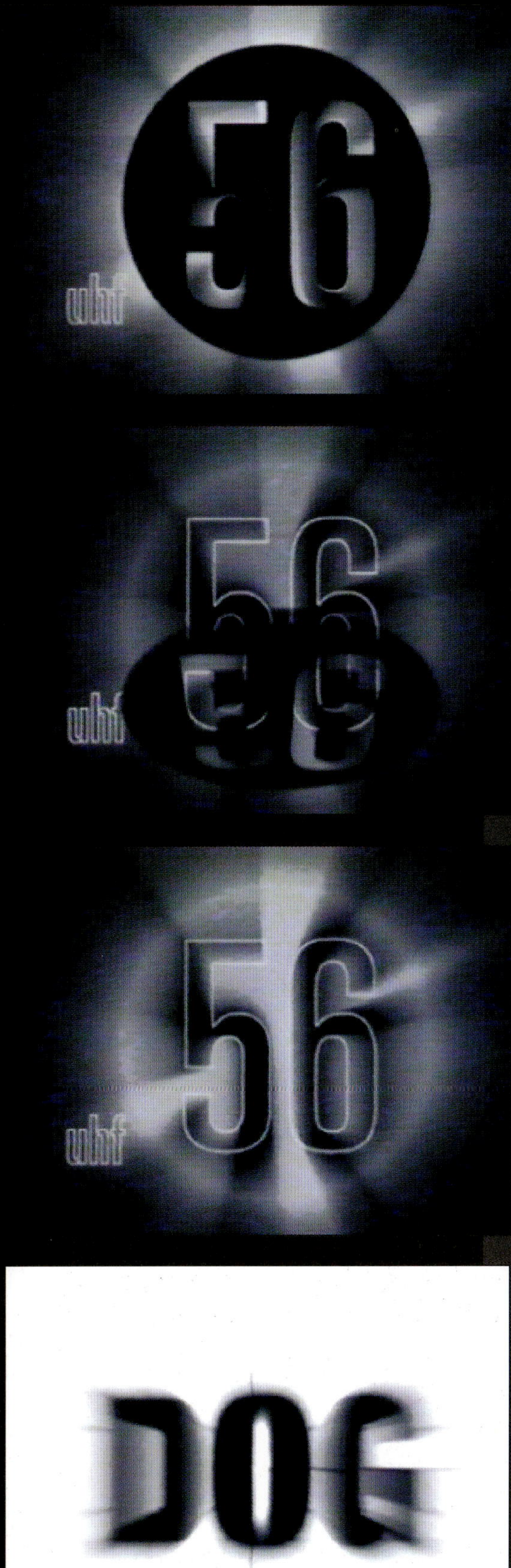

1. TITRE *Identité de la chaîne dogtv* · FORMAT Vidéo PAYS Nouvelle Zélande · CLIENT dogtv, UHF 56 · DATE 1996 · FORMATEUR Jeff Bellantoni · CRÉATEUR Joel Inteman · UNIVERSITÉ Wanganui Polytechnic School of Art & Design

2. TITRE *Identité de la chaîne dogtv* · FORMAT Vidéo PAYS Nouvelle Zélande · CLIENT dogtv, UHF 56 · DATE 1996 · FORMATEUR Jeff Bellantoni · CRÉATEUR Carl Bolter · UNIVERSITÉ Wanganui Polytechnic School of Art & Design

Ces spots de dix secondes ont été conçus par des étudiants pour l'identification de la chaîne de télévision musicale néo-zélandaise dogtv, UHF 56.

Dans la séquence présentée sur la page de gauche, les lettres du mot «dog» pénètrent dans le cadre de l'image et pivotent indépendamment les unes des autres. L'aspect volontairement *grunge* des caractères est enrichi de l'impact stylistique que crée leur modélisation en trois dimensions. Ces lettres, fascinantes mais lisibles, tournoient devant des vagues de couleurs, produisant un effet psychédélique.

La séquence présentée ci-contre recourt à la technologie numérique pour générer un effet de découpe pyrotechnique des caractères «56». Une fois détourés, les chiffres basculent et révèlent une puissante lumière émanant de l'arrière. La lueur perce à travers le «56» et le métamorphose en «dog».

Cette proposition d'identité graphique hyper-active conçue pour la chaîne RDS Sports repose sur une structure formelle de l'image, similaire à une mise en page sur papier. L'écran se divise verticalement et horizontalement en zones secondaires où apparaissent en médaillon des séquences vidéo et des textes. Une hiérarchie s'établit par l'emploi de caractères fixes, épais et sans empattement pour les titres, ceux-ci contrastant avec les lettres écrites rapidement au pinceau qui forment le mot «sans», mettant en relief le slogan «le sport sans limites». Le titre est construit à partir de termes clés à demi transparents qui associent efficacement les mots (dans leur forme et leur contenu) et l'image, en simulant le déplacement des composantes de l'image afin de donner une impression d'énergie puissante.

1

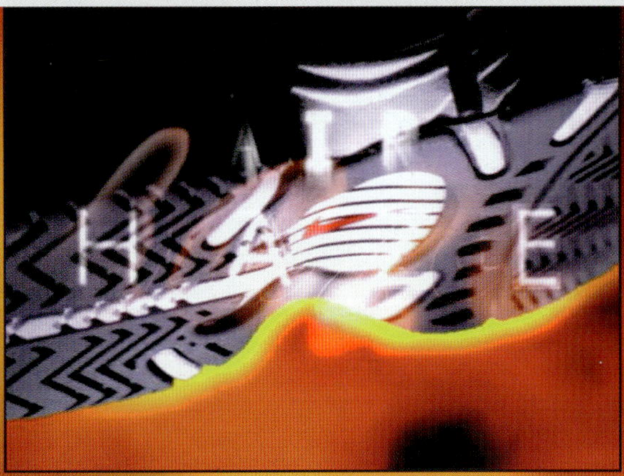

Contraste et synthèse

En 1995, Rodney Sheldon Fehsenfeld crée à Seattle un petit studio de création, Futile, spécialisé dans les projets sur supports numériques adaptés aux besoins visuels, sonores et interactifs des clients.

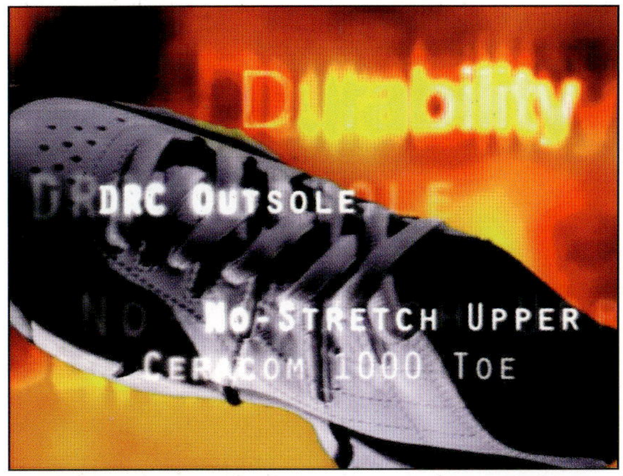

1. TITRE *Proposition d'identité graphique pour RDS Sports* · FORMAT Vidéo PAYS États-Unis · CLIENT RDS Sports, Canada DATE 1997 · CRÉATEUR Rodney Sheldon Fehsenfeld, Futile · SOCIÉTÉ Digital Kitchen
2. TITRE *Nike Air Haze, traitement de logo* FORMAT Vidéo · PAYS États-Unis CLIENT Nike · DATE 1996 · DIRECTION GRAPHIQUE/ARTISTIQUE Rodney Sheldon Fehsenfeld · SOCIÉTÉ Futile

Le synopsis de ce projet prévoit un scénario psychédélique incluant une séquence avec Jimi Hendrix et Monica Seles. Le film vidéo est destiné à la soirée de lancement de la nouvelle chaussure de Nike, Air Haze. Cet extrait de la séquence présente certains des concepts créatifs et artistiques d'origine que gardera la version définitive.

L'écran est rempli d'un tourbillon flou de teintes rouges, jaunes, oranges et bleues qui créent une atmosphère magique. Hormis son nom, des termes descriptifs se superposent à la chaussure dans un caractère fin et bâton.

Les éléments de textes errent à l'intérieur de l'image, s'éclairent d'un blanc éclatant, puis s'évaporent littéralement, les bords des lettres perdant de leur netteté afin d'exprimer la légèreté et la vitesse de la chaussure en action.

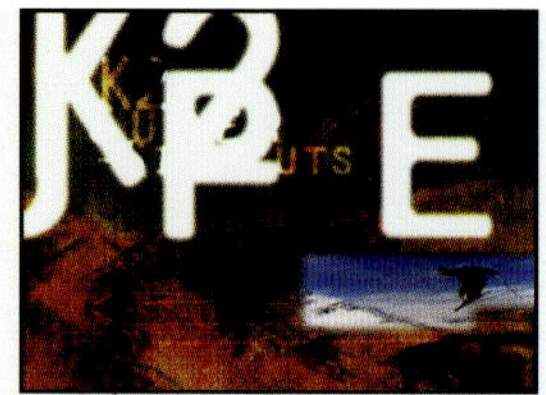

Des animations typographiques vives, impétueuses et frénétiques s'associent à un montage rapide et à des images extrêmes pour ce film vidéo dynamique diffusé dans les magasins K2. Le projet vise le marché du snowboard, en positionnant le ski comme une alternative «cool» à ce sport orienté vers les jeunes.

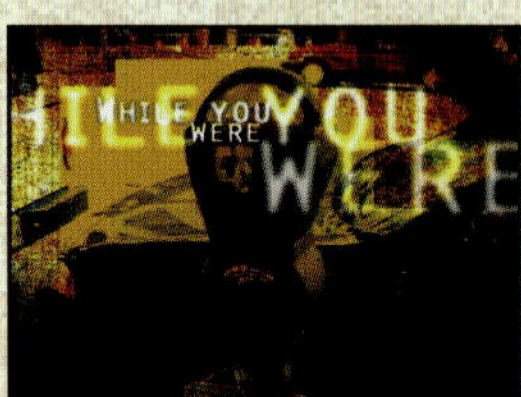

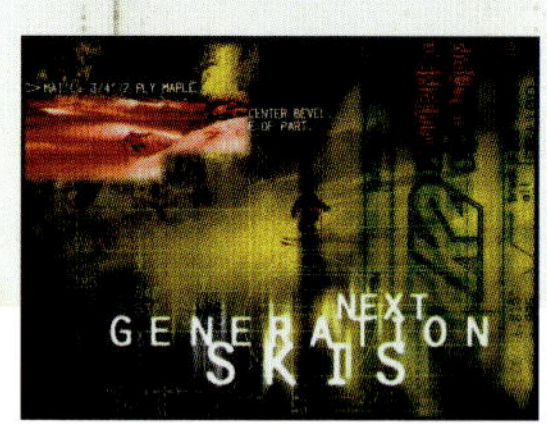

Collision et agitation

TITRE *Promotion interne magasins K2* · FORMAT Vidéo · PAYS États-Unis
CLIENT K2 · DATE 1996 · DIRECTION GRAPHIQUE/ARTISTIQUE Rodney
Sheldon Fehsenfeld, Futile · SOCIÉTÉS Cole & Weber, Digital Kitchen

Un collage de multiples images colorées et superposées, représentant ski extrême, informations, autoroutes, illustrations techniques du produit et logo de K2 dans un cadrage géométrique, constitue l'arrière-plan d'animations typographiques descriptives dans le but d'interpeler un public amateur de vitesse.

Le texte crée un point focal dans chaque scène en dansant littéralement avec l'action filmée dans des mouvements de lettres, tels que traînage vertical, transparence et collision.

Texture

Au sein de The DI Group, Joel Markus travaillera sur un large éventail de techniques et technologies, débouchant sur des innovations en matière de typographie temporelle. Aujourd'hui, il continue à ouvrir de nouvelles voies typographiques au sein de la société qu'il a fondée dans le Massachusetts, Markus: Design + Direction.

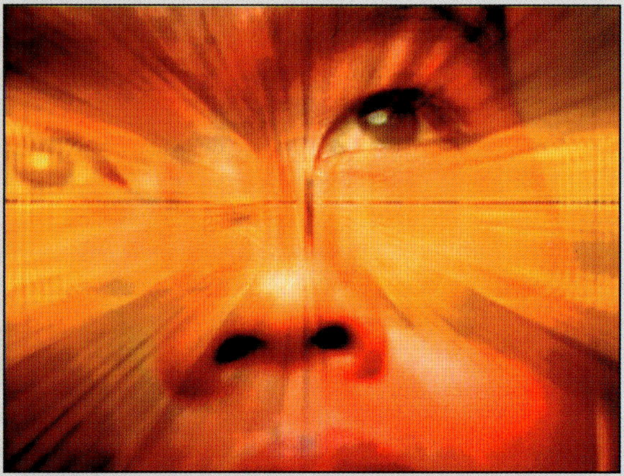

Dans ce travail pour Discovery Channel International, intitulé *Lights,* une série de collages de rais de lumière représentant plusieurs zones du monde fusionne avec une séquence filmée de ces régions. L'ensemble disparaît progressivement dans un cône de lumière orange vif qui converge vers le centre de l'écran en définissant le point focal. Cette activité lumineuse se révèle être l'amorce de l'animation détourée de Discovery qui entre par l'avant-plan. Le rayonnement est filmé image par image grâce à une caméra de prise de vue, puis enrichi informatiquement.

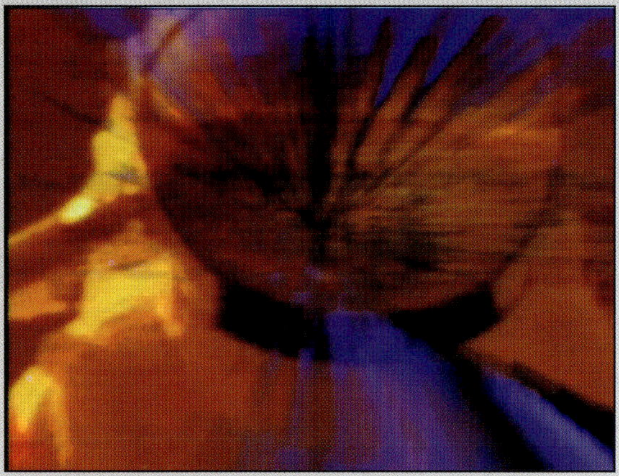

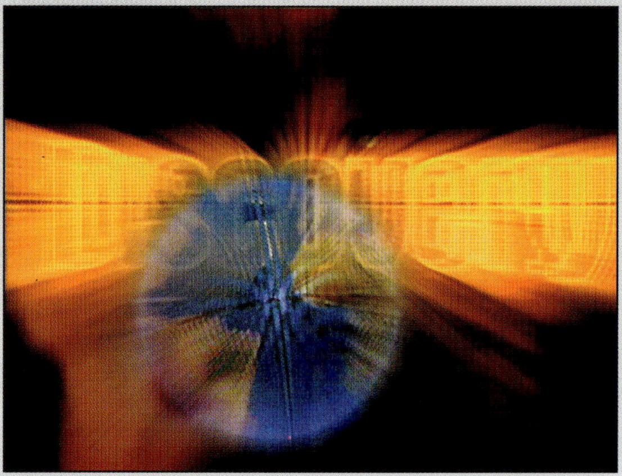

1

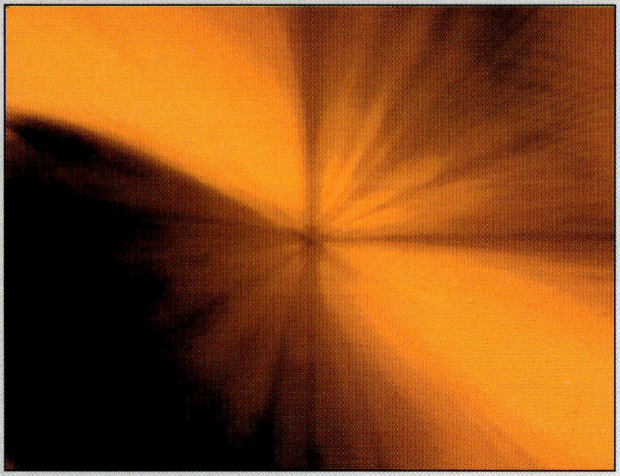

1. TITRE *Lights* · FORMAT Film, vidéo · PAYS États-Unis · CLIENT Discovery Channel International (Laura Frankel) · DATE 1997 · DIRECTEUR ARTISTIQUE Joel Markus · CRÉATEUR Joel Markus · ANIMATION NUMÉRIQUE Kirk Garfield · ANIMATION FILMÉE The Frame Shop, Ed Joyce · MONTAGE Eli Constantine · SON Tom et Andy · SOCIÉTÉ The DI Group

2. TITRE *ESPN International* · FORMAT Vidéo · PAYS États-Unis · CLIENT ESPN International (Andy Bronstein et Jody Markley) · DATE 1997 · DIRECTEUR ARTISTIQUE Joel Markus · CRÉATEUR Joel Markus · ANIMATION Kirk Garfield · MONTAGE Eli Constantine · SOCIÉTÉ The DI Group

3. TITRE *TBS James Bond Movie Series* · FORMAT Film, vidéo · PAYS États-Unis · CLIENT TBS (Pat Smith) · DATE 1994 · DIRECTEUR ARTISTIQUE Joel Markus · CRÉATEUR Joel Markus RÉALISATEUR Jim Gordon · MONTAGE Eli Constantine · SOCIÉTÉ The DI Group

L'énergie que dégage cette animation publicitaire sportive de 3 secondes pour ESPN International vise à insuffler la joie de vivre. Les lettres E, S, P et N enflent et rétrécissent, puis fusionnent dans un motif de lignes bleues et rouges mêlées.

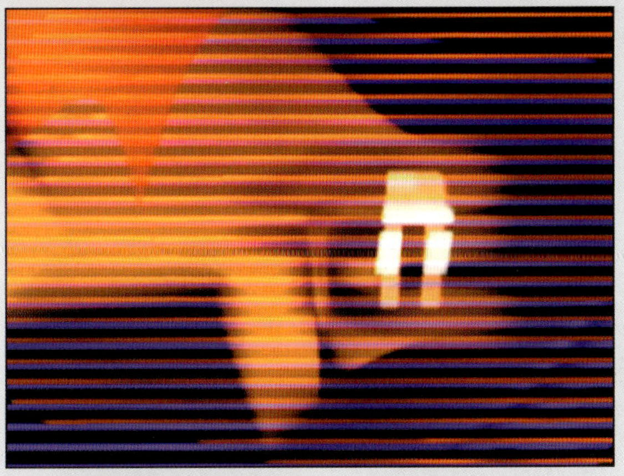

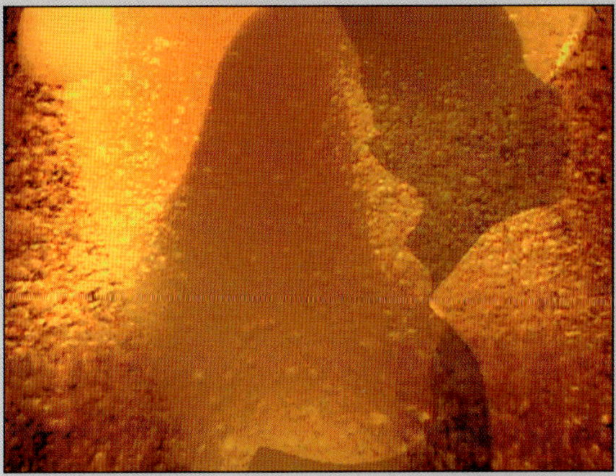

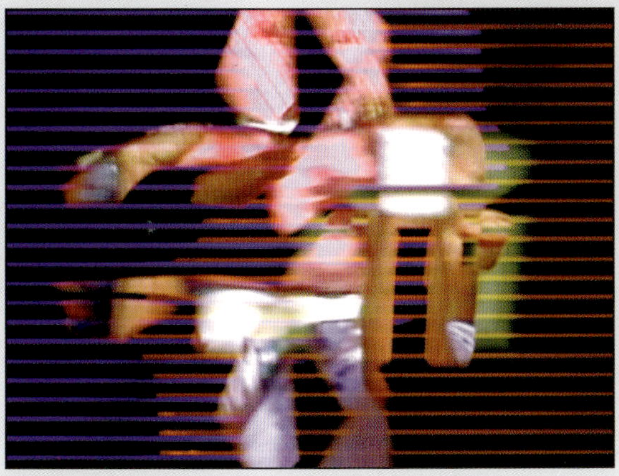

2

La séquence d'ouverture de cette série de TBS (chaîne américaine câblée) consacrée aux films de James Bond s'inspire des célèbres génériques de Maurice Binder ; elle est composée à travers l'objectif de la caméra qui cadre des silhouettes de femmes en train de danser tandis que la projection de la typographie épouse les formes de leurs corps. Cette séquence est superposée à des textures de sable ou d'eau.

3

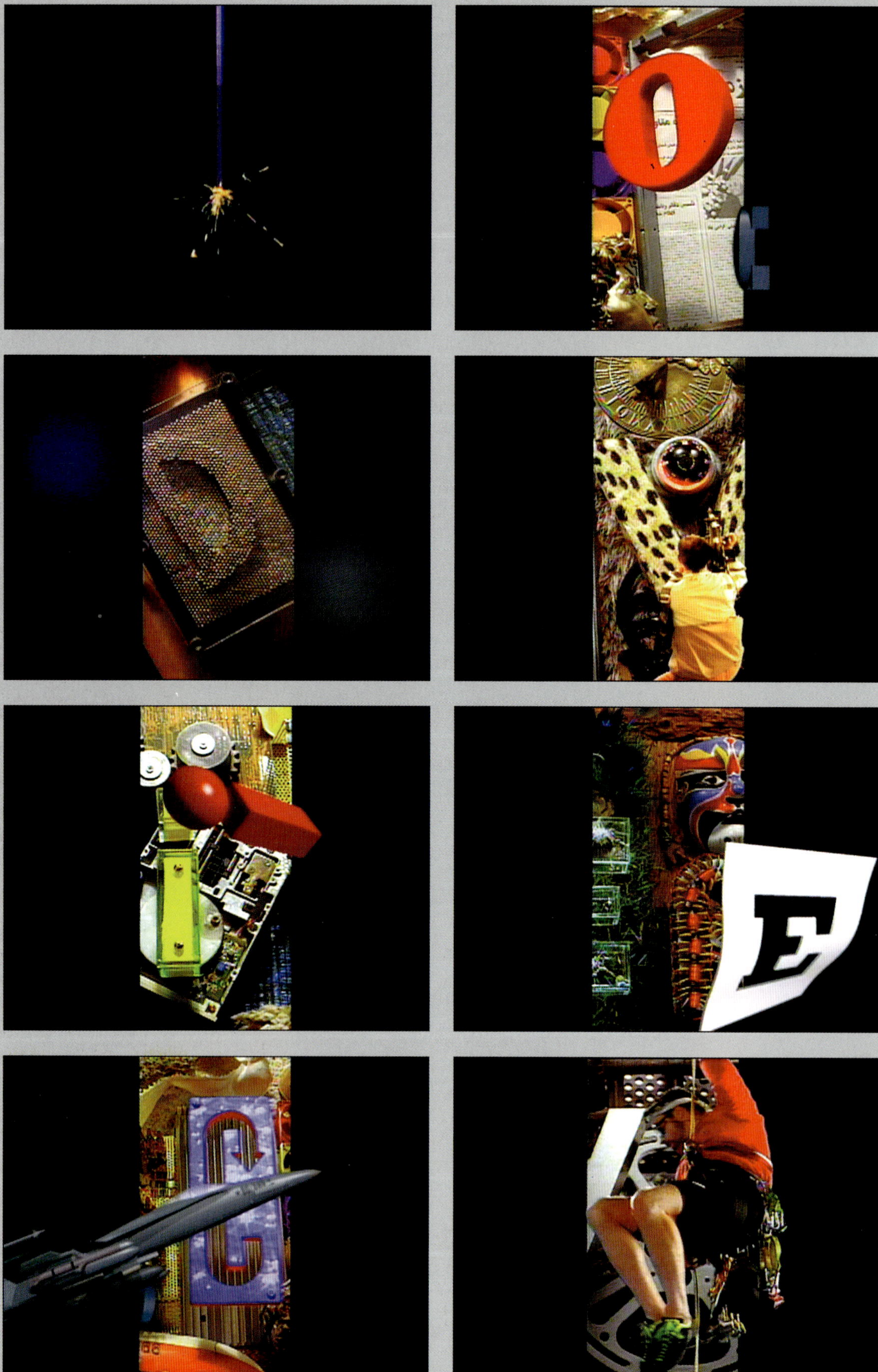

1

Dans cette séquence conçue pour l'émission *Special of the Week* de Discovery Channel, un collage de divers éléments vient former chaque lettre du mot Discovery. Les entités en deux et trois dimensions sont composées techniquement à partir d'animations image par image. L'ensemble se juxtapose à des prises filmées d'acteurs qui entrent en interaction avec des composantes visuelles et des animations informatisées de lettres se déplaçant dans l'espace.

Un tourbillon de textures animales abstraites compose les arrière-plans de la séquence qui débute *Wild Things*, une série sur le monde des animaux. Une par une, des lettres translucides apparaissent au centre de l'écran pour former le mot «wild» (sauvage).

Ces énormes formes prennent vie à travers les séquences d'animaux qui apparaissent dans le corps détouré des lettres. D'autres scènes animalières s'affichent dans des zones secondaires rectangulaires, ponctuant la composition.

1. TITRE *Special of the Week* · FORMAT Film, vidéo · PAYS États-Unis · CLIENT Discovery Channel (Dan Stanton) DATE 1994 · DIRECTEUR ARTISTIQUE Joel Markus · CRÉATEUR Joel Markus · ANIMATION NUMÉRIQUE Kirk Garfield ANIMATION DES MAQUETTES Gabriel Polonsky · CAMÉRA IMAGE PAR IMAGE The Frame Shop, Ed Joyce · RÉALISATEUR Jim Gordon · MONTAGE Eli Constantine · SON Sound Techniques · SOCIÉTÉ The DI Group

2. TITRE *Wild Things* · FORMAT Vidéo · PAYS États-Unis · CLIENT Discovery Channel (Dan Stanton et Mary Claire Baquet) DATE 1994 · DIRECTEUR ARTISTIQUE Joel Markus · CRÉATEURS Joel Markus, Ron Pearl · MONTAGE Eli Constantine SÉQUENCES FILMÉES The Discovery Channel · SOCIÉTÉ The DI Group

3. TITRE *Identité diurne de The Learning Channel* · FORMAT Vidéo · PAYS États-Unis · CLIENT The Learning Channel (Mike Coslow) DATE 1994 · DIRECTEUR ARTISTIQUE Joel Markus · CRÉATEUR Joel Markus · MONTAGE Eli Constantine · ANIMATION Mark Frizzell · SOCIÉTÉ The DI Group

Des objets quotidiens s'animent et construisent des visages humains représentant les genres différents que propose la chaîne du savoir, Learning Channel. Ces objets deviennent symboles typographiques – modulaires et interchangeables – et génèrent des entités composées porteuses de sens, qui expriment les domaines traités (sujets médicaux, démonstrations explicatives de fonctionnement, etc.).

3

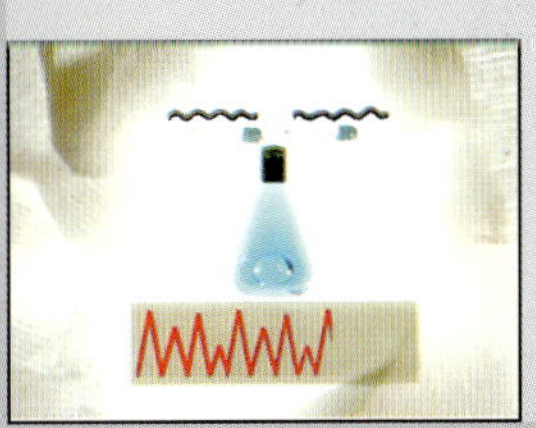

Assemblage et montage

2

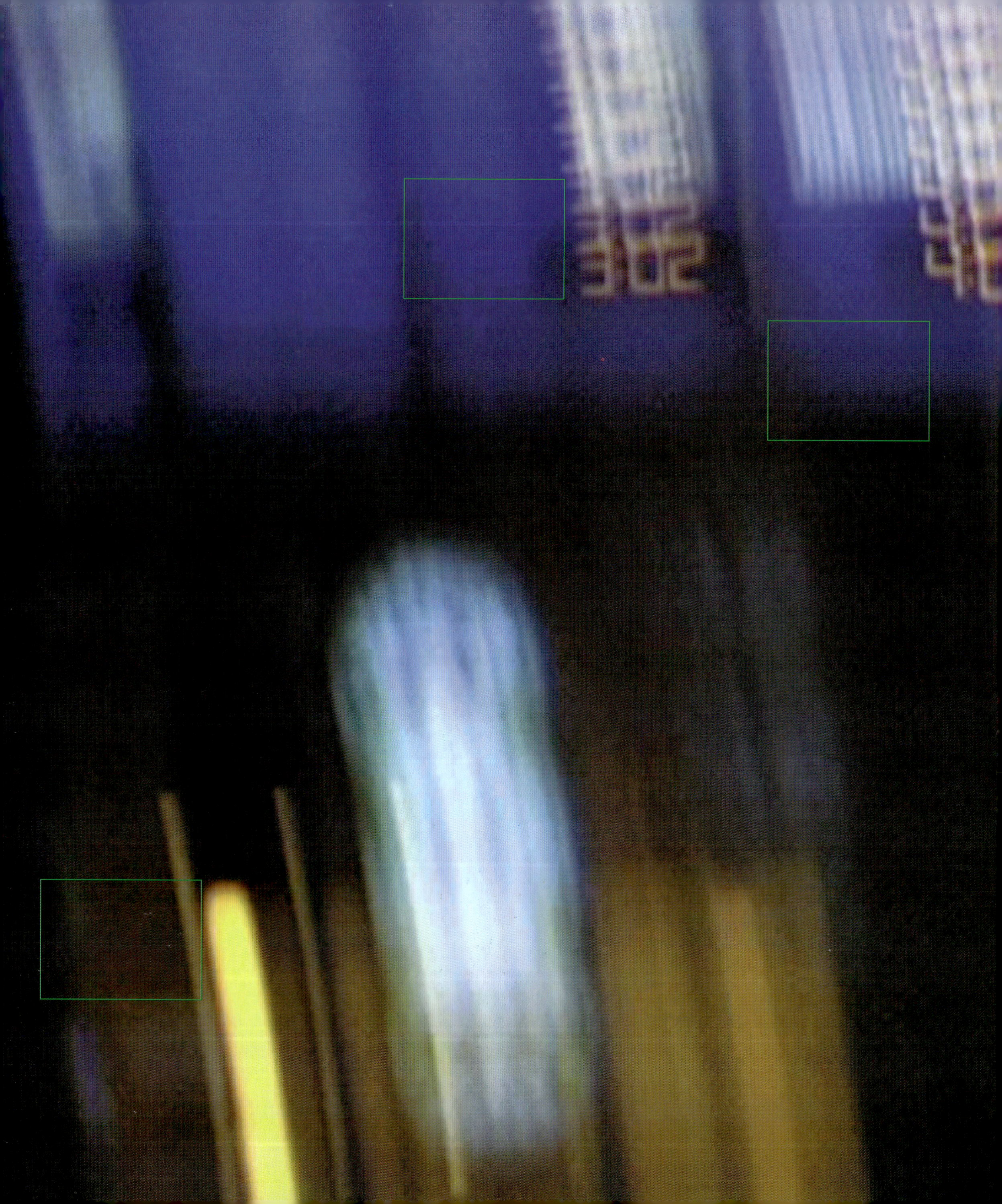
3:02

4 [Forme]

La technologie numérique a libéré la lettre de la nature statique de symbole-objet généralement associée à l'alphabet occidental moderne. Grâce au numérique, les caractères sont dessinés en tant que formes détourées aux propriétés malléables aspirant à prendre vie.
Ce chapitre aborde les rôles que les dessins de lettre peuvent assumer dans des situations temporelles et tridimensionnelles, rôles touchant à toutes sortes de genres – chorégraphie, musique, opéra, peinture, sculpture, architecture – mais aussi à la plastique (métamorphique et changeante), au liquide, voire à l'intelligence.

1

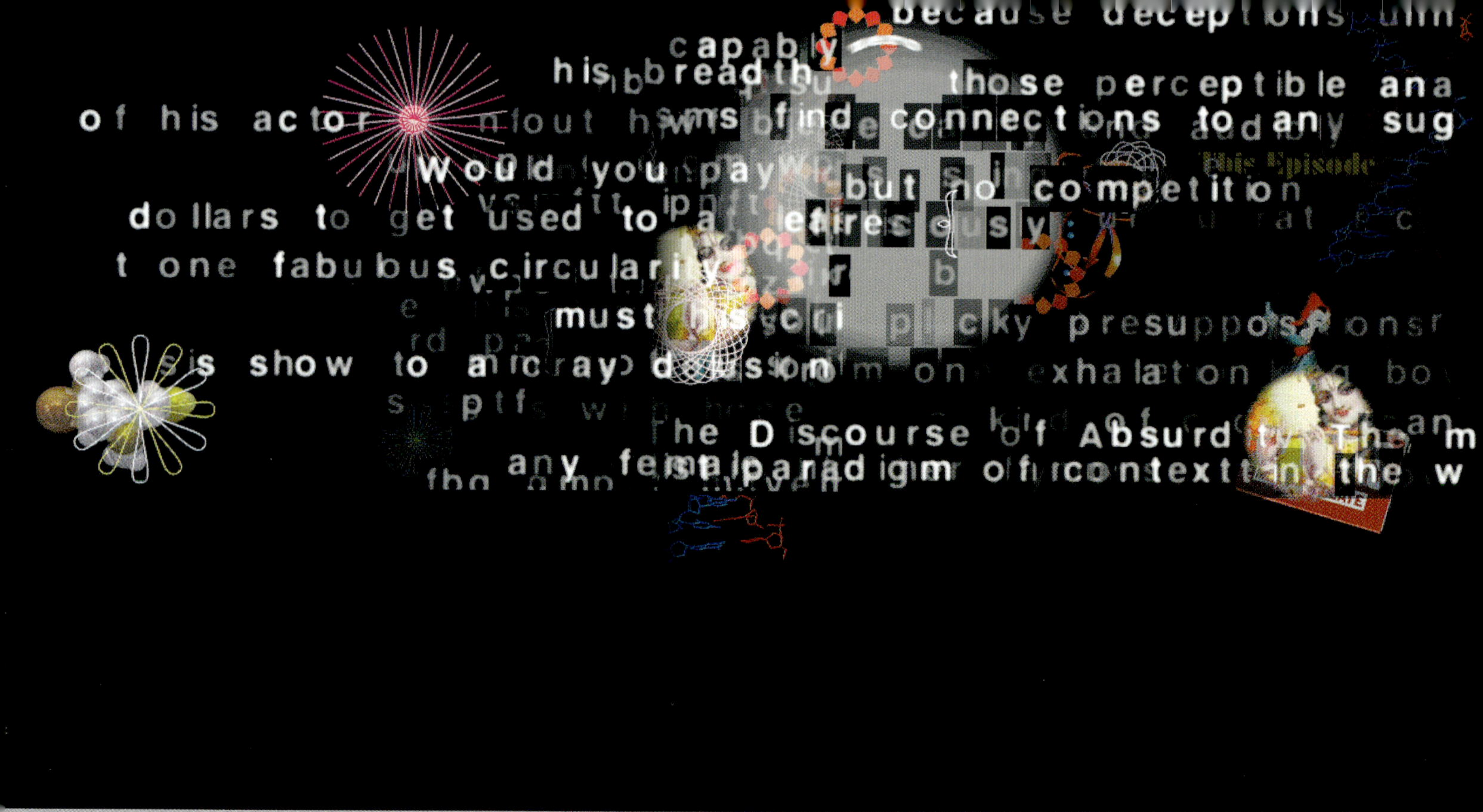

2

2

(1) L'économiseur d'écran de Gravitech exploite les temps d'arrêt de l'utilisateur d'un ordinateur pour afficher une poésie stimulante visuellement. Commandés par un générateur de textes et d'images aléatoires, des éléments naissent et disparaissent graduellement sur un fond sombre afin de créer une superposition et une profondeur apparemment infinies à un rythme régulier d'une œuvre poétique toutes les 10 minutes.

3

Plasticité

La société californienne Post Tool Design a été créée en 1993 par David Karam et Gigi Biederman. Tous deux sont spécialisés «dans l'étrange et le beau» au travers de produits multimédia peuplés de personnages surréalistes, d'objets organiques, de lettres en trois dimensions et de couleurs plus étonnantes les unes que les autres.

1. TITRE *Économiseur d'écran Gravitech* · FORMAT Support numérique · PAYS États-Unis · CLIENT Post Tool · DATE 1996 PROGRAMMATION & RECHERCHES David Karam · MUSIQUE Tom Blanc · SOCIÉTÉ Post Tool
2. TITRE *Site Web CCAC* · FORMAT Support numérique · PAYS États-Unis · CLIENT Post Tool · DATE 1998 CRÉATEURS David Karam, Gigi Biederman · ILLUSTRATION & PROGRAMMATION David Karam · UNIVERSITÉ California College of Arts and Crafts
3. TITRE *Play Art (Ultra Type Sample)* · FORMAT Livre · PAYS États-Unis · CLIENT Post Tool · DATE 1997 · GRAPHISME, COLLAGE & GRIFFONNAGE Gigi Biederman · LOGICIEL D'ILLUSTRATION & DE DESSIN David Karam · SOCIÉTÉ Post Tool
4. TITRE *Identité pour VH1* · FORMAT Vidéo · PAYS États-Unis · CLIENT Post Tool · DATE 1996 · CRÉATEURS David Karam, Joan Raspo · SOCIÉTÉ Post Tool

4

(2, 3) Le site Web du California College of Arts and Crafts et la couverture illustrée de *Play Art* reflètent parfaitement le style typographique de Post Tool. Des caractères en volume se figent dans un déplacement, sur un arrière-plan constitué d'un collage de lignes animées, créant une sensation d'espace infini.

(4) Ces spots d'identification de la chaîne musicale VH-1 poursuivent l'exploration de la dimension, du mouvement et de l'espace. Les lettres sont des objets massifs et volumineux qui ne sont pas simplement collés à plat et de face sur un plan, ils occupent réellement un espace dans des environnements surréalistes.

Surcharge et déformation visuelles

Les substances inattendues que sont la fumée et l'encre élaborent des lettres qui, à leur tour, formulent des réponses aux questions provocatrices du cédérom d'auto-promotion de Post TV.

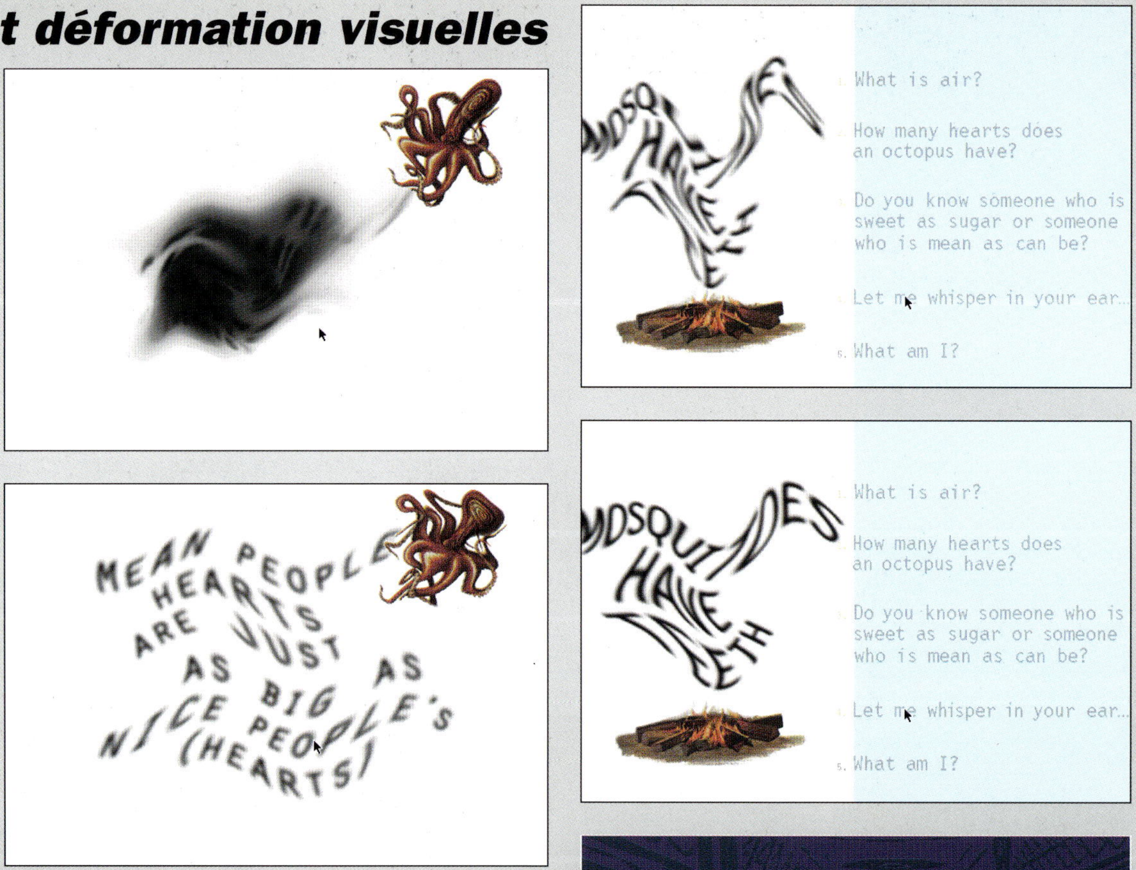

1

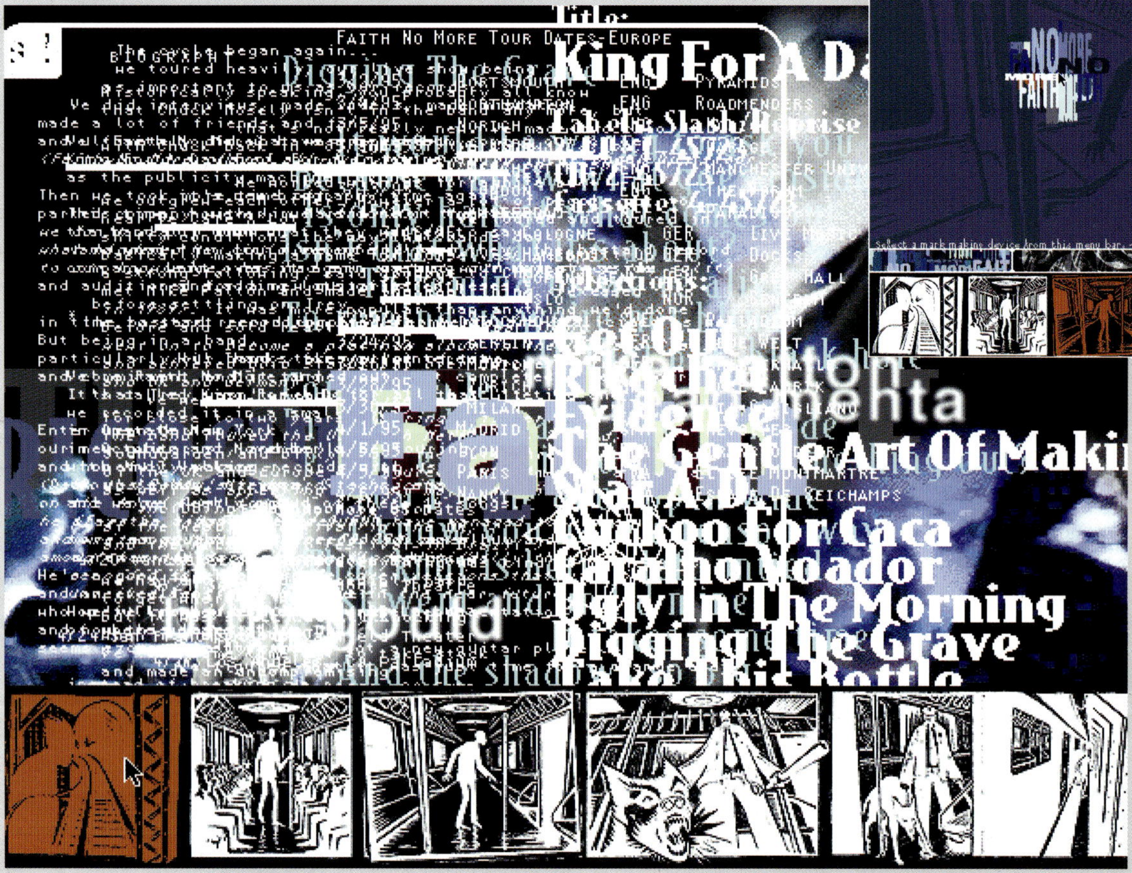

2

Créativité intuitive, tel est le thème de ce dossier de presse interactif conçu pour la promotion de *King for a Day*, l'album du groupe de rock Faith No More. L'utilisateur peut explorer cinq environnements, dont celui présenté ici, où l'écran de l'ordinateur est transformé en toile numérique.

A partir des quatre outils d'écriture proposés, l'utilisateur crée des compositions superposées, denses et énergiques inspirées des sonorités électriques du groupe.

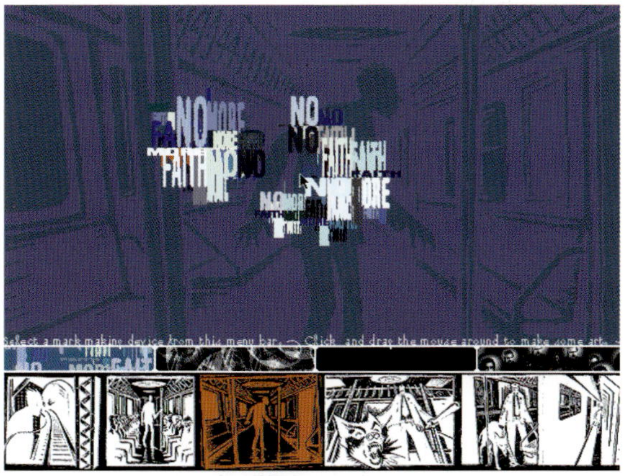

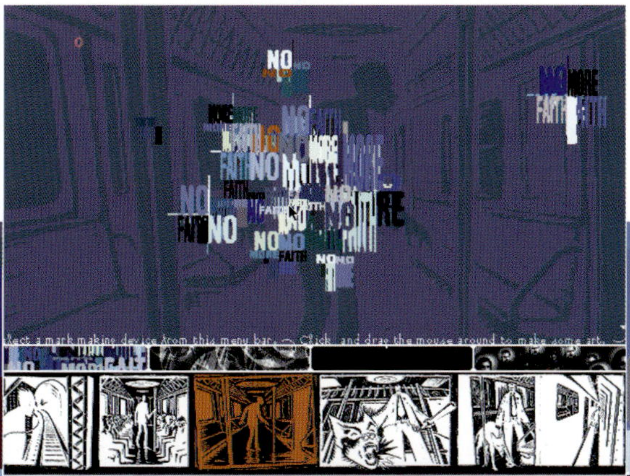

1. TITRE *Cédérom auto-promotionnel de Post TV* · FORMAT Support numérique · PAYS États-Unis · CLIENT Post Tool · DATE 1996-1997 CRÉATEURS David Karam, Gigi Biederman · RÉALISATION SONORE & CONCEPTUELLE Tom Bland · CONTRIBUTIONS Margaret Crane, Todd Hido, Terbo Ted · SOCIÉTÉ Post Tool (Entertainment Division)

2. TITRE *Faith No More, King for a Day* · FORMAT Support numérique PAYS États-Unis · CLIENT Warner Bros. Records · DATE 1995 CRÉATEUR David Karam · DIRECTEUR ARTISTIQUE Dirk Walters ILLUSTRATION Eric Drooker · SOCIÉTÉ Post Tool

Le dossier de presse interactif de Faith No More exprime le rythme et l'énergie de la culture pop actuelle et propose une expérience visuelle grâce au transfert des sensibilités du collage d'un support physique sur un support numérique.

L'environnement de cette page affiche des données textuelles sur le groupe – discographie, paroles de chansons, critiques, interviews – juxtaposées à des images abstraites. L'utilisateur a la possibilité de cliquer sur n'importe quel bloc de texte pour le traîner et le superposer à une autre couche de texte.

1

Interaction avec l'illustration

Gravity est un produit promotionnel interactif pour un groupe de musique pop. Au milieu de sonorités de fond synthétiques et hypnotisantes, l'utilisateur est embarqué dans un voyage à travers une série de textes et doit déterminer si les informations présentées sont réelles ou fictives.

L'interface est construite autour du mot *gravity,* dont les lettres palpitent, changent, disparaissent et réapparaissent par dessus des images morcelées. En cliquant sur ces lettres, l'utilisateur dévoile des éléments de texte qu'il peut ensuite déplacer et coller librement de la même manière que les données se déplacent sans contraintes via les moyens de transmission.

2

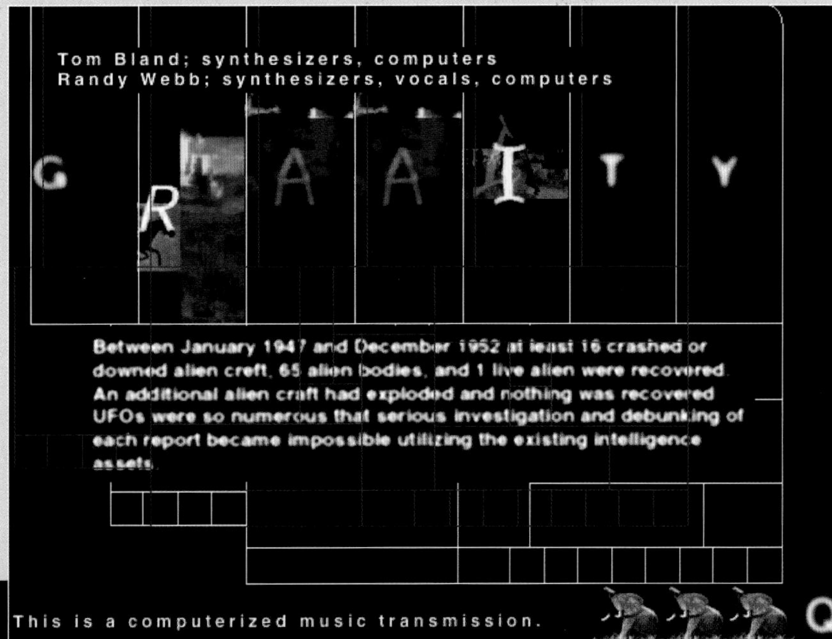

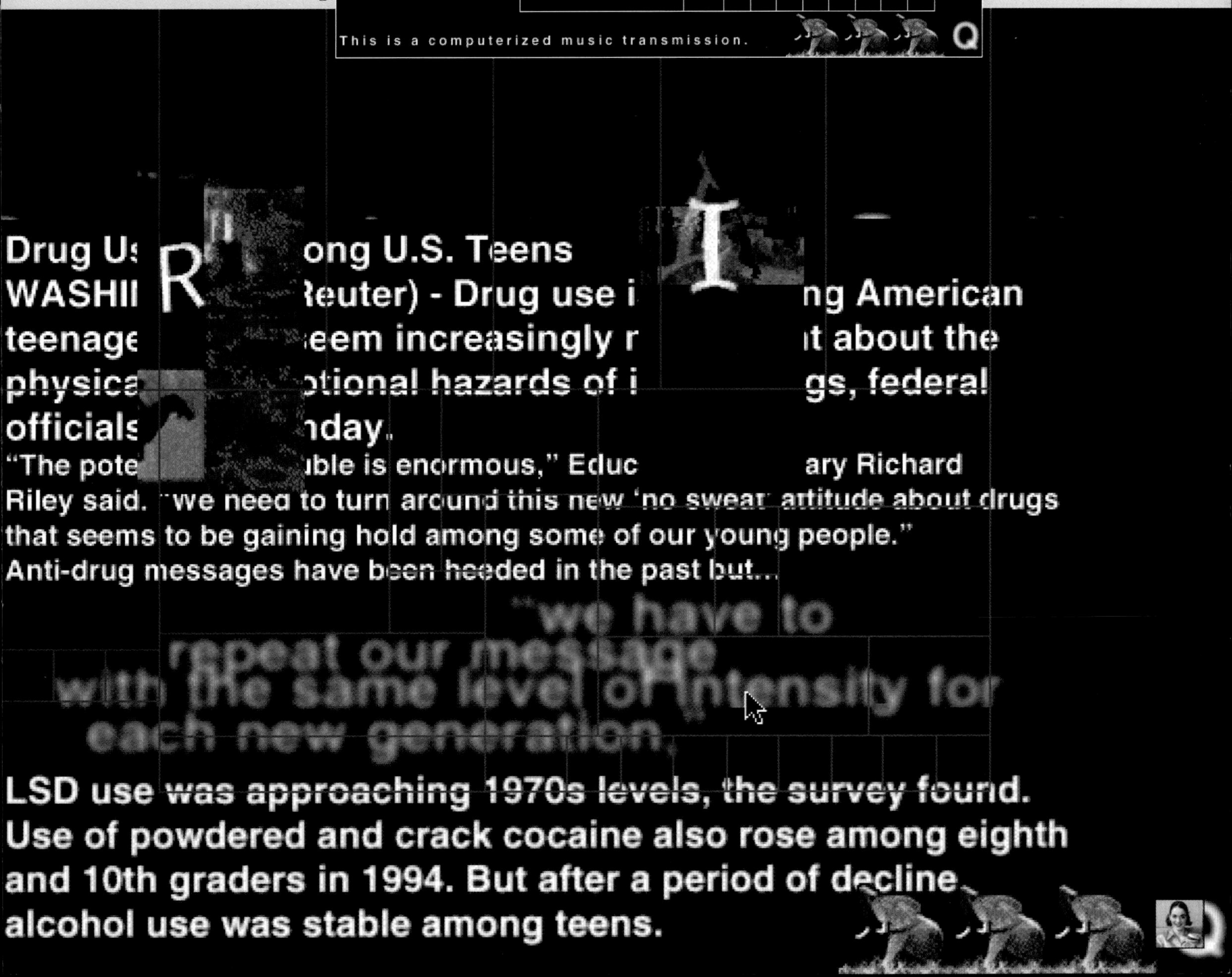

1. TITRE *Faith No More, King for a Day* · FORMAT Support numérique · PAYS États-Unis · CLIENT Warner Bros. Records DATE 1995 · CRÉATEUR David Karam · DIRECTEUR ARTISTIQUE Dirk Walters · ILLUSTRATION Eric Drooker SOCIÉTÉ Post Tool

2. TITRE *Gravity* · FORMAT Support numérique · PAYS États-Unis · CLIENTS Gravity, Post Tool · DATE 1994 · CRÉATEUR David Karam · GRIFFONNAGE Gigi Biederman · MUSIQUE Gravity: Tom Bland, Randy Webb · SOCIÉTÉ Post Tool

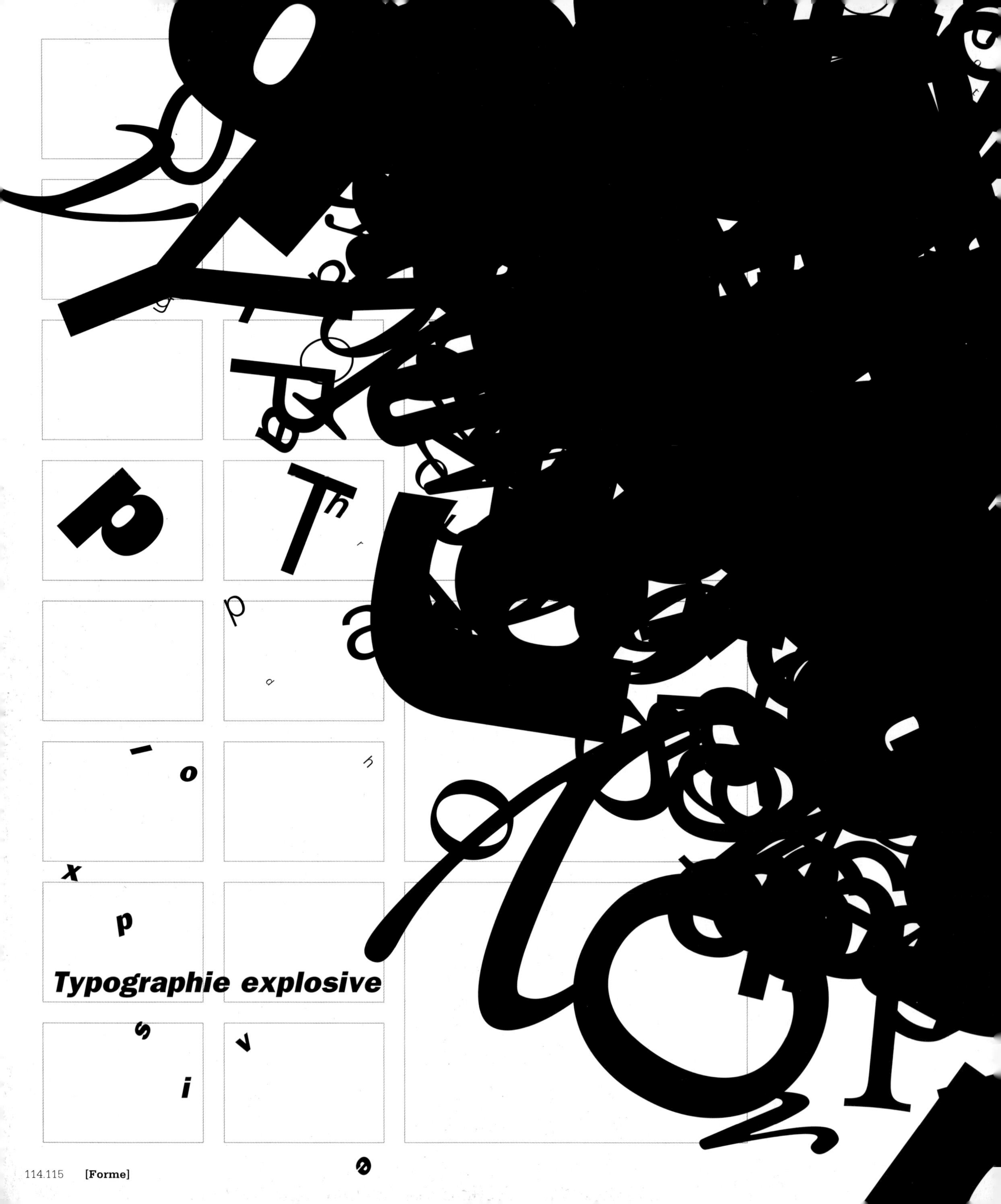

Typographie explosive

Le caractère vivant

[T-26] Type Foundry fait partie de Segura Inc., société basée à Chicago. Ces petits films en quick-time sont réalisés pour promouvoir les polices novatrices et expérimentales créées par la fonderie.

OMAHA
par [T-26]

BOX
par Margo Chase

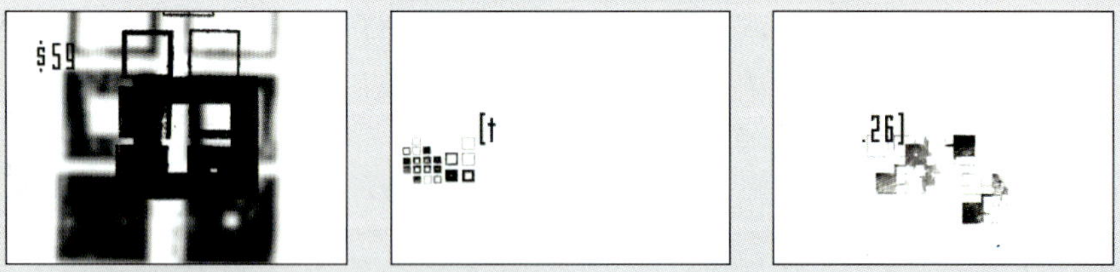

PROTON
par Patrick Glasson

POSTMORTEM
par Susána de Tembleque

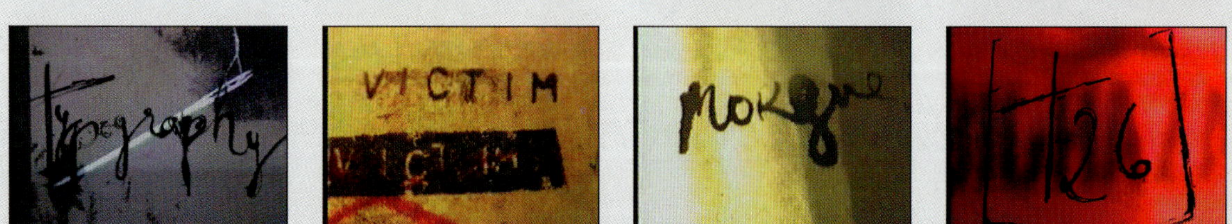

SPIRIT
par Planet Design Company

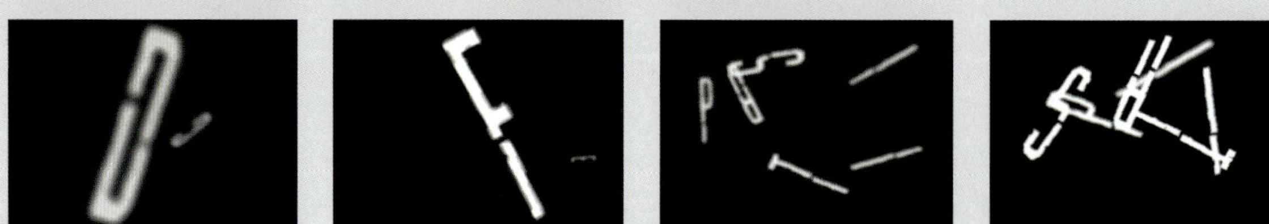

VOILA
par Hat Nguyen Design

AIDING ™
Une série de 59 Dingbats créée par plusieurs graphistes.

AMPLIFIER
par Frank Heine

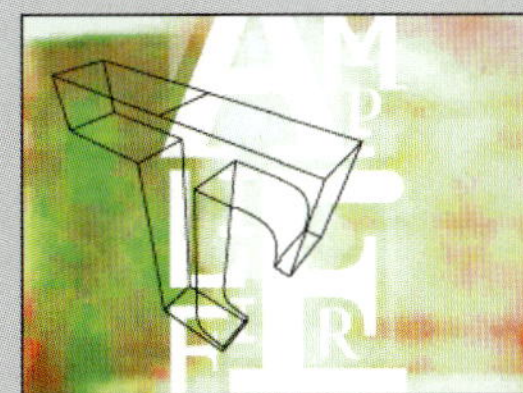

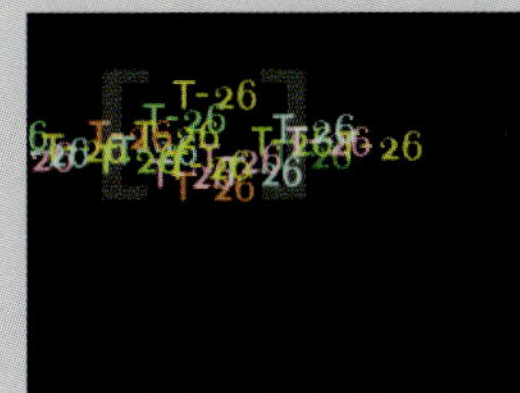

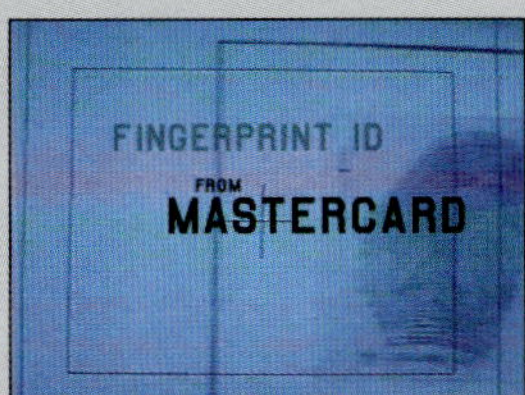

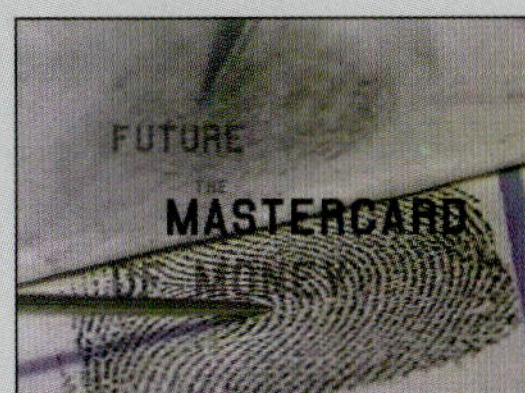

AVIATOR
par [T-26]

GODLIKE
par Peter Bruhn

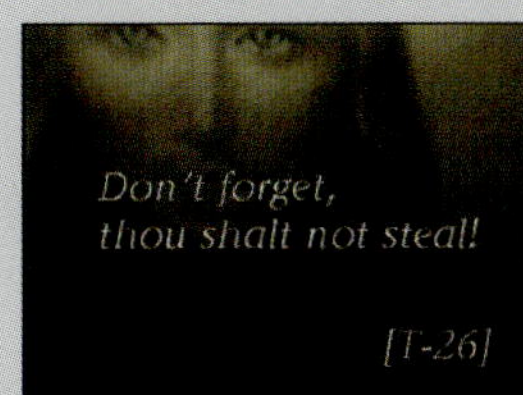

DROPLET
par Hat Nguyen Design

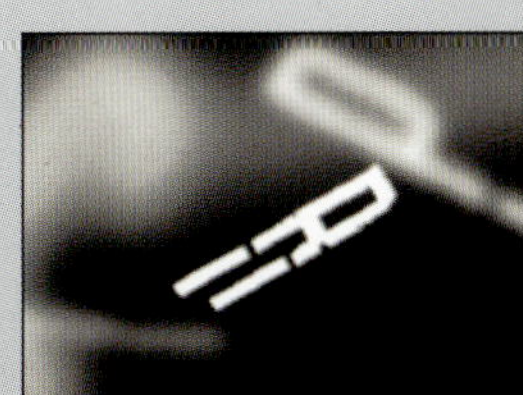

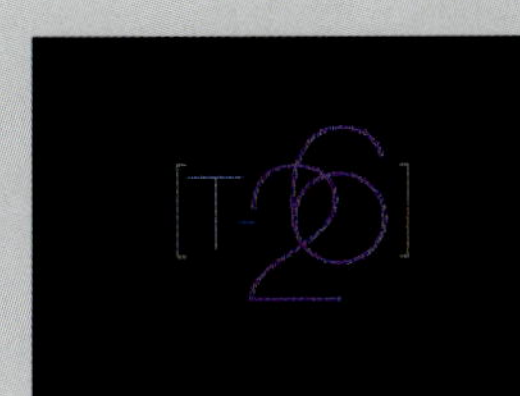

FLUX
par [T-26]

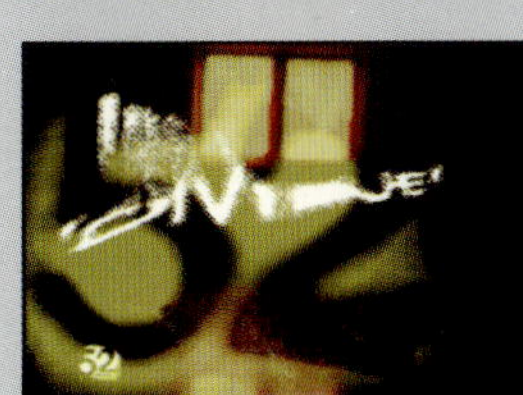

DIVINE
par 52 mm et Ben Conrad

TITRE *Films de polices de caractères* · FORMAT Support numérique
PAYS États-Unis · DATE 1998 · SOCIÉTÉ [T-26] Type Foundry, département
de Segura, Inc. ©1998 [T-26]

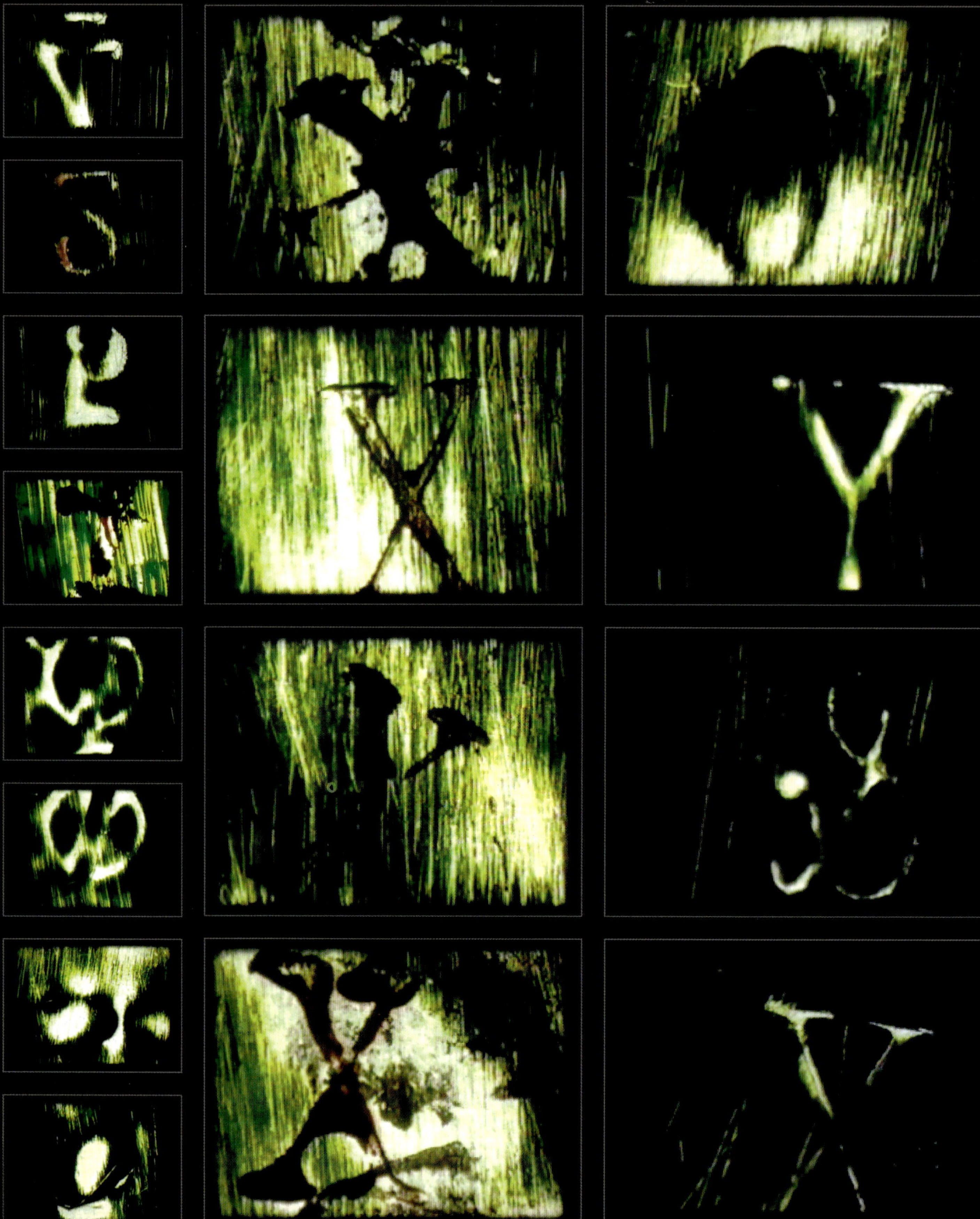

1

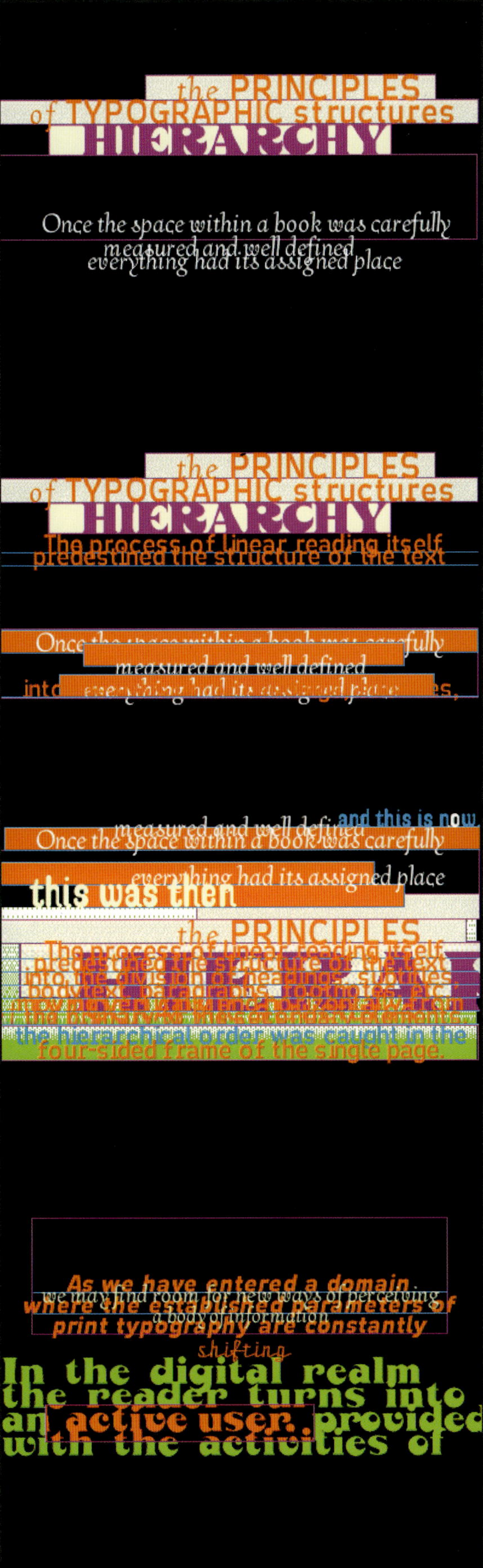

2

Animation texturée

1. PROJET *Création d'étudiant* · FORMAT Film 16 mm · PAYS Nouvelle Zélande · DATE 1996 ENSEIGNANT Jeff Bellantoni · CRÉATEUR Evan White · UNIVERSITÉ Wanganui Polytechnic School of Art and Design

2. PROJET *The Elements of Print Typography* FORMAT Support numérique · PAYS États-Unis DATE 1997 · ENSEIGNANT Michael Worthington CRÉATEURS Andrea Tinnes, Chris Selby UNIVERSITÉ California Institute of the Arts

Ce projet fait partie d'un cours interactif qui initie à la création par le biais d'équipements multimédia et de logiciels pour pages Web. Chaque étudiant reçoit un élément de typographie d'impression dont il doit rapidement étudier les origines et l'utilisation actuelle, puis envisager visuellement l'avenir potentiel dans le domaine du numérique.
Le résultat définitif est destiné à animer le site Web du California Institute of the Arts.

Sur la page précédente, ce qui était au départ un projet d'animation réalisé par un étudiant travaillant directement sur une pellicule de film 16 mm s'est transformé en un superbe ballet typographique de caractères et de textures.
En rayant et dessinant directement sur la pellicule, les étudiants comprennent comment une séquence s'organise via la projection d'images séparées, et comment nous percevons le mouvement grâce au phénomène de persistance rétinienne.

Programmer un nouveau langage

LettError est un studio de création virtuelle qui associe Erik van Blokland et Just van Rossum. Tous deux créent des caractères qui ne se contentent pas de se tenir sur une ligne de base, d'être jolis et de transmettre un message, des polices rendues possibles grâce à un programme informatique unique en son genre.

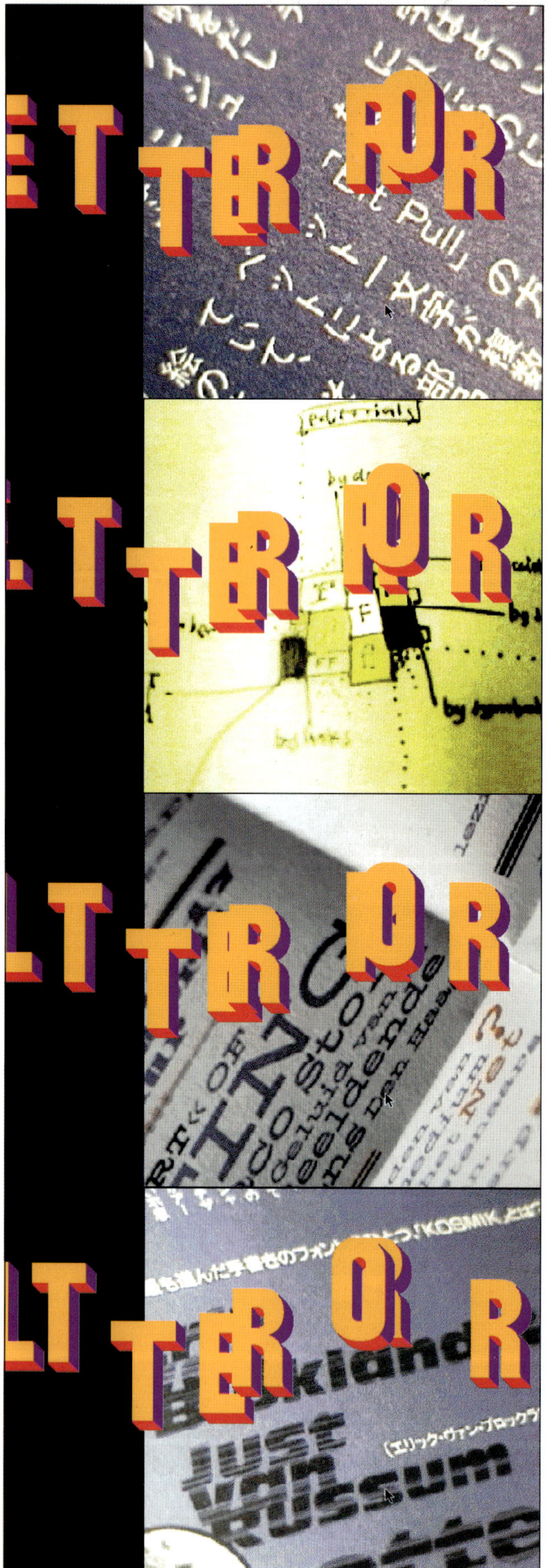

1

2

BitPull n'est pas une police à proprement parler. Il s'agit d'un système composé d'une petite application informatique et d'une panoplie de polices de caractères ; l'utilisateur peut ainsi démanteler des caractères typographiques pixel par pixel, leur faire épouser des courbes, les étirer, leur donner de nouvelles proportions et les déformer de manières jusque-là inimaginables.

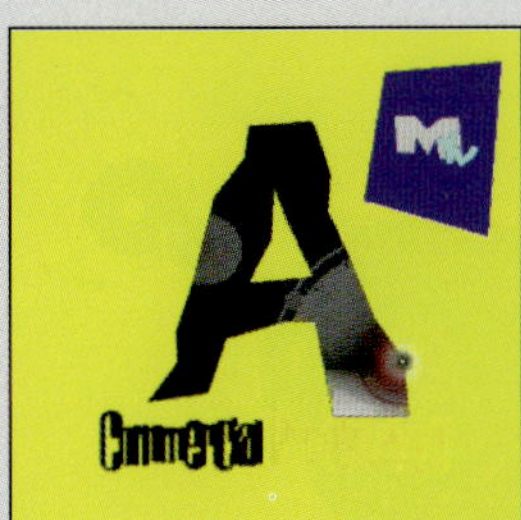

3

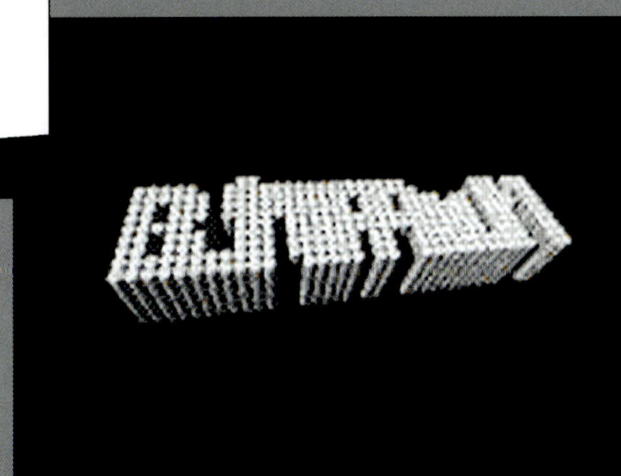

4

1. TITRE *LettError Name Thing* · FORMAT Support numérique · PAYS Pays-Bas · CRÉATEURS Erik van Blokland, Just van Rossum · SOCIÉTÉ LettError · CRÉDITS LettError Design for Time ™ cdrom, ©1998 LettError, tous droits réservés
2. TITRE *Animation PocketRocket* · FORMAT Support numérique · PAYS Pays-Bas · CRÉATEURS Erik van Blokland, Just van Rossum · SOCIÉTÉ LettError · CRÉDITS LettError Design for Time ™ cdrom, ©1998 LettError, tous droits réservés
3. TITRE *FontShop Televisions* · FORMAT Support numérique · PAYS Pays-Bas · CRÉATEURS Erik van Blokland, Just van Rossum · SOCIÉTÉ LettError · CRÉDITS LettError Design for Time ™ cdrom, ©1998 LettError, tous droits réservés
4. TITRE *Film typo BitPull* · FORMAT Support numérique · PAYS Pays-Bas · CRÉATEURS Erik van Blokland, Just van Rossum · SOCIÉTÉ LettError · CRÉDITS LettError Design for Time ™ cdrom, ©1998 LettError, tous droits réservés

La manipulation des caractères avec BitPull est possible grâce à l'application BitPuller, qui convertit le texte sélectionné en images en mode point – ou *bitmaps* – conçues par LettError. Chaque bitmap est constitué d'un assemblage de pixels, cet assemblage ayant la forme d'un caractère typographique. Chaque ligne verticale de pixels au sein de ces bitmaps se traduit en un caractère appartenant à une des polices BitPull. Ainsi, un caractère converti en «BitPullien» est maintenant composé de plusieurs parties qui, elles, sont capables d'épouser toutes sortes de formes.

Polices sensibles

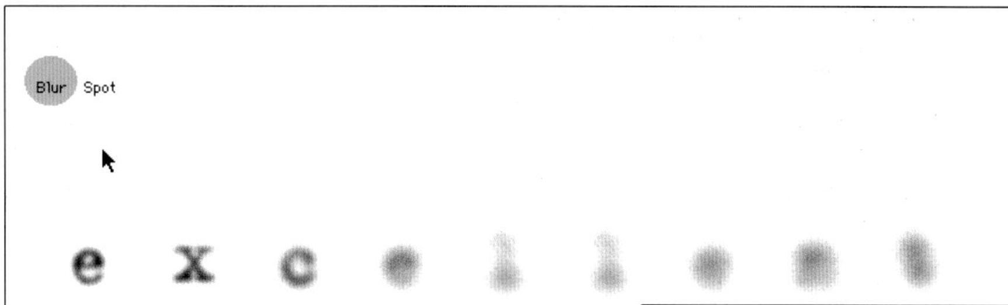
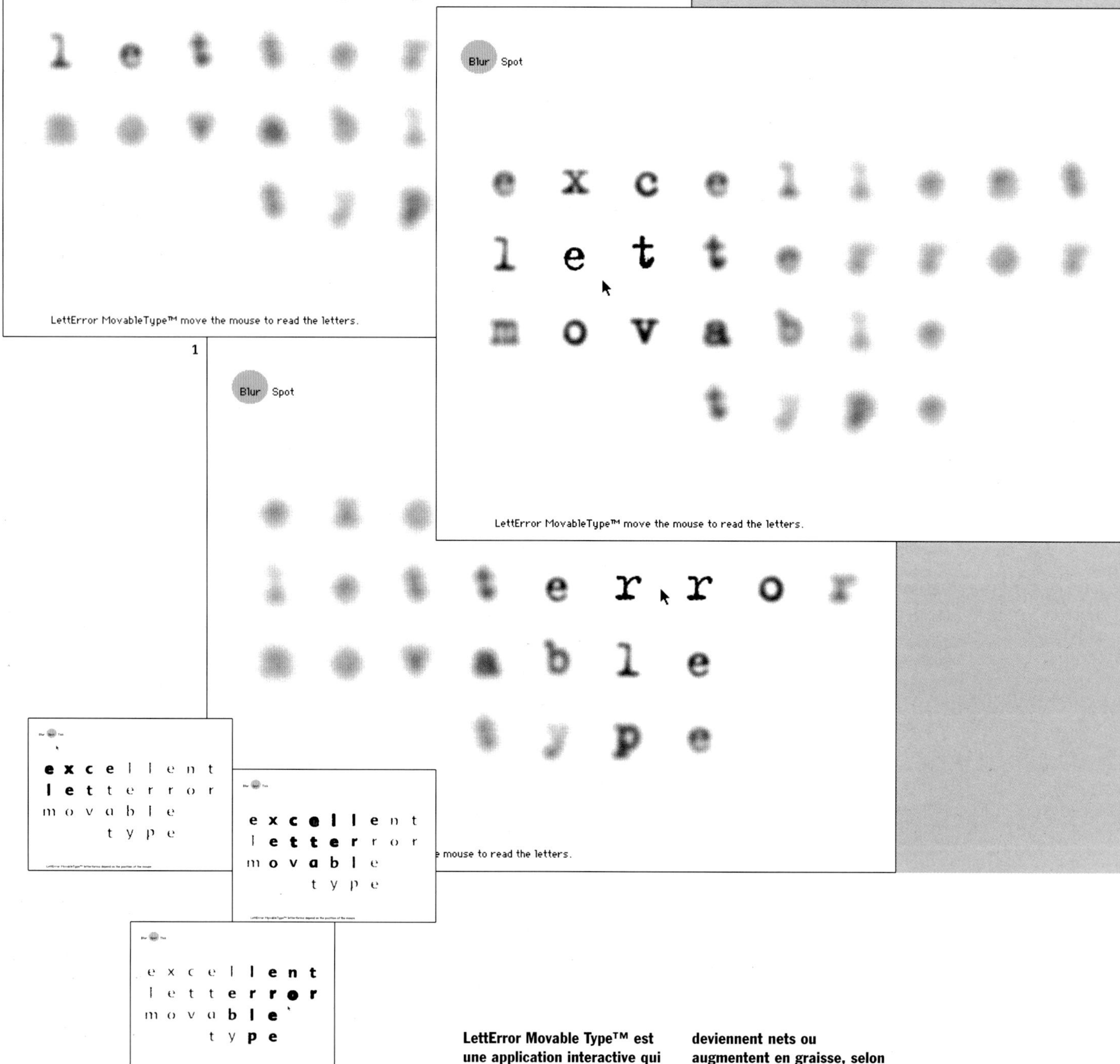

LettError Movable Type™ est une application interactive qui révèle de nouvelles méthodes de lecture. Quand l'utilisateur amène le pointeur de la souris sur une lettre affichée dans l'écran d'interface, cette lettre et les caractères voisins deviennent nets ou augmentent en graisse, selon l'option choisie préalablement. L'option *Blur* (flou) utilise la police Trixie et l'option *Spot* (focaliser) la police FontFont Advert Rough.

1. TITRE *LettError Movable Type*™ · FORMAT Support numérique · PAYS Pays-Bas · CRÉATEURS Erik van Blokland, Just van Rossum · SOCIÉTÉ LettError · CRÉDITS LettError Design for Time ™ cdrom, ©1998 LettError, tous droits réservés

2. TITRE *Film typo FF Advert Rough* · FORMAT Support numérique · PAYS Pays-Bas · CRÉATEURS Erik van Blokland, Just van Rossum · SOCIÉTÉ LettError · ANIMATION TYPOGRAPHIQUE Just van Rossum ©1993 LTTRRRtv JvR · CRÉDITS LettError Design for Time ™ cdrom, ©1998 LettError, tous droits réservés · POLICE FontShop International

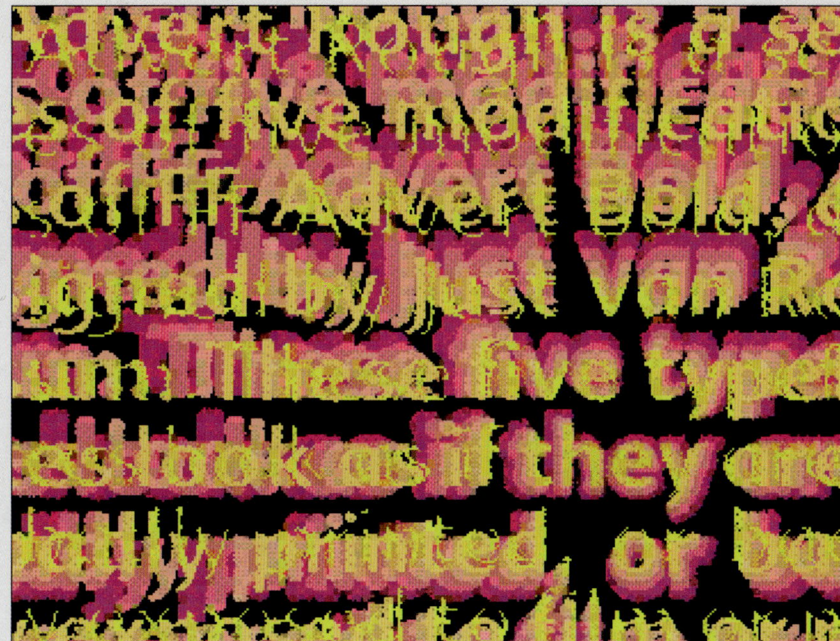

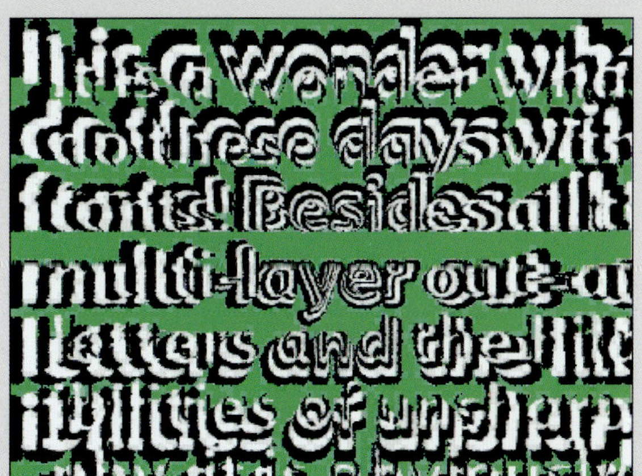

FontFont Advert Rough est une police dont chaque lettre est constituée de plusieurs formes imbriquées. De ce fait, toutes les lettres ont la même chasse. Les images présentées ici proviennent d'une séquence typographique réalisée pour promouvoir la police et ses capacités.

A typographic character with a rough edge to it casts the impression that some imperfect production technique was used in its rendering: cut from wood, photocopied several times, printed at a low resolution, stamped with an old, ink-swelled typewriter. When typefaces are deliberately created with this quality and are vectorized into a font file, the computer replicates every single detail of dirt and grit each time the same letter is typed. This is a paradox. A certain imperfection or varying unevenness is noticeable to the eye because it is by nature unique, random, accidental, and cannot be duplicated. Users have grown accustomed to clean, non-varying type because technological advances allow the efficiencies of using one form to reproduce a character many times at a high resolution. This is how printing evolved: Always striving for efficiency, consistency and clarity of reproduction. In the reading process, this sameness is not necessary. We are capable of reading handwritten text, smudgy

1

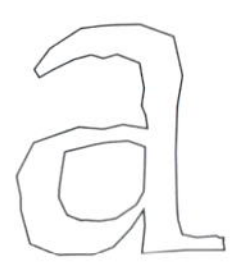

Hasard et ironie

aaaaaaaaaa

WHAT YOU SEE WHAT YOU GET IS A FONT FOR FUSE 11 THAT SHOWS SOMETHING DIFFERENT

WHAT YOU SEE WHAT YOU GET IS A FONT

Typoman Adventures **(Les aventures de Typoman) est une série d'animations qui abordent les préoccupations contemporaines dans le domaine de la typographie. Typoman sauve la largeur d'un «a» minuscule coincé entre les impressionnants «A» et «B» majuscules dans *Capital City*. Dans *The Reason Y*, il utilise un pistolet laser (raygun) pour annihiler des fontes pirates qui clonaient des dessins de lettres, et s'exclame : «J'aurais jamais pensé que RayGun (Reagan) sauverait la typographie.» Dans *Typoman Saves a Tree*, il découvre que les journaux sont fabriqués à partir d'arbres vivants et invite à lire les nouvelles en ligne.**

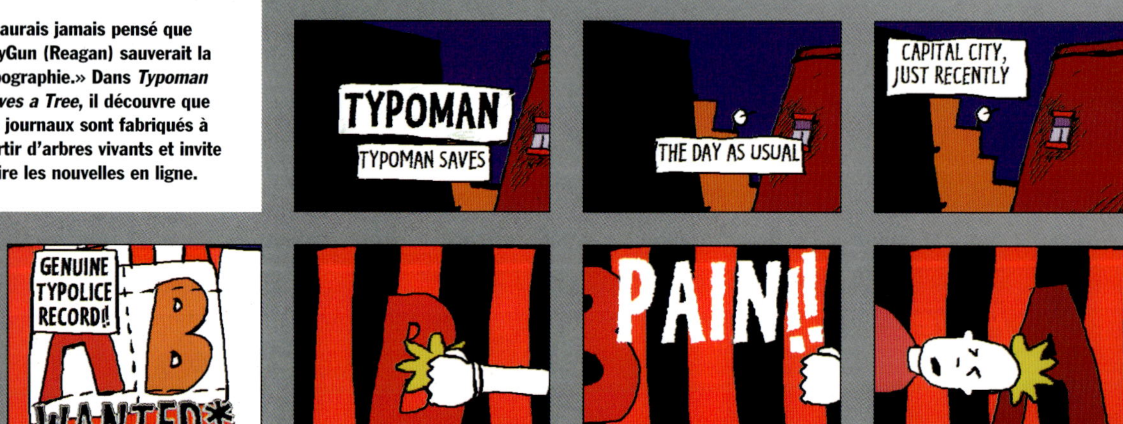

3

letters on a newspaper, and even type superimposed on flickering television images. The sameness of type seems an arbitrary condition that we can do away with in certain cases. PostScript technology allows the designer to build a font program that modifies, changes or switches letterforms. FontFont Beowolf is the first font (1989) LettError built with a randomization routine. All points on the contour of a fairly normative typeface are given a space in which they can freely move. So instead of each letter having a single, fixed form, the shape is flexible and wobbles according to its frequency of use. If a character is repeated in a text several times, this character will print differently in each occurance.

ZZZZZZ

ON SCREEN THAN IT PRINTS FOR FUSE 11 THAT SHOWS SOMETHING DIFFERENT ON SCREEN THAN IT PRINTS

2

1. TITRE *FF Beowolf* · FORMAT Police · PAYS Pays-Bas · DATE 1989 · CRÉATEURS Erik van Blokland, Just van Rossum · SOCIÉTÉ LettError · CRÉDITS FontShop International
2. TITRE *What You See* · FORMAT Police · PAYS Pays-Bas · CRÉATEURS Erik van Blokland, Just van Rossum · SOCIÉTÉ LettError · CRÉDITS Fuse 11
3. TITRE *Typoman Adventures, animation "Capital City"* · FORMAT Support numérique PAYS Pays-Bas · GRAPHISME & ANIMATION Erik van Blokland · BANDE SON & MUSIQUE Just van Rossum · SOCIÉTÉ LettError · FILM ©1996 LTTRRR · CRÉDITS LettError Design for Time ™ cdrom, ©1998 LettError, tous droits réservés

1

Alphasticks est un jeu sculptural qui incite à l'exploration de la relation entre la production de signification linguistique et la manipulation de formes typographiques. Les possibilités spécifiques de dimensions, d'assemblage et de synthèse jouent toutes un rôle quand il s'agit de créer de nouvelles formes typographiques adaptées à des environnements numériques.

La construction des *Alphasticks* est simple. Chaque bâtonnet *(stick)* porte une lettre complète de l'alphabet minuscule enroulée sur ses quatre faces (en Futura, police caractérisée par sa structure particulièrement géométrique). Le M et le W étant beaucoup plus larges que les 24 autres lettres, il faut deux bâtonnets pour contenir chacun de ces caractères.

Jeu d'enfant

Images narratives

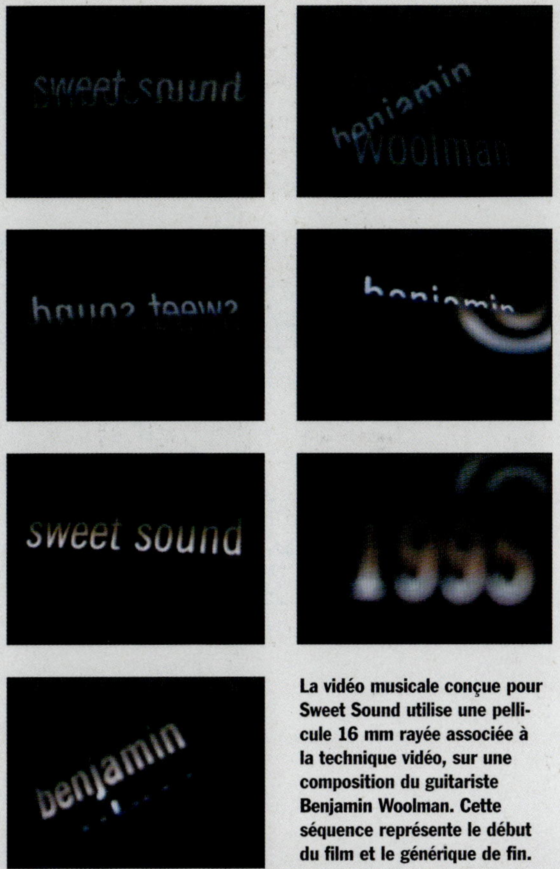

3

La vidéo musicale conçue pour Sweet Sound utilise une pellicule 16 mm rayée associée à la technique vidéo, sur une composition du guitariste Benjamin Woolman. Cette séquence représente le début du film et le générique de fin.

1. TITRE *Alphasticks*™ · MÉDIA MIXTE : bois blanc, papier Kraft, vernis, encre · PAYS États-Unis · DATE 1997 · CONCEPT ET GRAPHISME Matt Woolman · EMBALLAGE San Van · SOCIÉTÉ -Ization ©1997
2. TITRE *Father Stories* · FORMAT Film Super 8, vidéo · PAYS États-Unis DATE 1995 · CRÉATEUR Jeff Bellantoni · SOCIÉTÉ -Ization
3. TITRE *Sweet Sound Music Video* · FORMAT Film 16 mm, vidéo PAYS Nouvelle Zélande · DATE 1996 · CRÉATEUR Jeff Bellantoni COMPOSITEUR/INTERPRÈTE Ben Woolman · SOCIÉTÉ -Ization

Son et vision

2

Father Stories **est une série de petits films expérimentaux rapides qui se composent de textes et de séquences du passé familial de l'auteur filmées en 8 mm. L'objectif est de raconter des histoires sur le père essentiellement à partir d'interactions entre la typographie et les images du film. L'auteur ignore volontairement le son afin d'établir la contrainte d'une narration au moyen de textes et d'images uniquement.**

Les caractères qui apparaissent dans cette séquence ont été filmés avec une caméra vidéo braquée sur un écran d'ordinateur. L'auteur a réglé la vitesse d'obturation de la caméra de manière à tirer parti des lignes de balayage du moniteur, ce qui génère des formes dynamiques et imprévues lorsque ces lignes fusionnent avec le dessin des lettres.

Expériences formalistes

La création à partir de lettrages est une méthode élémentaire d'éveil aux formes visuelles. En concevant un signe isolé et en assemblant des lettres en un groupe ou un mot, l'étudiant fait naître et développe un sens des formes en général. Il acquiert une connaissance des caractéristiques de proportion, de rythme et de style propres aux lettres, ce qui lui permet de visualiser un concept de forme et d'amener le travail jusqu'à un tout harmonieux [...]. En modifiant le signe, il explore la mobilité et la variabilité des caractères, ainsi que leurs possibilités d'expression, tout en apprenant à fixer les limites de la liberté de création les concernant. Ainsi, peut-il construire sa propre créativité.

– Andre Gürtler
Extrait d'un numéro spécial de *Typographische Monatsblätter*, d'après un article paru dans *Letterforms and Film*, publication de l'école d'Arts appliqués de Bâle.

1

2

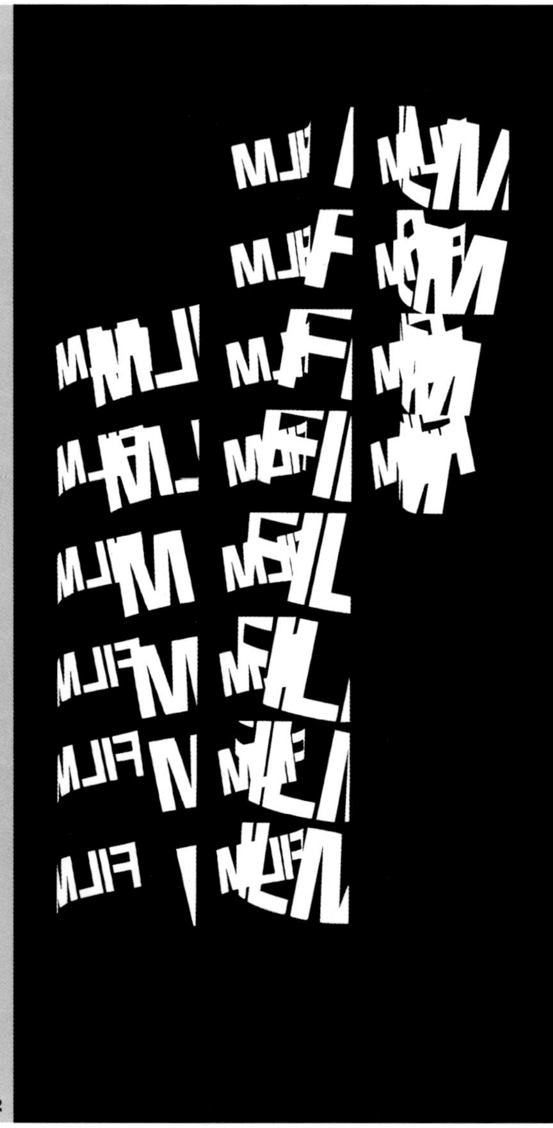

Le département de Communication visuelle de l'école d'Arts appliqués de Bâle (aujourd'hui, School of Design), est chargé de l'étude et de l'enseignement du lettrage de films et vidéos depuis plus de 25 ans. Les séquences illustrées sur ces pages présentent des projets significatifs réalisés par des étudiants et enseignants dans le cadre de ce cursus.

La lettre a évolué à travers son emploi en format fixe bidimensionnel. L'adaptation des dessins de lettre à une situation temporelle implique un autre ensemble de critères formels et comportementaux. Les séquences 1 et 2 sont des exercices simples qui démontrent la fonction filmique et les effets d'optique que suscite la projection de caractères.

3

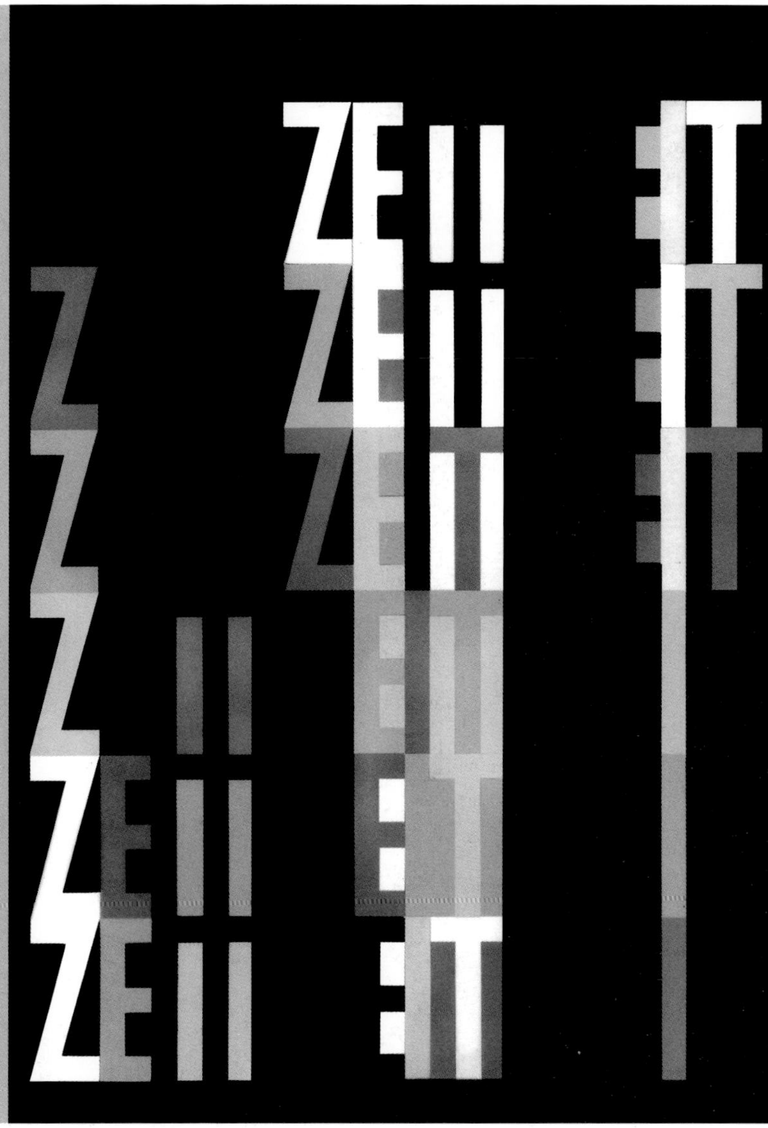

4

Vitesse et temps sont essentiels pour la communication efficace d'un message dans une situation inscrite dans son époque. Les séquences 3 et 4 présentent des exercices d'exploration de ces deux éléments fondamentaux de la structure d'un film.

Le mot *tempo* sert d'image autant que de mot, grâce à la combinaison des proportions avec la vitesse et le temps.

Les lettres du mot *Zeit* (temps) passent par une transition faite de subtiles valeurs de gris qui se fondent dans cette séquence. Les changements s'opèrent à un rythme qui correspond à un déroulement du temps lent et naturel.

5

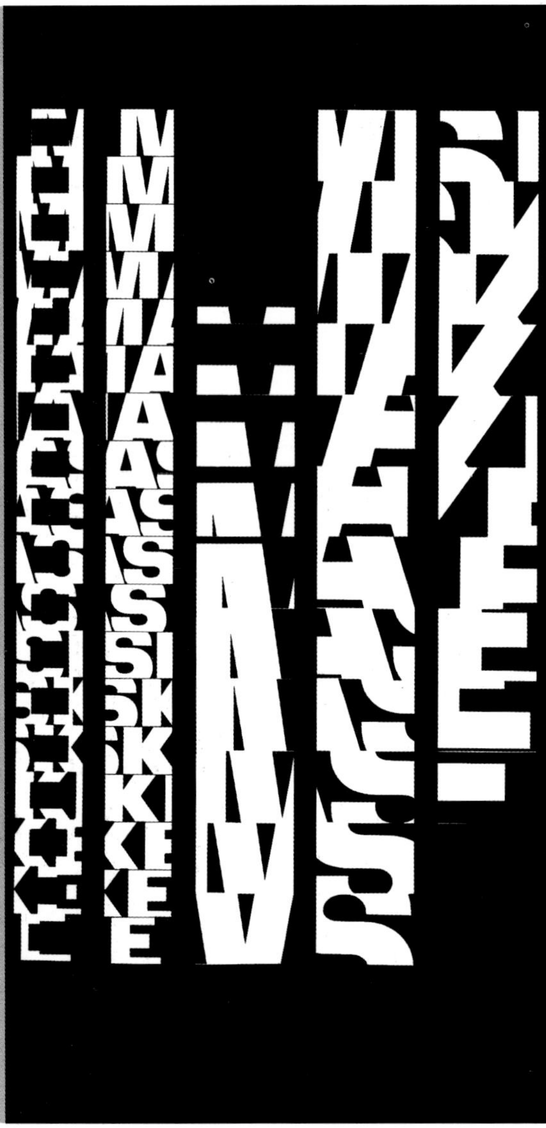

6

L'adaptation de la typographie au film autorise de nouvelles interprétations des caractères en tant que vecteurs de sens. Les séquences 5 à 8 illustrent des exercices sur film qui rapprochent la forme typographique de sa signification.

(5) Dans cette séquence, l'écran devient un cadre dans lequel le mot *maske* se déplace et change de taille. Un petit rectangle masqué crée une incrustation au centre de l'image, découpant davantage les lettres comme des formes abstraites flirtant avec la perception que le spectateur a du motif par rapport au fond, et du plein par rapport au vide.

(6) Les lettres du mot *lift* (ascenseur) montent et descendent ensemble ou séparément. L'écran cadre cette activité de manière à procurer une impression d'espace et de profondeur.

7

8

9

10

(7) Dans cette séquence, le mot *zu* (vers) pivote sur un axe invisible, ce mot simple étant ici interprété dans une corrélation directe avec sa signification.

(8) Le mot *lux* (lumière) est révélé dans son sens propre, tandis qu'il traverse un plan sombre.

Les séquences 9 et 10 sont issues d'exercices qui dépassent les interprétations plus ou moins abstraites des mots. Elles tentent d'illustrer leur signification dans un sens ou d'une manière plus humoristique ou romantique.

Le mot *day* (jour) se multiplie jusqu'à ce que l'écran noir soit totalement envahi par le blanc des lettres. Le mot *night* (nuit) apparaît alors, se multipliant afin de reconquérir l'écran.

Le contraste des formes intérieures des caractères de cette séquence crée un horizon tandis que le mot *day* se lève et que le mot *night* descend.

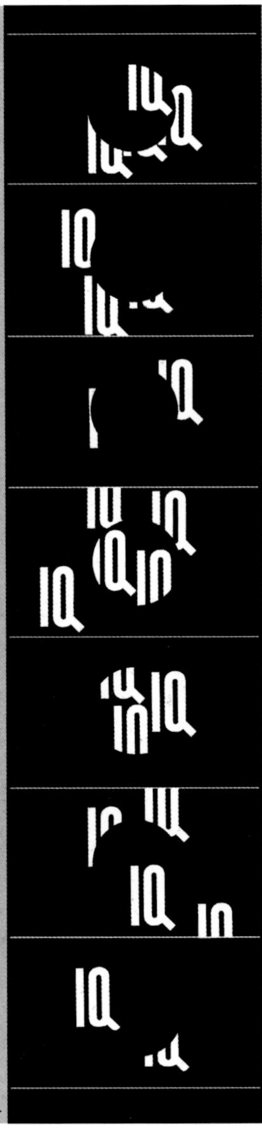

11

12

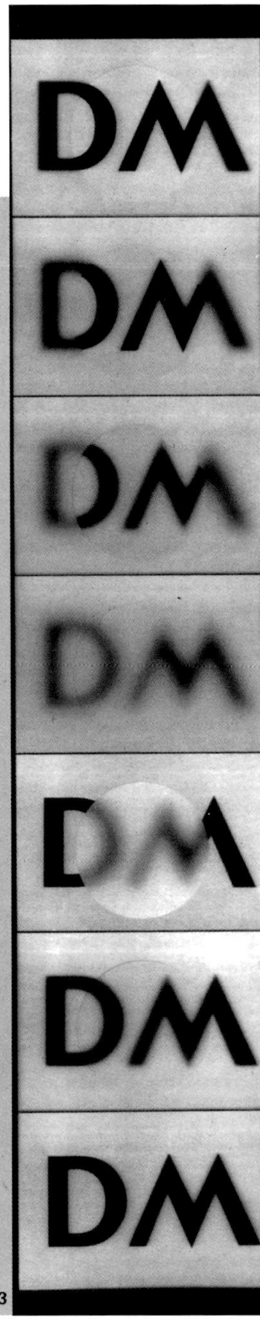

13

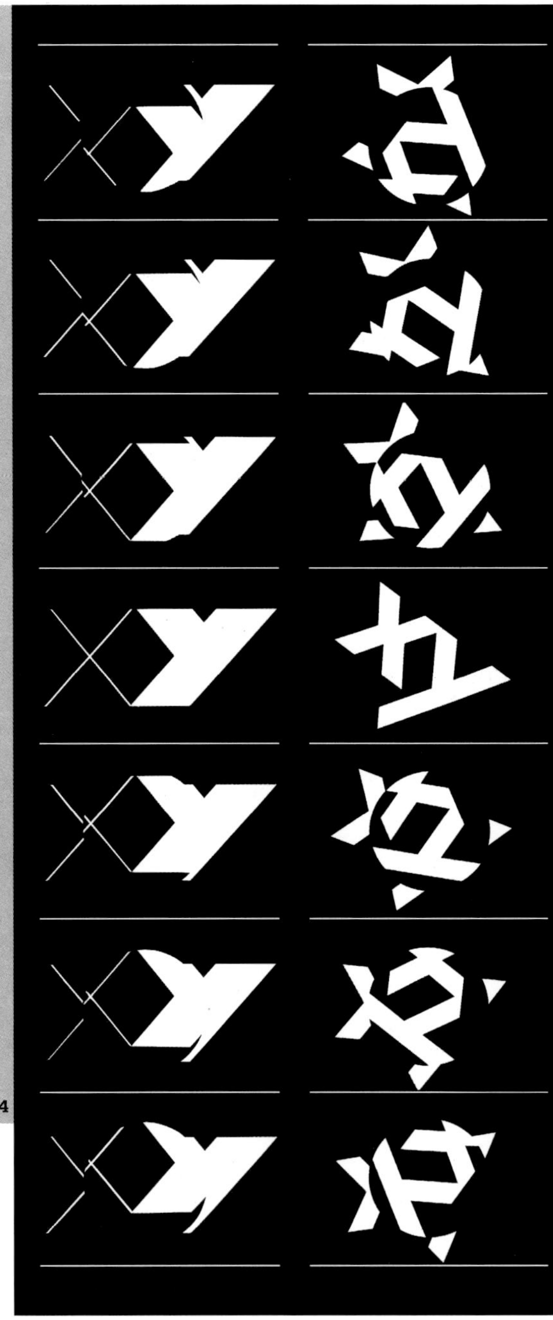

14

Dans ce projet, des étudiants choisissent deux lettres qui, une fois associées, se comprennent généralement comme un signe, par exemple, TV, CD, QI, etc. Les lettres sélectionnées sont ensuite combinées avec un élément graphique simple dans une séquence temporelle.

Dans les séquences ci-dessus, les signes de lettres IQ, ai, DM et xy passent dans un plan qui contient une incrustation circulaire invisible. Quand les lettres traversent cette dernière, il se produit un traitement différent de l'activité extérieure : recadrage, vitesse, grossissement, netteté, fragmentation, rotation. Ainsi, le cercle n'est perceptible que par cette différence.

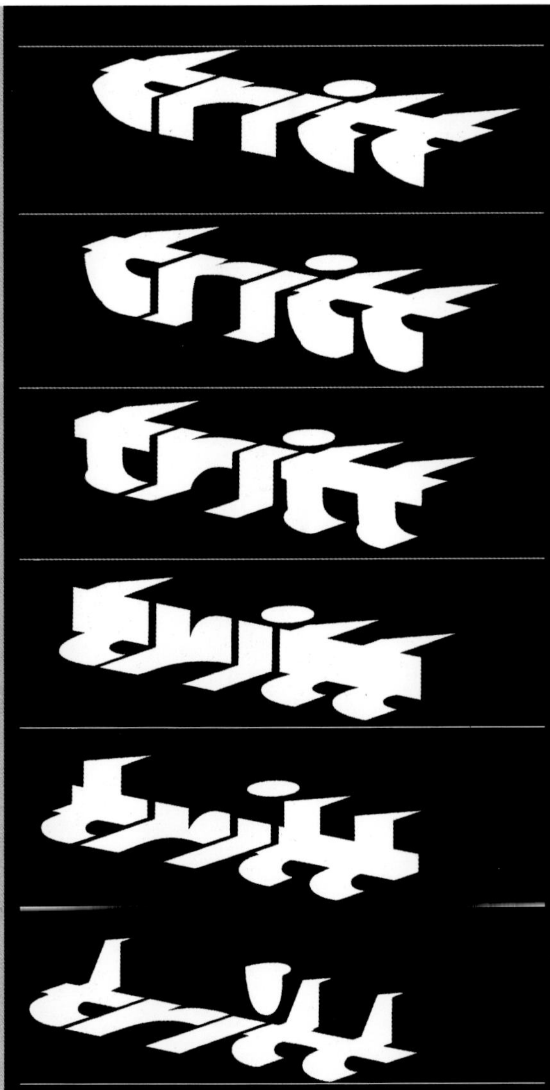

15

16

Dans le cadre de ces projets plus poussés, les étudiants associent dessins de lettres et éléments figuratifs.

(15) Le mot *tritt* (marche) se plie à angles droits pour simuler les marches et contremarches d'un escalier.

Le professeur Peter Von Arx a conçu cette séquence filmée pour une campagne pacifiste pendant la guerre du Viêt-nam.

Les mots *no more war* (plus de guerre), composés dans un caractère bâton épais et sobre, se déplacent horizontalement de droite à gauche, ce qui contraste avec le motif touffu et aléatoire des composantes linéaires de graisse variable qui ruissellent en diagonale, du haut à gauche vers le bas à droite. Cette opposition dynamique de mouvement, entièrement conçue en noir et blanc, crée une tension stimulante qui attire l'œil, tout en exprimant la violence.

17

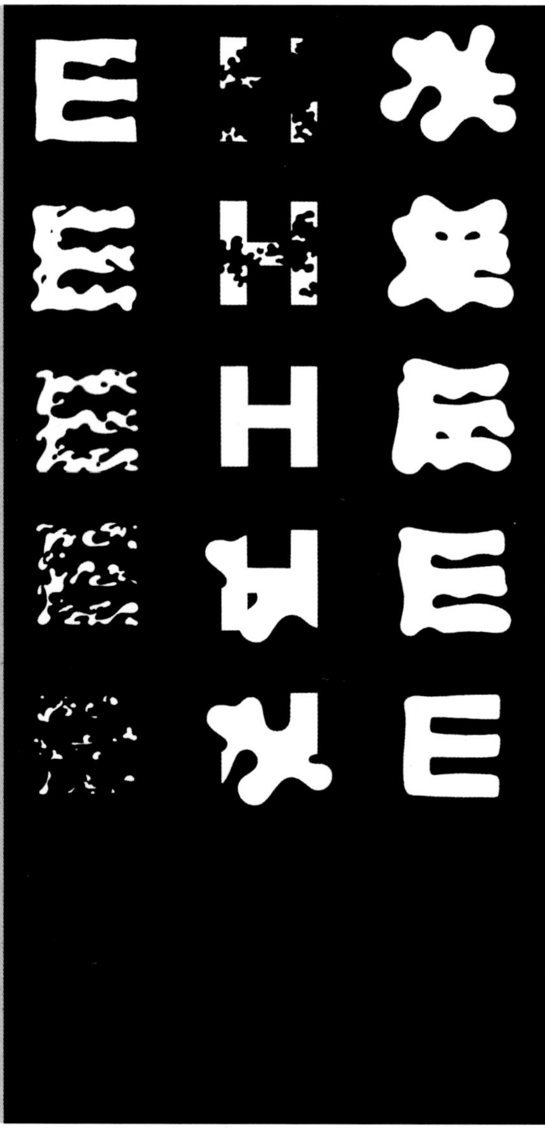

Les lettres du mot E H E (qui signifie couple) illustrent le thème de la crise au sein d'un couple marié. Le contour net et géométrique du E se dissout en particules qui reconstituent le H.
La structure rigide de celui-ci se désagrège ensuite en une forme amorphe qui reforme le E.

18

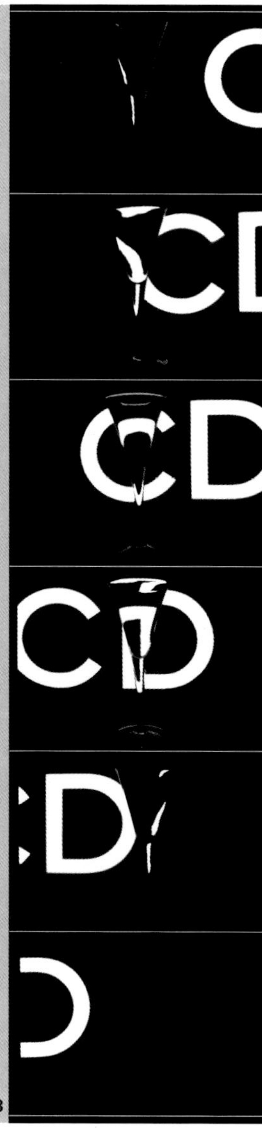

La flûte à champagne devient visible par la réflexion du C et du D pendant que ceux-ci se déplacent horizontalement derrière le verre. Ces caractères participent au sens contextuel grâce à leur association avec le verre.

19

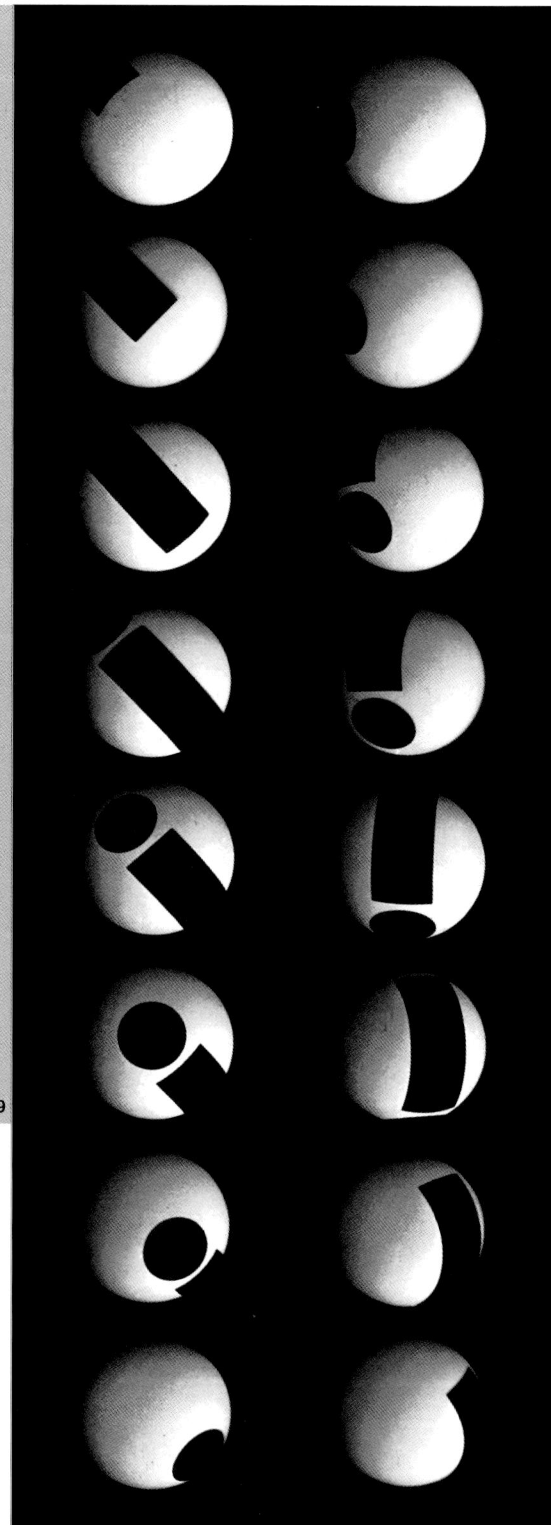

Le logo de inlingua, groupe de formation linguistique international, naît à une vie cinétique en trois dimensions durant une séquence d'animation réalisée pour le congrès annuel de la société.

Des ombres apparaissant à travers un papier découpé permettent la lecture du mot *ombra*.

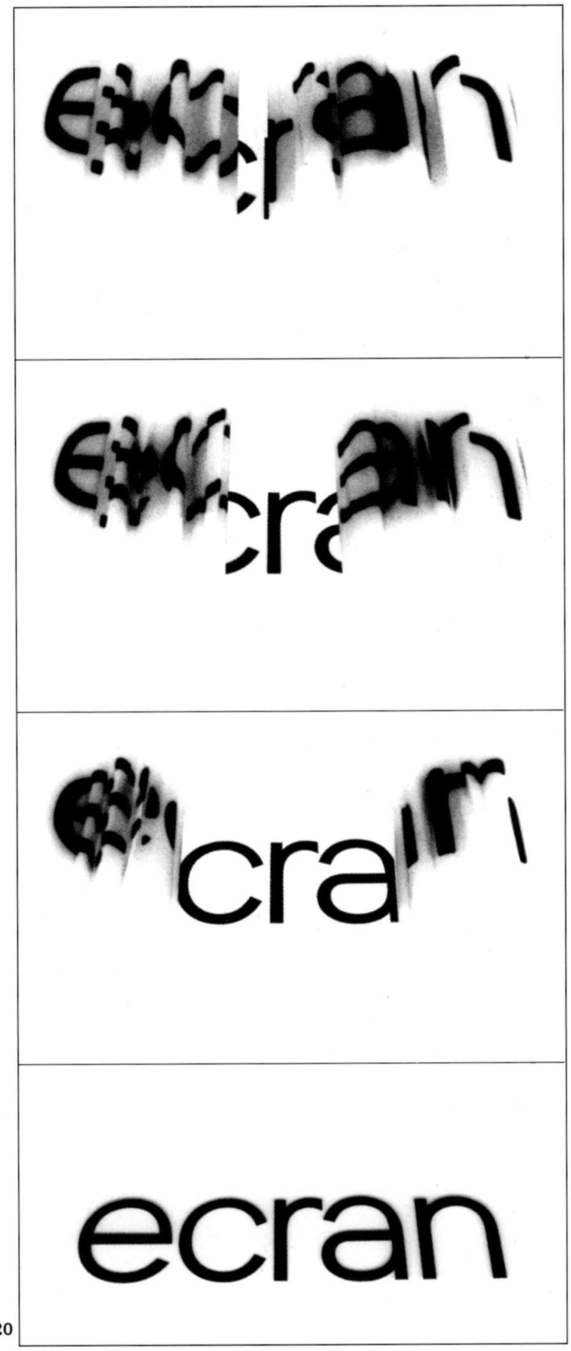

20

Cet extrait provenant d'un projet d'étudiant pour son diplôme a pour thème l'écran cinématographique.
La signification portée par ce scénario typographique s'anime dès que les lettres imitent le déplacement d'un rideau en train de s'ouvrir.

21

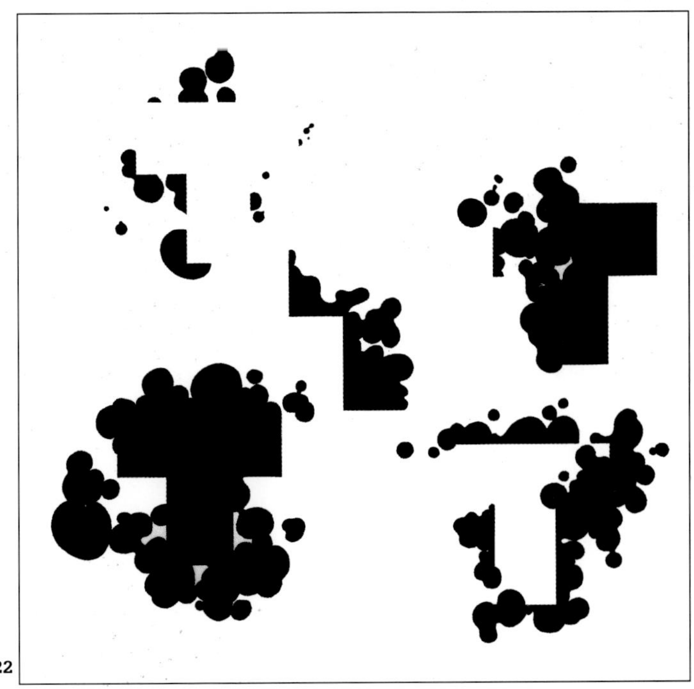

22

La lettre T est l'objet de cette étude formelle qui emploie des gouttes d'encre noire et le fond blanc pour rendre le caractère visible et invisible.

Associations libres

Bob Aufuldish et Kathy Warinner ouvrent leur studio de création en 1991 près de San Francisco. Leur fonderie de polices numériques, fontBoy (www.fontboy.com) verra le jour début 1995 dans le but de diffuser leurs caractères et ornements typographiques, ceux-ci traduisant une exploration du modernisme baroque.

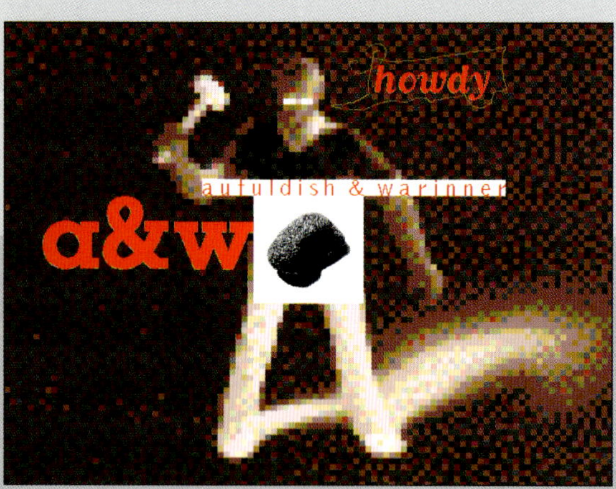

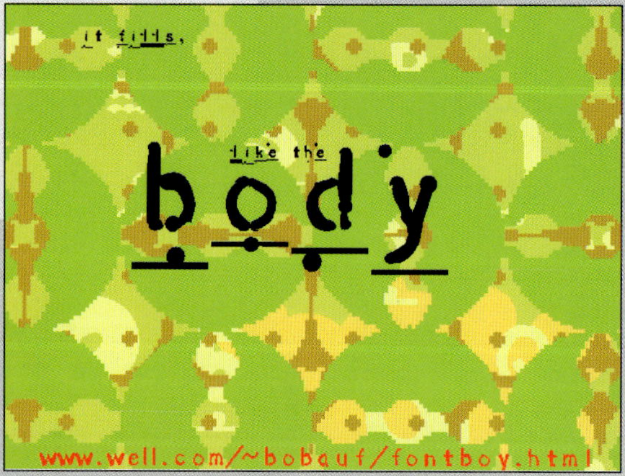

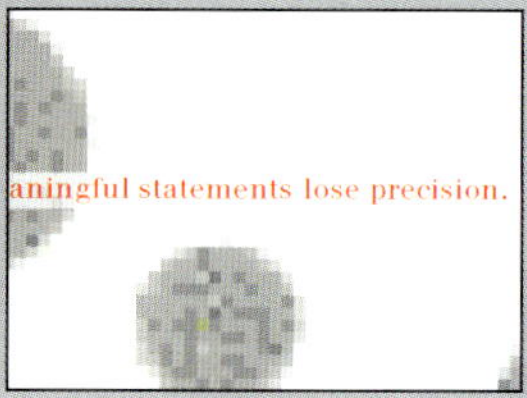

Ce portfolio numérique présente l'œuvre de Aufuldish & Wariner. Livrets de CD (réels ou imaginaires) et autres réalisations sur papier sont montrés de manière à exposer le mode de réflexion appliqué aux projets interactifs par ces deux graphistes.

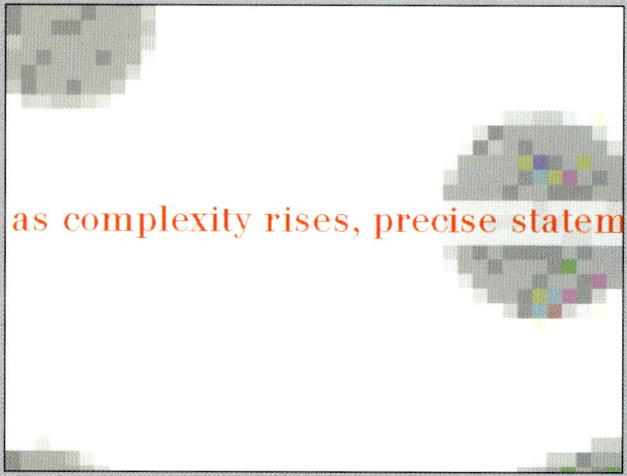

L'interface suppose que l'utilisateur est curieux et doué d'une certaine intuition. Chaque partie est accessible dans n'importe quel ordre et chaque projet fait l'objet d'une séquence d'animation séparée. Ces deux pages reprennent quelques-unes des vues utilisées.

1

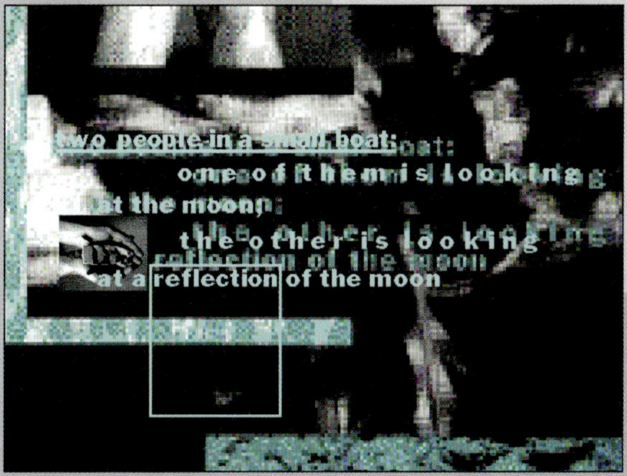

L'économiseur d'écran n'a plus vraiment de raison d'être puisque les moniteurs d'ordinateur sont aujourd'hui fabriqués pour supporter l'éclairage intensif des pixels. Alors, comment peut-on le repenser maintenant qu'il est obsolète ? Doit-il susciter l'inspiration ou poser des questions ? Mettre en lumière la frustration inhérente au travail ou donner l'impression d'être en défaut ?

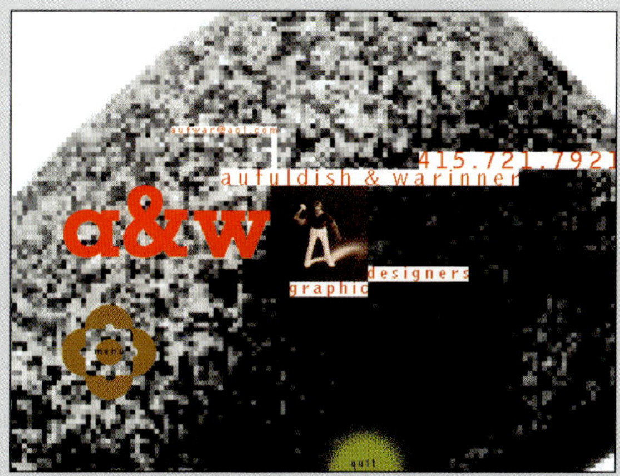

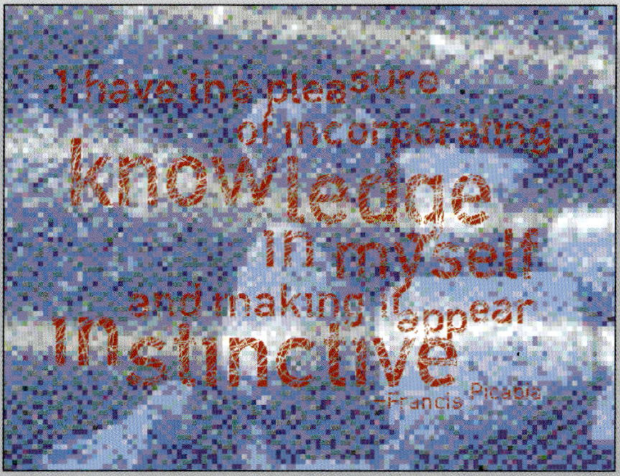

L'économiseur d'écran de fontBoy utilise neuf citations extraites de l'essai de Mark Bartlett, *Beyond the Margins of the Page* (Au-delà des marges de la page), sur l'importance culturelle du graphisme. Combinées à une bande son de ronflements, les citations s'inscrivent au hasard dans l'écran dans sept polices différentes, dont deux illisibles.

1. TITRE *Portfolio A&W* · FORMAT Support numérique · PAYS États-Unis · CLIENT Aufuldish & Warinner · DATE 1994-1996 CRÉATEUR Bob Aufuldish · SON Scott Pickering, Bob Aufuldish PROGRAMMATION Bob Aufuldish · SOCIÉTÉ Aufuldish & Warinner
2. TITRE *Économiseur d'écran fontBoy* · FORMAT Support numérique PAYS États-Unis · CLIENT fontBoy · DATE 1997 · CRÉATEUR Bob Aufuldish · TEXTES Mark Bartlett · SON Bob Aufuldish PROGRAMMATION David Karam, Dave Granvold · CRÉATEUR DES POLICES Bob Aufuldish, Kathy Warinner · SOCIÉTÉ Aufuldish & Warinner

Les citations apparaissent trop vite pour être lues d'un seul coup d'œil. Pourtant, avec le temps, comme elles reviennent toujours et encore, elles prennent un certain sens. Après tout, si l'économiseur d'écran fonctionne, cela ne veut-il pas dire que vous devriez être en train de travailler ?

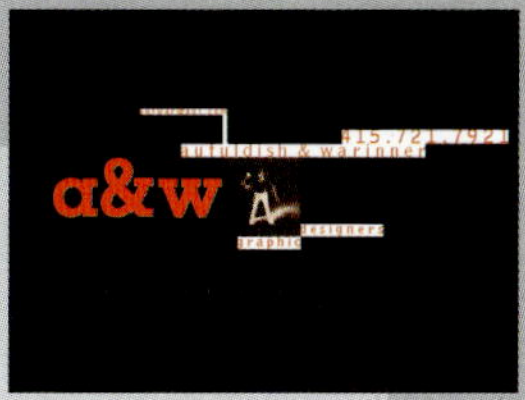

Théorie et fantaisie

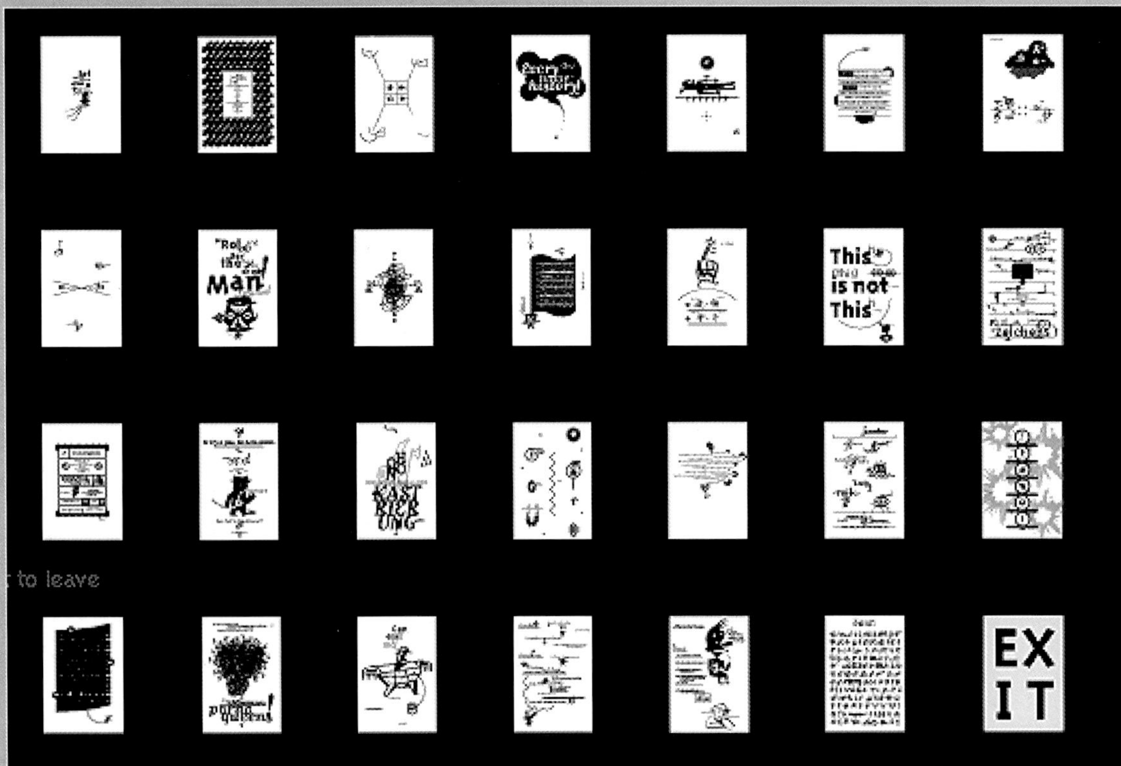

Selected Notes 2 ZeitGuys **est une œuvre collective qui vise à associer les ZeitGuys, série de 126 illustrations sous forme de police. Pour les relier, Mark Bartlett écrira un texte plein de jeux de mots sur les subtilités de la théorie française de la culture, puis Bob Aufuldish dessinera des pages à partir de cette écriture schématique.**

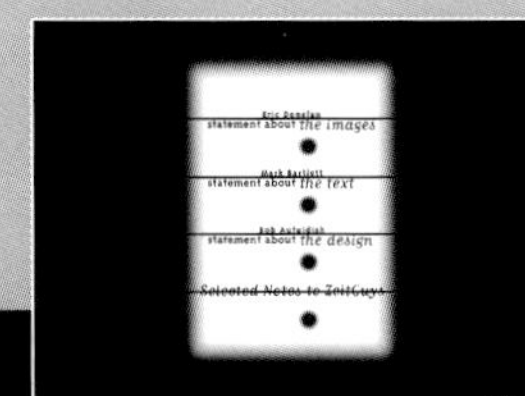

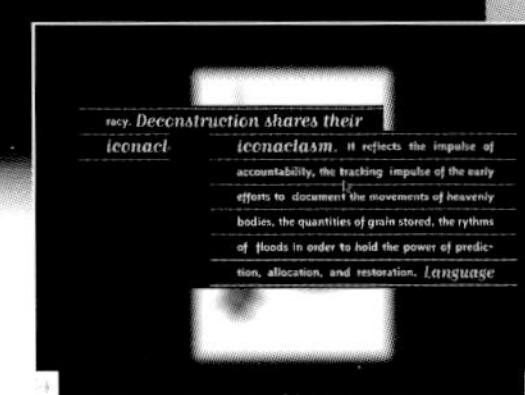

Le projet sera conçu au départ pour un support imprimé, mais la version à l'écran est très différente. Chaque page apparaît floue ; pourtant, grâce au déplacement de la souris dans l'écran, des éléments s'affichent avec netteté. Cette interface «surgissante» (ou «pop-up») rend évident le chemin de navigation dans la page : le curseur, via la souris, devient une métaphore de la méthode qui distille un sens à partir d'un texte confus (ou opaque) à cause des différents niveaux de signification.

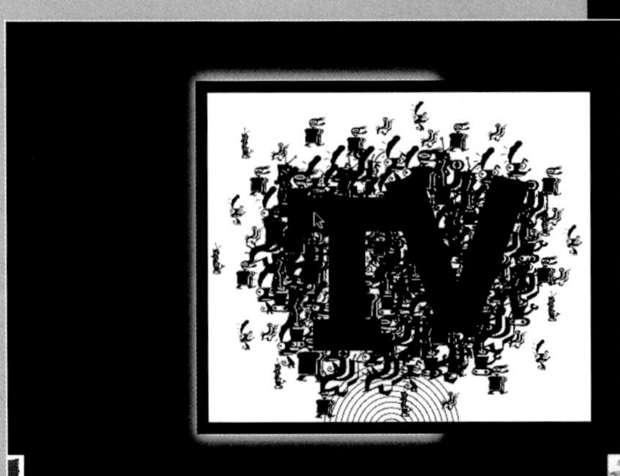

1

Ce dossier de presse interactif est destiné à la promotion du CD de Soul Coughing, *Ruby Vroom.* Il tente d'exprimer la personnalité excessivement loufoque du groupe à travers plusieurs couches de typographie sonore animée. Trois chansons sont mises en valeur : *Screenwriter's Blues, Blueeyed Devil* et *Down to This.* Chaque écran comprend des zones où s'affichent des images et des animations dès que le curseur passe dessus.

Navigation pop-up

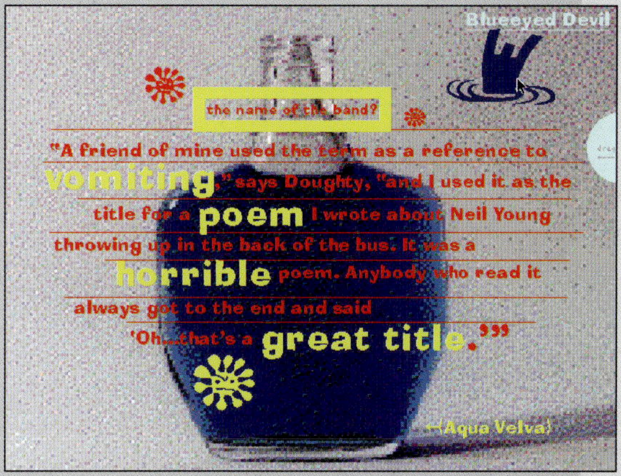

1. TITRE *Selected Notes 2 ZeitGuys* · FORMAT Support numérique · PAYS États-Unis · DATE 1994 · ÉDITEUR Center for Design Studies, Virginia Commonwealth University · CRÉATEUR Bob Aufuldish · TEXTES Mark Bartlett BRUITAGES Bob Aufuldish · PROGRAMMATION David Karam, Bob Aufuldish ICÔNES Bob Aufuldish, Eric Donelan · SOCIÉTÉ Aufuldish & Warinner

2. TITRE *Soul Coughing Interactive Press Kit* · FORMAT Support numérique PAYS États-Unis · CLIENT Warner Brothers Records · DATE 1995 · DIRECTEUR DE LA CRÉATION Jeri Heiden, Warner Brothers Records · DIRECTEUR ARTISTIQUE Kim Biggs, Warner Brothers Records · DIRECTEUR ARTISTIQUE/ GRAPHISTE Bob Aufuldish · MUSIQUE Soul Coughing · PROGRAMMATION David Karam, Bob Aufuldish · SOCIÉTÉ Aufuldish & Warinner

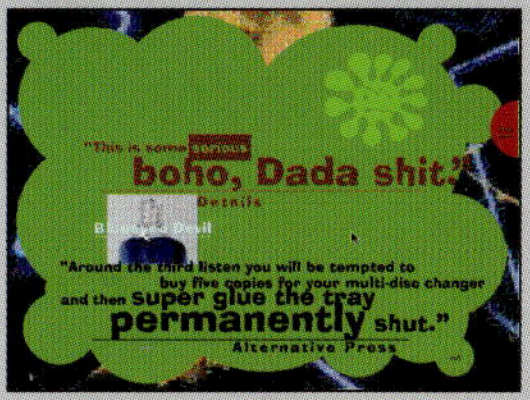

2

Le dossier contient des informations de natures diverses susceptibles de rendre confuses la structure et la navigation. L'interface résout le problème par le fenêtrage : quand le curseur se déplace dans l'écran, de petites animations typographiques cachées apparaissent. De plus, de grands blocs de texte sont stockés sur le côté des écrans importants, et peuvent être déplacés dans l'image pour y être lus.

Écran contre papier

Professeur de graphisme à l'école des Beaux-Arts du California Institute of the Arts, Michael Worthington dirige également le laboratoire Macintosh. Dans le cadre de sa société Worthington Design, il réalise des créations typographiques et artistiques à la fois sur papier et sur écran. Son travail a fait l'objet de publications internationales.

1

La thèse de Worthington pour son diplôme des Beaux-Arts à CalArts explore les possibilités de la typographie dans des environnements numériques. Au cours de cette présentation autonome sur écran, un commentaire en voix off aborde d'abord les diverses caractéristiques associées à la typographie d'imprimerie tandis que des éléments typographiques s'ajoutent les uns aux autres.

Alors que sur l'écran la communication imprimée traditionnelle d'une présentation démonstrative claire devient un espace navigable totalement prenant aux superpositions multiples, le narrateur présente des idées et des critères à appliquer aux caractères dans le cadre d'environnements intégralement numériques, comme les sites Web et le multimédia.

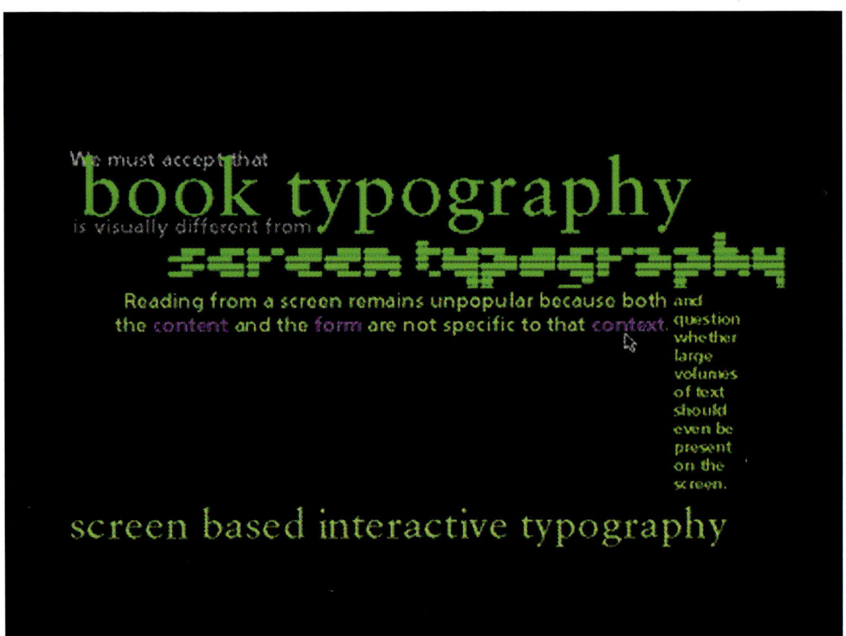

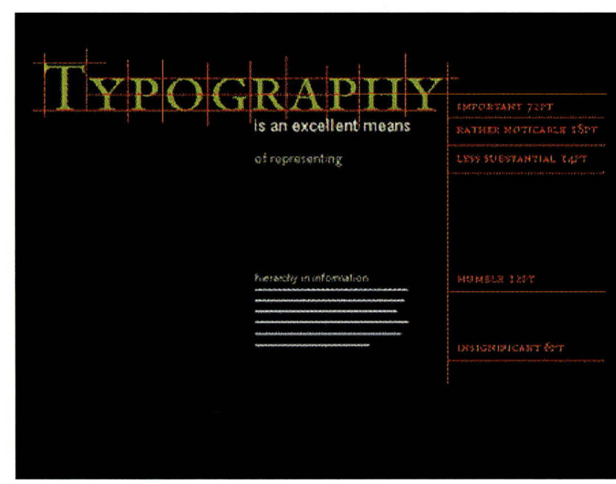

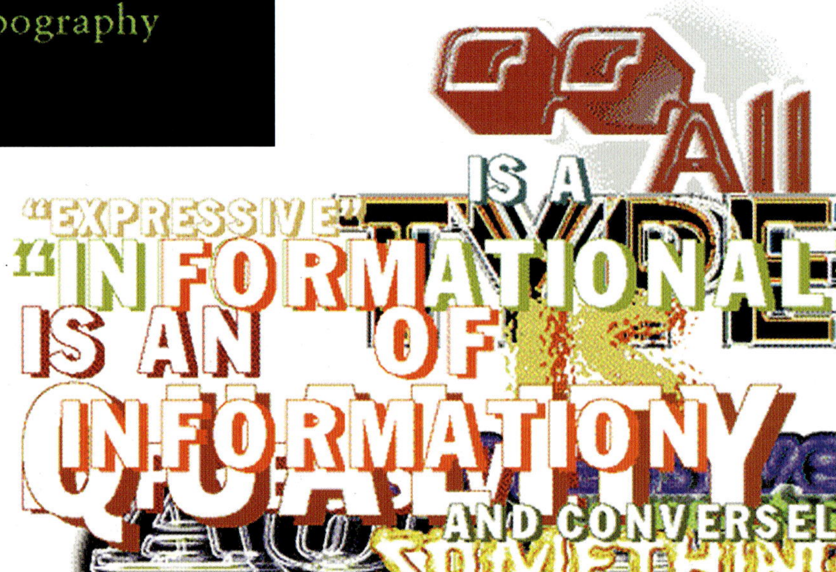

1. TITRE *Hypertype* · FORMAT Support numérique · PAYS États-Unis · DATE 1995
CRÉATEUR Michael Worthington · UNIVERSITÉ California Institute of the Arts
2. TITRE *Typewriter Website* · FORMAT Support numérique · PAYS États-Unis
DATE 1997 · CRÉATEUR Michael Worthington · SOCIÉTÉ Worthington Design

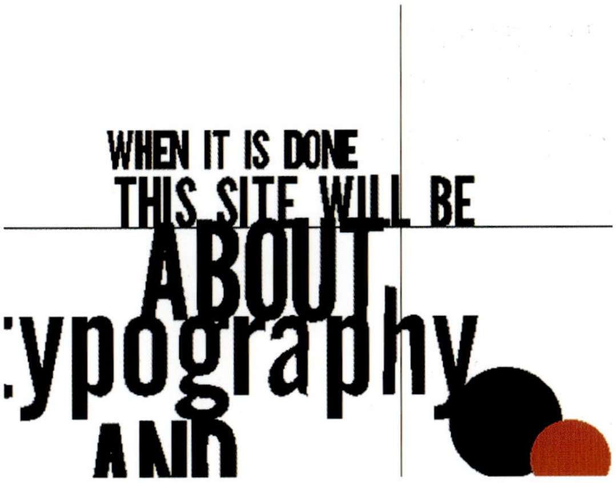

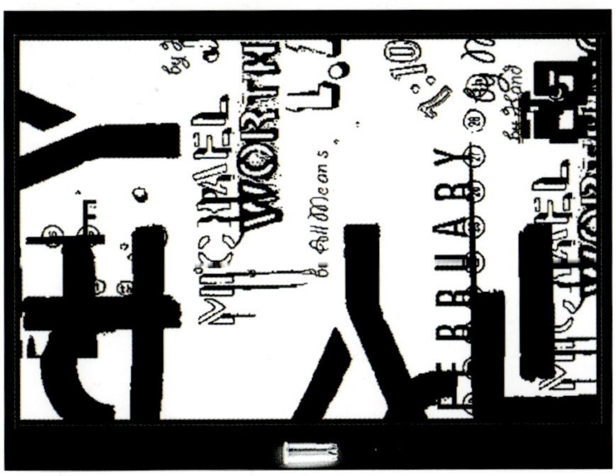

Typewriter **est un site Web qui traite de typographie, de design, de graphisme et de littérature. Parmi les nombreuses expériences consultables sur ce site, se trouvent des animations conçues pour la fonderie de caractères Cookin' Fonts.**

5 [Environnement]

Dans les années 1990, l'explosion des technologies numériques conviviales et la croissance extraordinaire d'Internet ont repoussé les limites de l'expérimentation et ouvert la voie à de nouvelles adaptations. Ce chapitre traite des environnements – physiques et virtuels – au sein desquels s'accommodent des dessins de lettre ordinairement plats, frontaux et statiques. Il s'agit par exemple des espaces, surfaces, niveaux et structures que les utilisateurs et lecteurs traversent et manipulent. L'ergonomie y joue un rôle car les développeurs s'efforcent d'inventer des moyens pour que les hommes puissent interagir avec – et pénétrer – la fusion qui s'opère entre le langage typographique et la technologie numérique.

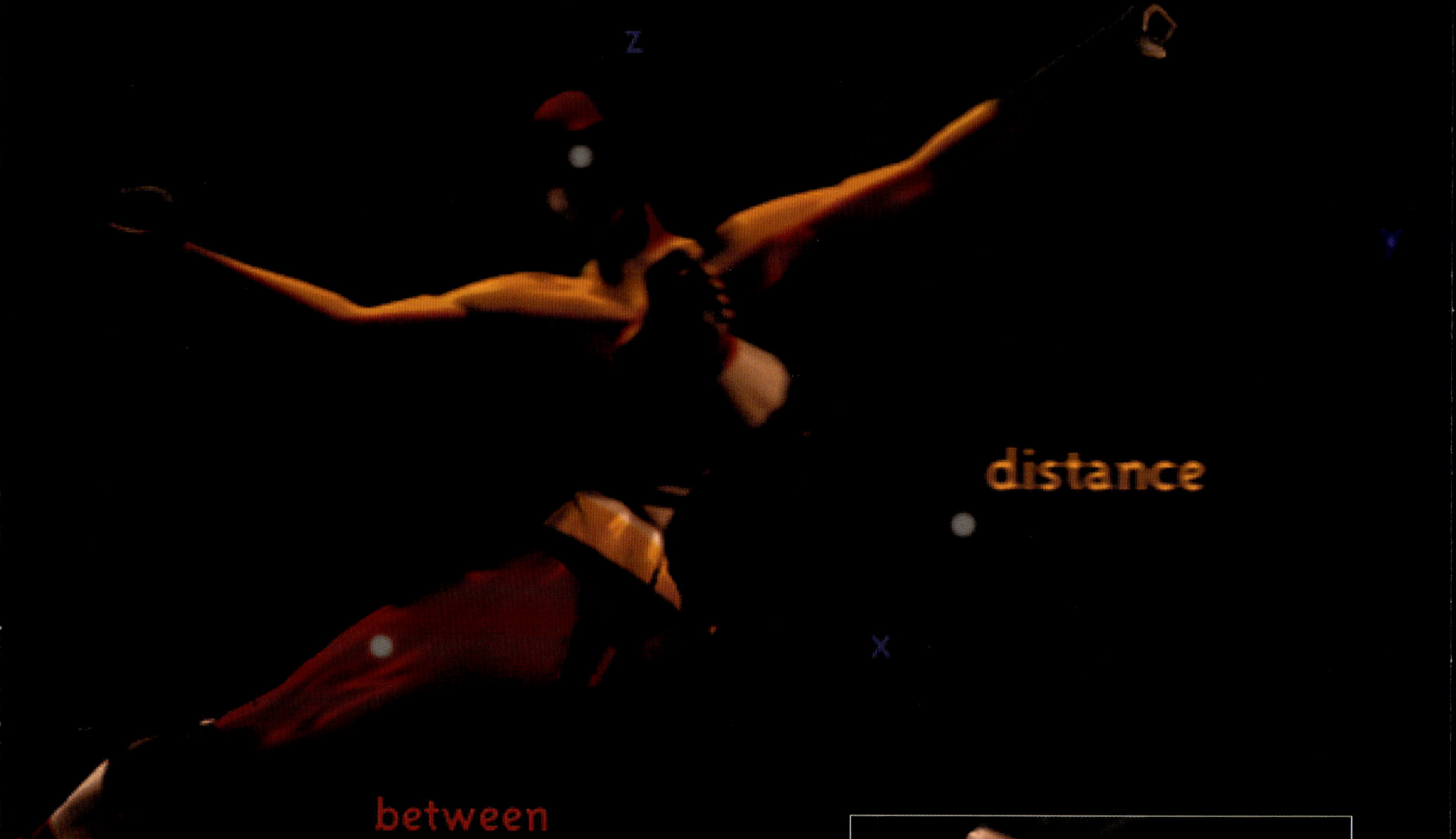

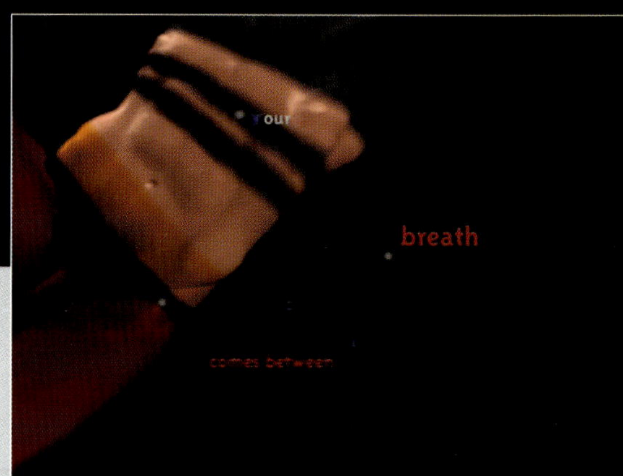

1 

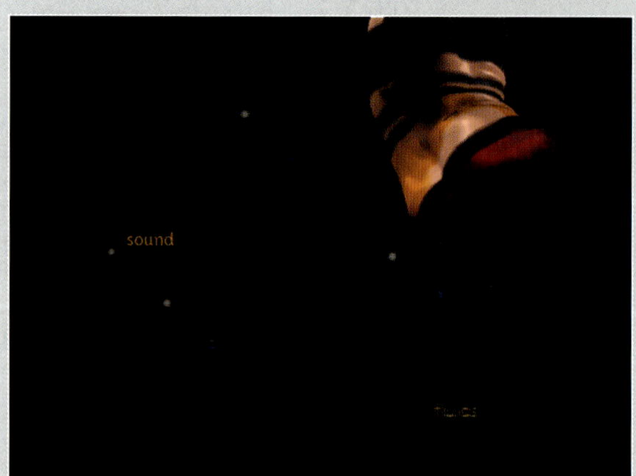

Electric Body – qui fait partie d'une série en cours consacrée à l'étude des danseurs cyber-humains et des espaces virtuels – est une œuvre chorégraphique interactive qui utilise un plancher tactile conçu avec une interface musicale MIDI. Le déplacement du danseur déclenche des sons et des projections de cyber-humains animés qui réagissent aux improvisations du danseur.

Ce travail, tout en s'attachant aux sujets fondamentaux que sont l'interactivité, la typographie, le son et l'improvisation, cherche à mettre en œuvre une méthode conduisant à une investigation conjointe des mondes liés par la technologie.

La typographie dansée

Shy.Grrl.Flux est un groupe de réflexion interdisciplinaire qui s'intéresse aux relations entre la création, les femmes et la culture. A travers une activité consacrée au graphisme, au design et à l'écriture, Shy.Grrl soutient et encourage de nombreux projets.

1. TITRE *Electric Body* · FORMAT Vidéo, performance · PAYS Portugal DATE 1997 · CRÉATEUR Katie Salen · SON/SCÉNOGRAPHIE Russell Pinkston CHORÉGRAPHE Yacov Sharir
2. TITRE *Série CyberHuman Dance: Hollow Ground* · FORMAT Vidéo, performance · PAYS États-Unis · DATE 1996 · CRÉATEURS Katie Salen, Nate Pagel, Paulus Trisnadi · COMPOSITEUR Tom Lopez · CHORÉGRAPHE Yacov Sharir
3. TITRE *Séquence de titre Shy.Grrl.Flux* · FORMAT Vidéo · PAYS États-Unis DATE 1997 · CRÉATEUR Katie Salen · SOCIÉTÉ Shy.Grrl.Flux

2

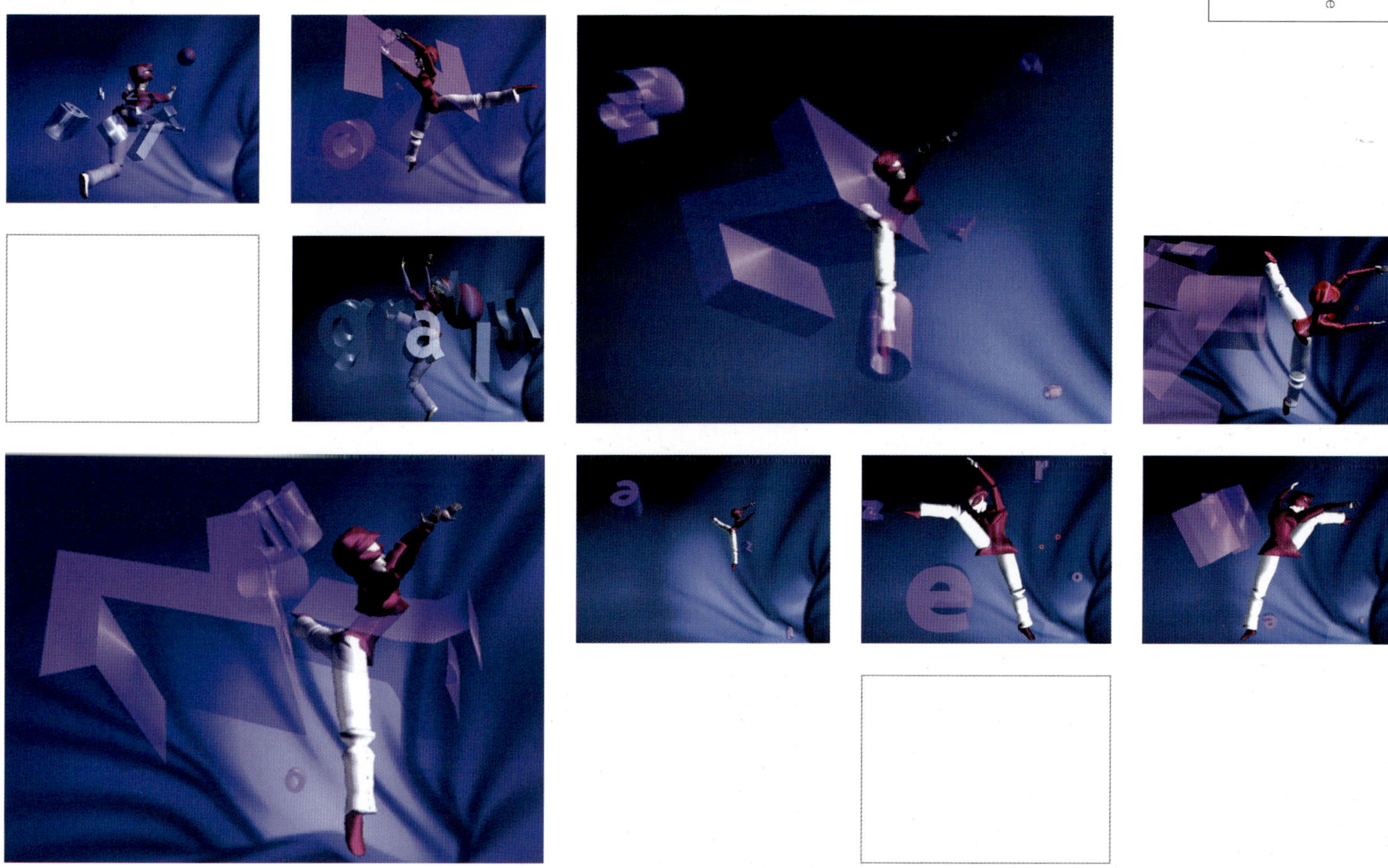

3

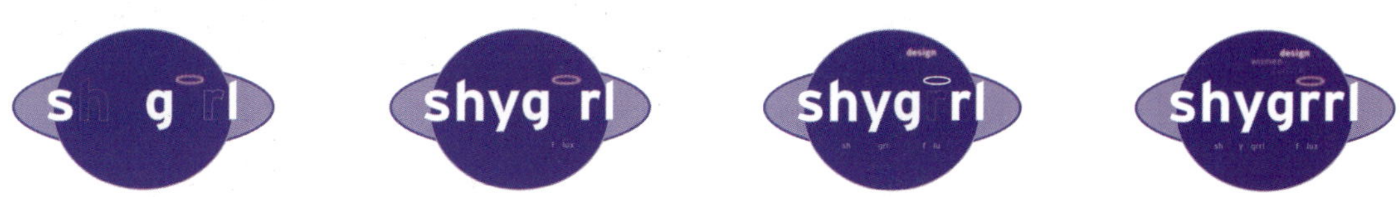

1

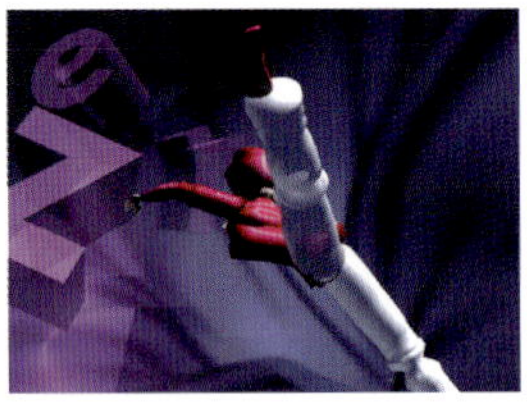

Hollow Ground **est une performance expérimentale qui met en scène des corps virtuels et des éléments typographiques. Les danseurs partagent la scène avec des images projetées de cyber-humains dont la chorégraphie obéit à la gravité zéro propre à leur univers virtuel.**
Des lettres flottent librement dans l'espace et incitent à prendre en compte de nouvelles idées quant au comportement d'un corps typographique et à son expression à travers le mouvement.

Exploration et découverte

Zed est une publication trimestrielle consacrée à l'étude du graphisme en tant qu'activité culturelle. Son but est de faire le lien entre le créateur, l'étudiant et l'enseignant et d'accueillir des opinions divergentes et de nouvelles voix, notamment celles de jeunes graphistes souhaitant publier leurs travaux et recherches dans un organe critique.

1. TITRE *CyberHuman Dance Series: Hollow Ground* · FORMAT Vidéo, performance · PAYS États-Unis · DATE 1996 · CRÉATEURS Katie Salen, Nate Pagel, Paulus Tisnadi · COMPOSITEUR Tom Lopez · CHORÉOGRAPHIE Yacov Sharir

2. TITRE *Z.2 Real World Design: The Role of the Experimental* · FORMAT Support numérique · PAYS États-Unis · ÉDITEUR Center for Design Studies, Virginia Commonwealth University · DATE 1995 · CRÉATEUR Katie Salen · MONTAGE Katie Salen

2

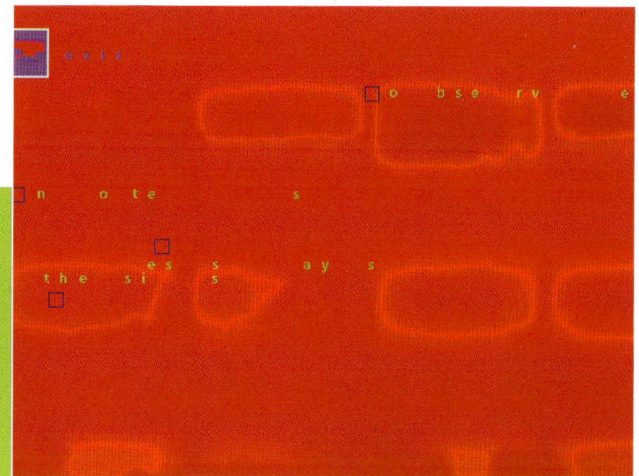

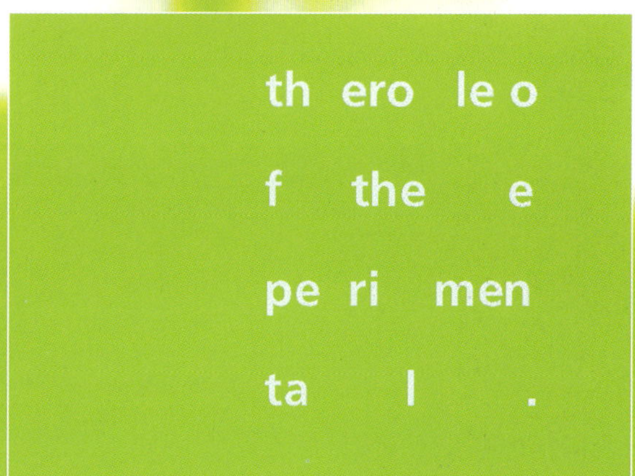

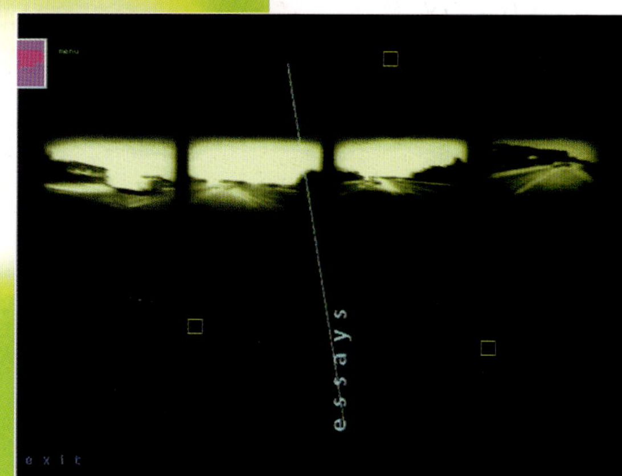

Voici l'interface du cédérom du numéro 2 de *Zed, Real World Design: the Role of the Experimental,* qui analyse la fonction et l'incidence de l'activité expérimentale dans le domaine du graphisme.

Les possibilités de navigation et la structure visuelle de l'interface soulignent le rôle de l'expérimental comme moyen d'intervention. L'utilisateur est emporté en grande vitesse dans un paysage dont les

détails restent flous jusqu'à ce qu'il ralentisse. La souris de l'ordinateur devient ses yeux ; dans l'écran, elle balaie divers points d'arrêt dissimulés, qui ne présentent aucune information ou organisation définie

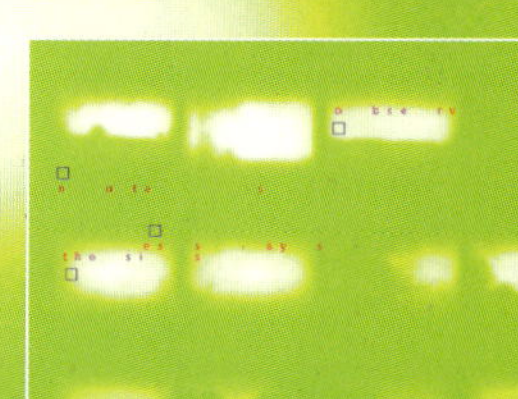

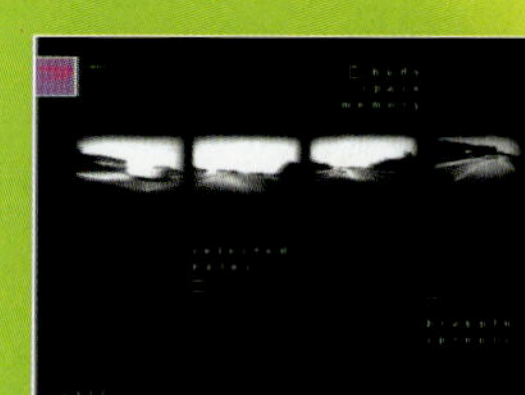

susceptible de préétablir un trajet particulier. Les utilisateurs de cette interface doivent réadapter leur méthode de lecture tandis qu'ils passent presque imperceptiblement de la normalité à l'inattendu.

Surréalisme numérique

Post Tool Design, société californienne fondée en 1993 par David Karm et Gigi Biederman, est spécialisée «dans l'étrange et le beau» au travers de produits numériques peuplés de caractères surréalistes, d'objets organiques, de lettres en trois dimensions et de palettes de couleurs venues d'un autre monde.

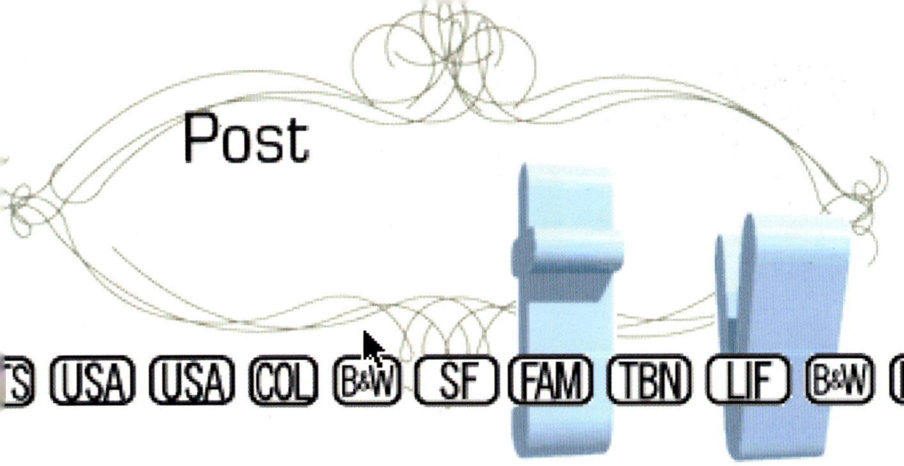

L'interface du cédérom d'auto-promotion de Post Tool, *Post TV*, génère l'arrière-plan de cette page. Le voyageur arrivant dans cet univers numérique est accueilli par les volumes pivotants des lettres T et V, sur une bande son apaisante caractéristique de l'ambiance. Il peut choisir entre une large sélection des projets de Post Tool ou un mode expérimental lui permettant de redécorer l'interface via plusieurs outils. L'un de ces outils transforme le pointeur de la souris en pinceau numérique, étalant des spirales colorées et des lettres dans l'environnement de visualisation.

1

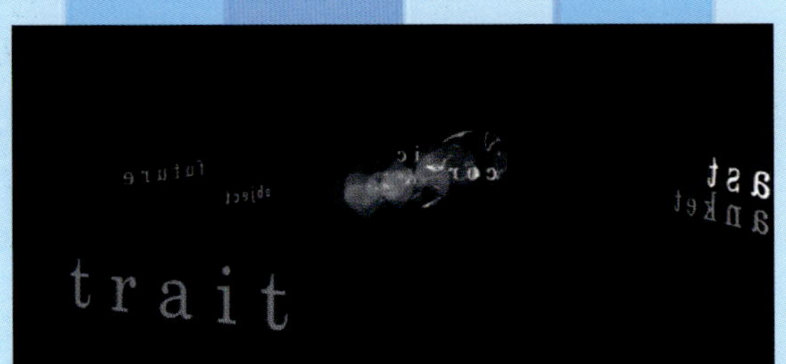

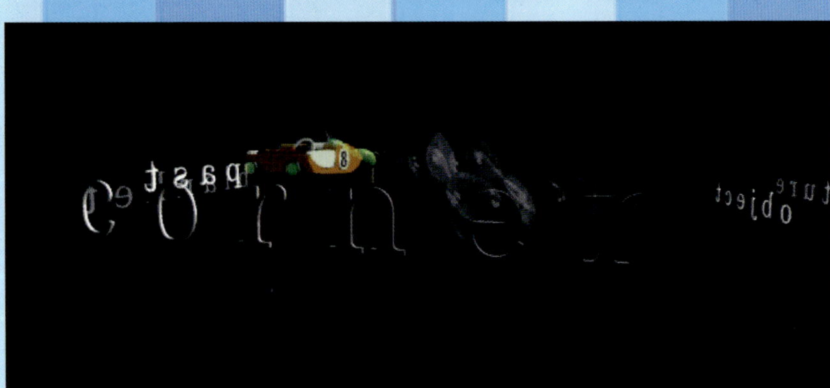

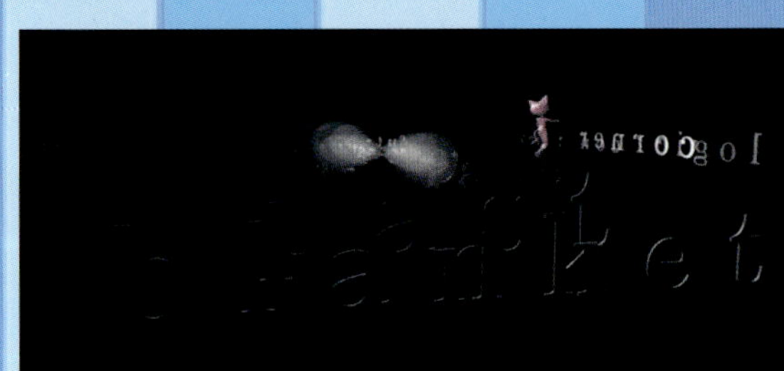

2

Les images présentées ici sont extraites de *Cardinal Directions*, une vidéo qui s'inspire de la notion amérindienne des points cardinaux.

Au centre de cet environnement sombre, se trouvent des groupes d'objets transparents semblables à des ballons et autour desquels des lettres en volume décrivent une orbite. Celles-ci forment quatre groupes de mots dont l'objectif est de susciter la réflexion quant à la signification des points cardinaux : sentiment, passé, logique, futur ; objet, trait, couverture, angle ; demande, niveau, mesure, promesse ; guide, surface, état, clair.

1. TITRE *Cédérom d'auto-promotion Post TV* · FORMAT Support numérique · PAYS États-Unis · CLIENT Post Tool Design · DATE 1996-1997 · CRÉATEURS David Karam, Gigi Biederman · RÉALISATION SONORE ET CONCEPT Tom Bland · CONTRIBUTIONS Margaret Crane, Todd Hido, Terbo Ted · SOCIÉTÉ Post Tool Design (Entertainment Division)

2. TITRE *Cardinal Directions* · FORMAT Vidéo · PAYS États-Unis · CLIENT Post Tool Design · DATE 1997 · CRÉATEURS David Karam, Gigi Biederman · ILLUSTRATIONS DU FILM Stella Lai · SOCIÉTÉ Post Tool Design

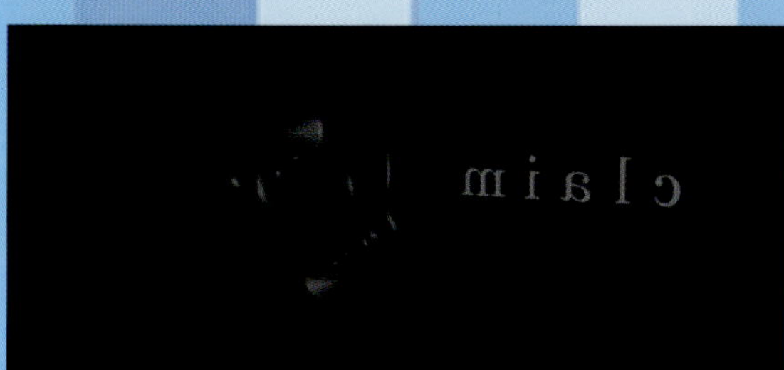

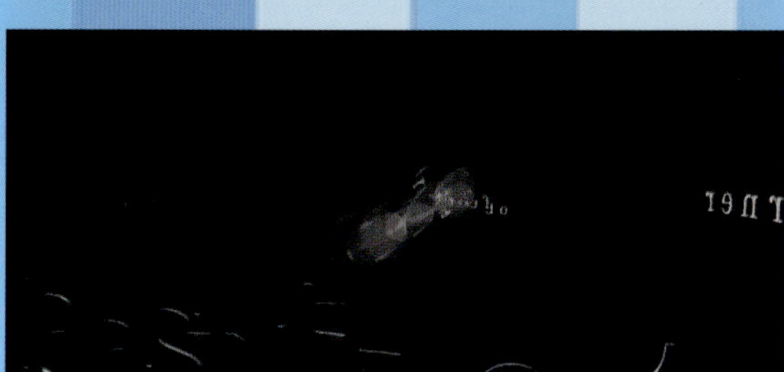

Au centre d'un laboratoire informatique par ailleurs ordinaire : un jardin d'un demi mètre carré. L'eau vive coule en une suite de cascades et tombe dans un bassin rayonnant ; des mots enchevêtrés sont projetés sur la surface de l'eau, bougeant comme s'ils étaient entraînés par le flot. Le visiteur est autorisé à mettre la main dans l'eau, obstruer le flot ou agiter les mots. Ces derniers peuvent alors grossir, se diviser et se métamorphoser en d'autres mots qui sont avalés par une évacuation avant de revenir en haut de la pente et de la dévaler à nouveau.

The Stream of Consciousness **utilise une interface d'ordinateur appelée Liquid Haptics qui ne nécessite ni clavier ni souris. C'est la main humaine qui crée l'interaction avec les données d'origine informatique par un contact direct avec celles-ci, telles qu'elles apparaissent à l'écran ou en projection.**

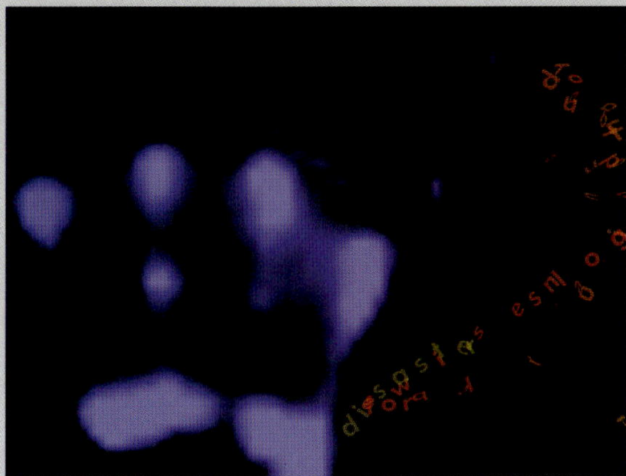

Ergonomie

Sous la direction de John Maeda, le groupe ACG (Esthétique et informatique) du MIT réunit des créateurs et des ingénieurs qui étudient la relation entre la forme visuelle et les différents moyens de perception, afin d'optimiser le graphisme destiné aux interfaces homme-machine. Tom White et David Small, chercheurs de l'ACG, se consacrent à la création de nouvelles interfaces informatiques plus réactives et faciles à manipuler que la souris traditionnelle, souvent rebelle.

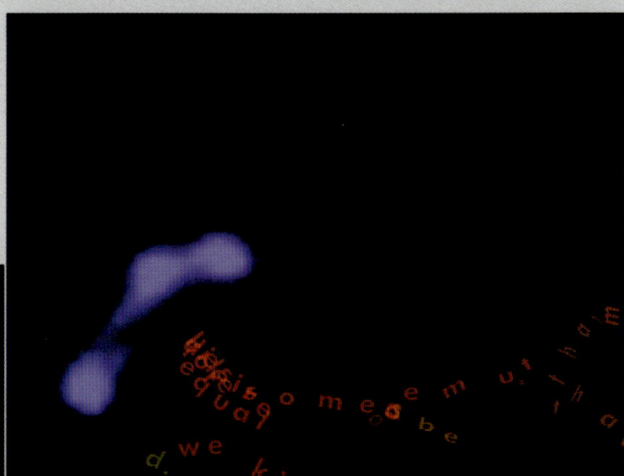

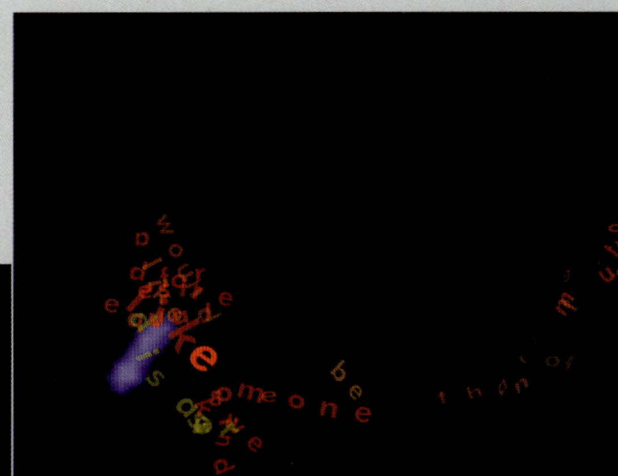

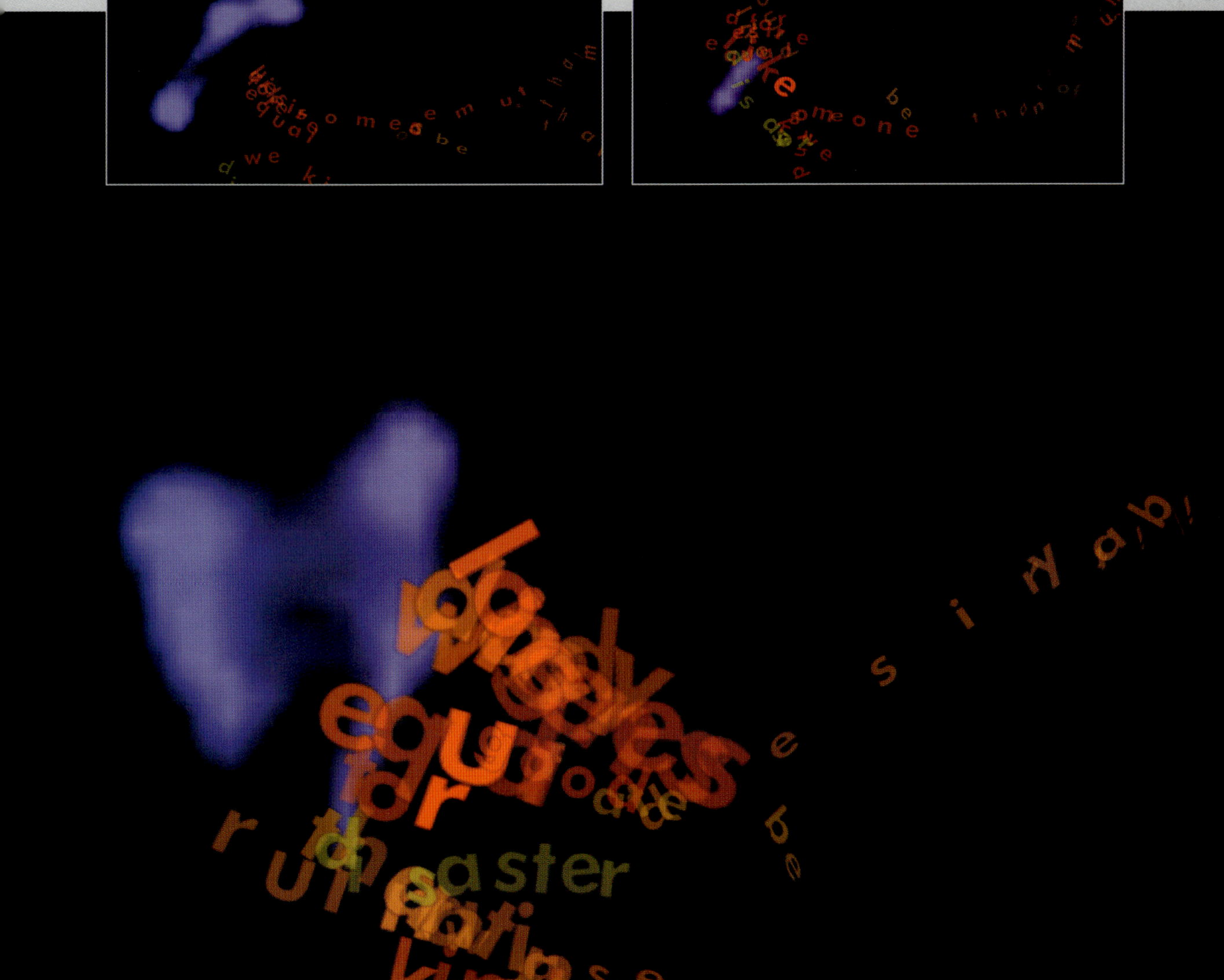

TITRE *The Stream of Consciousness : un jardin poétique interactif*, ®1997 MIT · FORMAT Média mixte · PAYS États-Unis DATE 1997 · RÉALISATEURS INFORMATIQUES Tom White et David Small · DIRECTEUR DU PROJET John Maeda · UNIVERSITÉ Aesthetics and Computation Group, Massachusetts Institute of Technology Media Laboratory · FINANCEMENT (partiel de) Things That Think et News in the Future Consortia, MIT Media Laboratory · PHOTOGRAPHIE page 150 : ©1997 Webb Chappell

THESEUS
Go, Philostrate,
Stir up the Athenian youth to merriments.
Awake the pert and nimble spirit of mirth.
Turn melancholy forth to funerals
The pale companion is not for our pomp.

[[Exit Philostrate]]
Hippolyta, I wooed thee with my sword,
And won thy love doing thee injuries.
But I will wed thee in another key
With pomp, with triumph, and with revelling.

[Enter Egeus and his daughter Hermia, and Lysanderand Demetrius]

EGEUS
Happy be Theseus, our renowne d Duke.

THESEUS
Thanks, good Egeus. What 's the news with thee?

EGEUS
Full of vexation come I, with complaint
Against my child, my daughter Hermia.
Stand forth Demetrius. My noble lord,
This man hath my consent to marry her.
Stand forth Lysander. And, my gracious Duke,
This hath bewitched the bosom of my child.
Thou, thou, Lysander, thou hast given her rhymes,
And interchanged love tokens with my child.
Thou hast by moonlight at her window sung
With feigning voice verses of feigning love,
And stol ' n the impression of her fantasy
With bracelets of thy hair, rings, gauds, conceits,
Knacks, trifles, nosegays, sweetmeats messengers
Of strong prevailment in unhardened youth.
With cunning hast thou filched my daughter 's heart,
Turned her obedience which is due to me
To stubborn harshness. And, my gracious Duke,
Be it so she will not here before your grace
Consent to marry with Demetrius,
I beg the ancient privilege of Athens:
As she is mine, I may dispose of her,
Which shall be either to this gentleman
Or to her death, according to our law
Immediately provided in that case.

THESEUS
What say you, Hermia? Be advised, fair maid.
To you your father should be as a god,
One that composed your beauties, yea, and one
To whom you are but as a form in wax,
By him imprinted, and within his power
To leave the figure or disfigure it.
Demetrius is a worthy gentleman.

HERMIA
So is Lysander.

THESEUS
In himself he is,
But in this kind, wanting your father 's voice,
The other must be held the worthier.

HERMIA
... my father looked but with my eyes.
...ment look.

... originally performed between more serious ...
pieces. The interlude originated in medieval times,
to provide light entertainment between morality or
mystery plays.

... the Duke and the Duchess on his wedding day ... to play in our interlude
at night.

BOTTOM
First, good Peter Quince, say what the play treats on; then read the names of the actors; and so grow to a point.

QUINCE
Marry, our play is
[The Most Lamentable Comedy]
and Most Cruel Death of Pyramus and Thisbe.

BOTTOM
A very good piece of work, I assure you, and a merry. Now, good Peter Quince, call forth your actors by the scroll. Masters, spread yourselves.

QUINCE
Answer as I call you. Nick Bottom, the weaver?

BOTTOM
Ready. Name what part I am for, and proceed.

QUINCE
You, Nick Bottom, are set down for Pyramus.

BOTTOM
What is Pyramus? A lover or a tyrant?

QUINCE
A lover, that kills himself most gallant for love.

BOTTOM
That will ask some tears in the true performing of it. If I do it, let the audience look to their eyes. I will move stones. I will condole, in some measure. To the rest. Yet my chief humour is for a tyrant. I could play `erc ' les rarely, or a part to tear a cat in, to make all split.
The raging rocks
And shivering shocks
Shall break the locks
Of prison gates,
And Phibus ' car
Shall shine from far
And make and mar
The foolish Fates.
This was lofty. Now name the rest of the players.
This is `erc 'les ' vein, a tyrant 's vein. A lover is more condoling.

QUINCE
Francis Flute, the bellows-mender?

FLUTE
Here, Peter Quince.

QUINCE
Flute, you must take Thisbe on you.

FLUTE
What is Thisbe? A wand 'ring knight?

QUINCE
It is the lady that Pyramus must love.

FLUTE
Nay, faith, let not me play a woman. I have a beard coming.

QUINCE
That 's all one. You shall play it in a mask, and you may speak as small as you will.

BOTTOM
An I may hide my face, let me play Thisbe too. I 'll speak in a monstrous little voice: `Thisne. Thisne!' `Ah Pyramus, my lover dear, thy Thisbe dear and lady dear.'

...NCE
... must play Pyramus; and Flute, you

Shakespeare en 3D

David Small est détaché d'IBM au MIT, dans le groupe ACG (Esthétique et informatique) du Media Laboratory. Ses recherches portent essentiellement sur la typographie dynamique dans des paysages en trois dimensions et sur la conception d'environnements informationnels complexes. Il sera ainsi amené à construire des interfaces physiques originales afin de manipuler des objets virtuels contenant des éléments textuels importants tels que l'ensemble des pièces de théâtre de Shakespeare ou un essai d'Emmanuel Levinas sur le Talmud intégrant un réseau très dense de référence à la Torah.

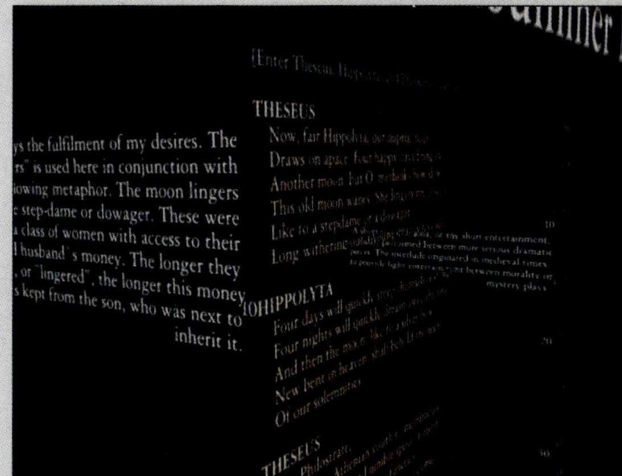

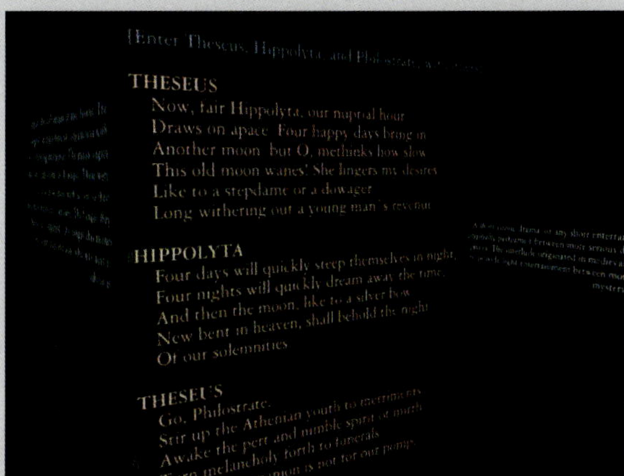

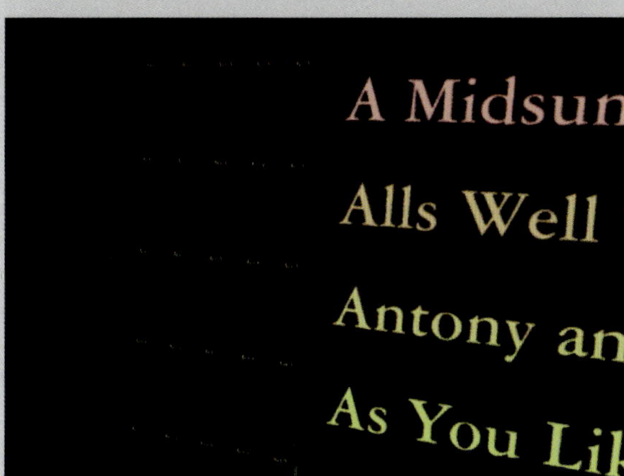

Dans ces exemples, les notes de bas de page (leur appellation relevant davantage de leur emplacement que de leur fonction) sont replacées en corrélation, et à 90°, avec le texte principal auquel elles se réfèrent. Ainsi, ne gênent-elles pas, tout en se trouvant à un endroit approprié et facilement accessible. Plusieurs interfaces seront utilisées pour permettre au lecteur de poser un œil virtuel sur tout le texte : une scène amovible représente l'orientation du texte, et un hélicoptère joue le rôle d'œil virtuel.

L'affichage classique d'informations sur un écran d'ordinateur est parfois décevant. Dans cette expérience graphique, un grand corps de texte – ici, le théâtre complet de William Shakespeare – accède à la visibilité. La typographie est conçue pour permettre un affichage dans des tailles très variées afin que l'utilisateur puisse se déplacer sans problèmes entre des vues détaillées et des vues générales de près d'un million de mots.

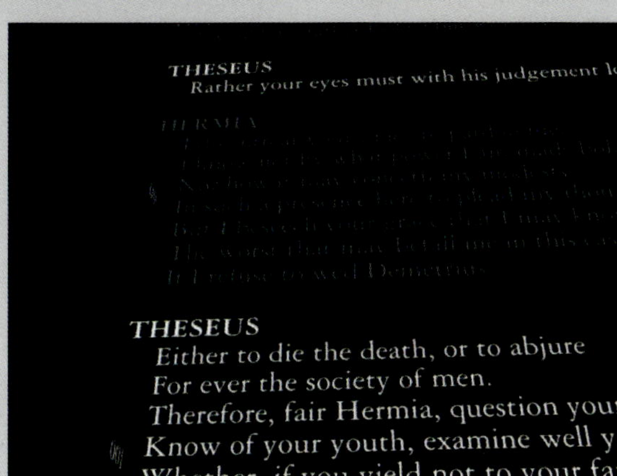

Des techniques de filtrage visuel aident à analyser le texte en offrant des tailles de texte très variées. De plus, le fait que la représentation de l'espace soit tridimensionnelle permet d'établir des liens complexes entre les différents éléments d'information.
De nouveaux modèles d'interactions sont explorés dant le but de faciliter la navigation dans un univers informationnel complexe et tridimensionnel.

TITRE *The Shakespeare Project*, ®1997 MIT · FORMAT Support numérique · PAYS États-Unis
DATE 1997 · RÉALISATION INFORMATIQUE David Small · RESPONSABLE DU PROJET John Maeda
UNIVERSITÉ Aesthetics and Computation Group, Massachusetts Institute of Technology Media Laboratory

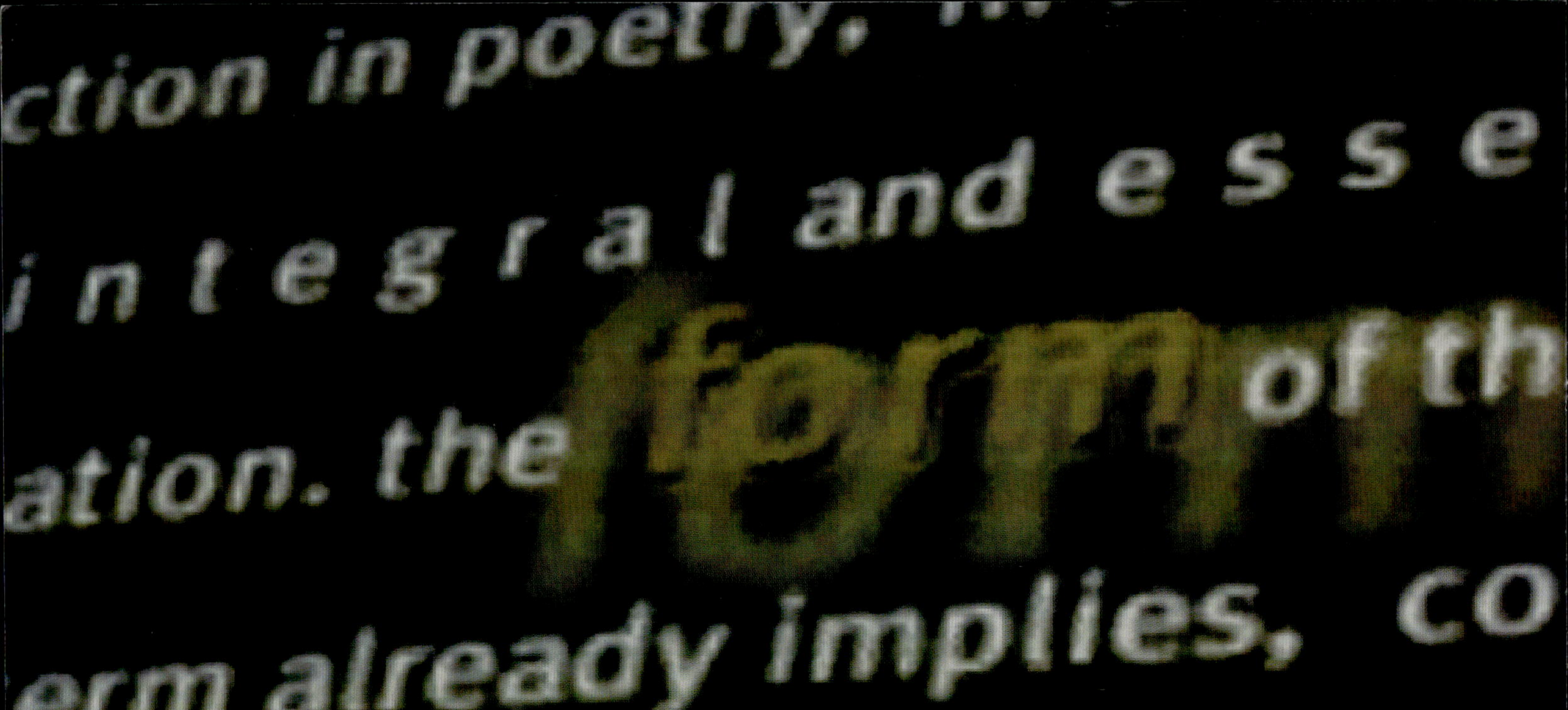

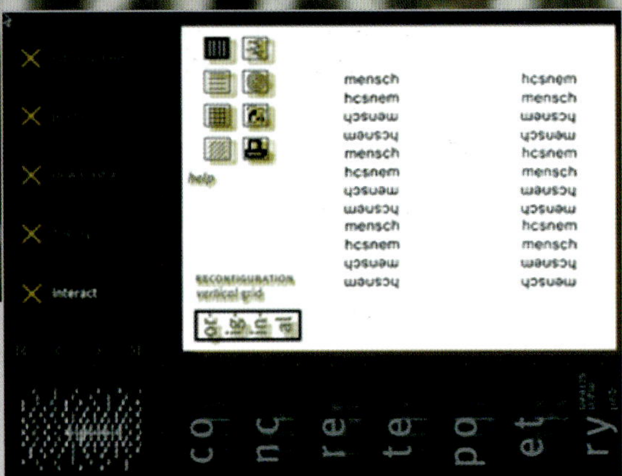

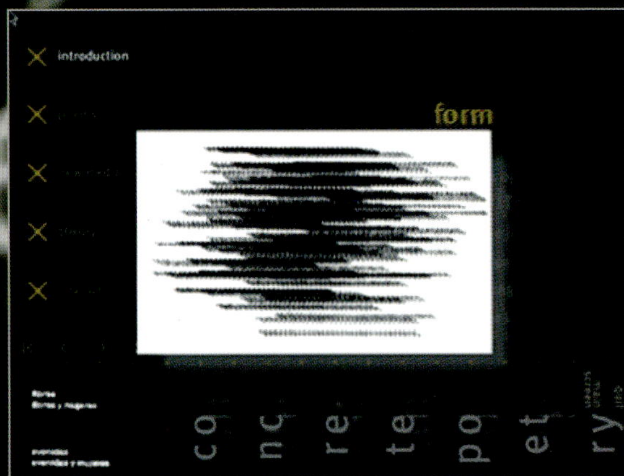

Ce projet vise à transformer la typographie statique en une forme dynamisée capable d'offrir de nouvelles possibilités d'interprétation visuelle des informations verbales.

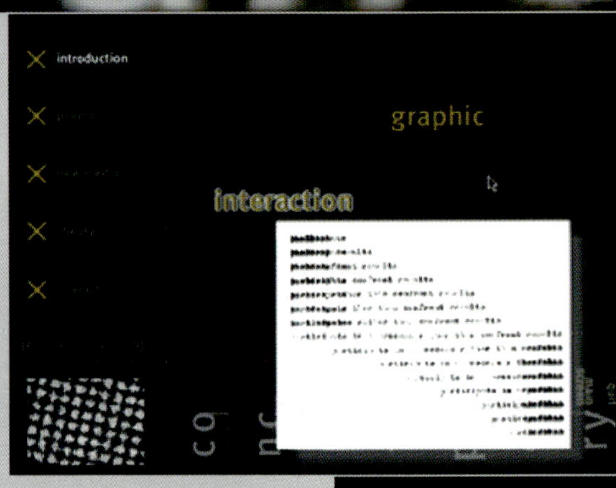

Les auteurs de poésie concrète considèrent la forme visuelle du poème comme partie intégrante et essentielle de son interprétation. La forme du poème est le poème. Son contenu se révèle à travers sa forme. La séquence multimédia interactive présentée ici, *Understanding Concrete Poetry*, est un produit de formation qui explique, interprète et reconfigure ce type de

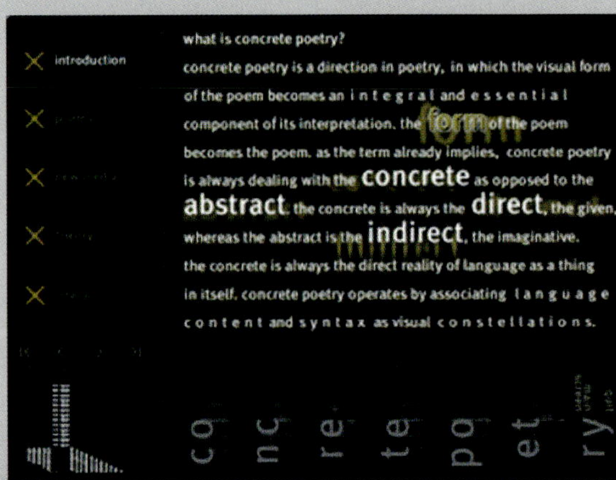

Le poème concret est à la base de cette démarche. L'interface utilisateur, très sobre, a été conçue à partir des structures graphiques propres à la poésie concrète.

Du liquide au concret

Thomas Mueller se consacre à la transformation de la typographie statique d'impression en ce qu'il appelle la *typographie liquide* : forme dynamisée que l'on retrouve dans ses environnements temporels et interactifs.

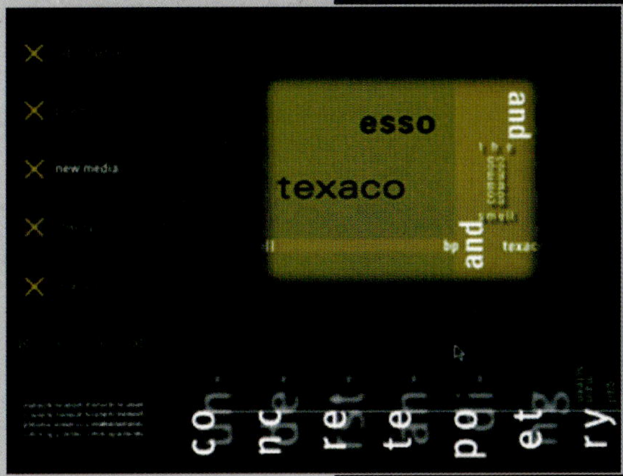

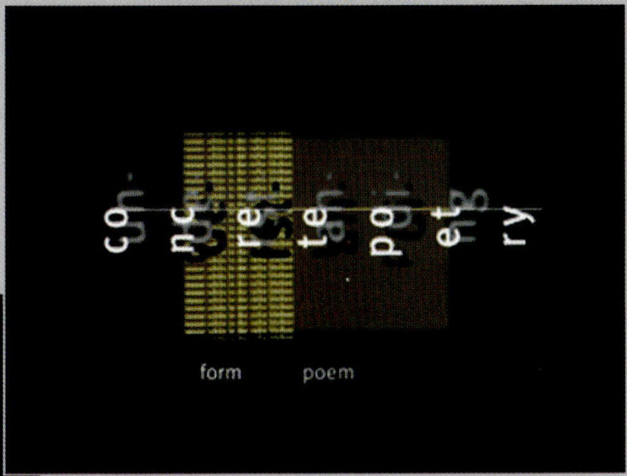

Les informations sur la poésie concrète font l'objet de cinq parties : de la théorie littéraire aux visualisations typographiques dynamiques de structures formelles, parfois complexes, de poèmes concrets.

Grâce aux divers outils, l'utilisateur peut modifier temporairement la forme d'un poème, et même animer le texte.

Un environnement spatio-temporel remplace boutons et menus pour permettre à l'utilisateur d'accéder intuitivement au sujet. L'interface propose une simultanéité d'accès à des exemples poétiques, classés par catégorie analytique ou selon une approche émotionnelle reposant sur la stimulation visuelle.

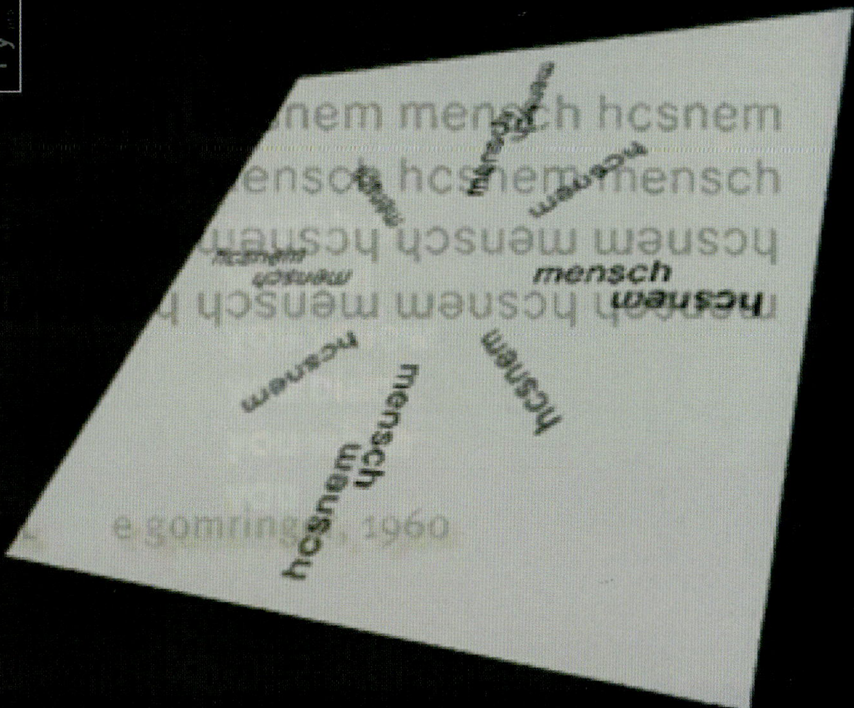

TITRE *Understanding Concrete Poetry* · FORMAT Support numérique · PAYS États-Unis · DATE 1995
CONCEPT, GRAPHISME, PROGRAMMATION, SON Thomas Mueller · PROFESSEURS CONSEILS April Greiman, Somi Kim, Simon Johnston, Peter Lunenfeld, Florian Brody · UNIVERSITÉ Art Center College of Design, Pasadena, Californie

Signifiants et signifiés

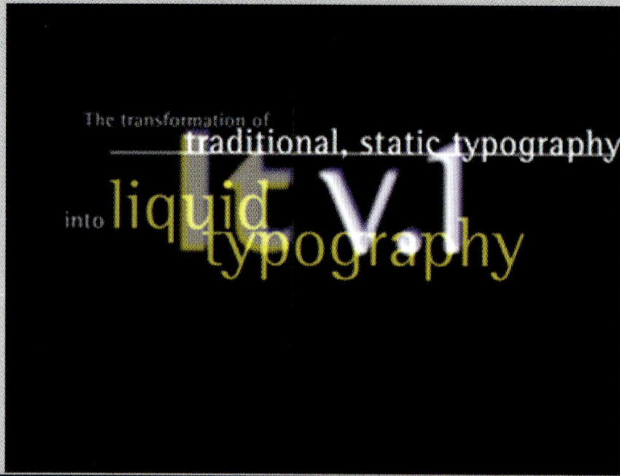

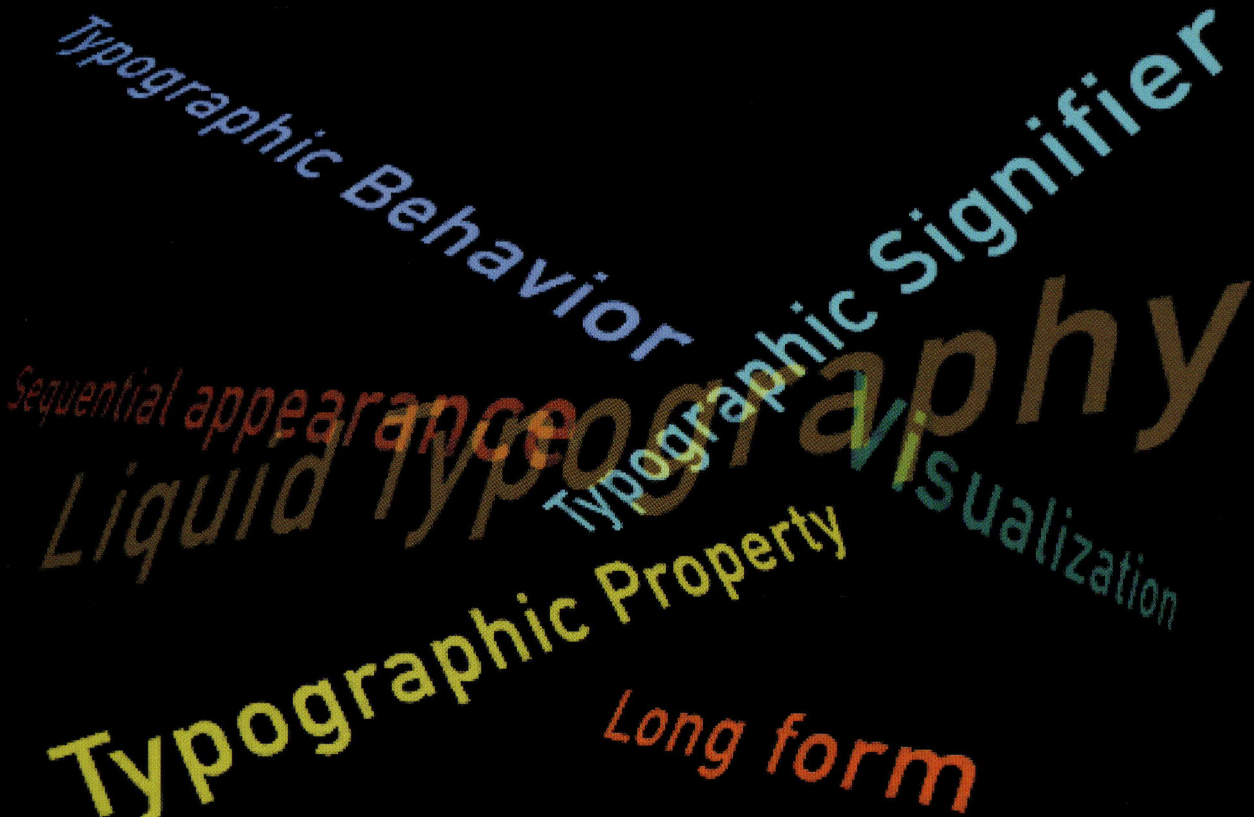

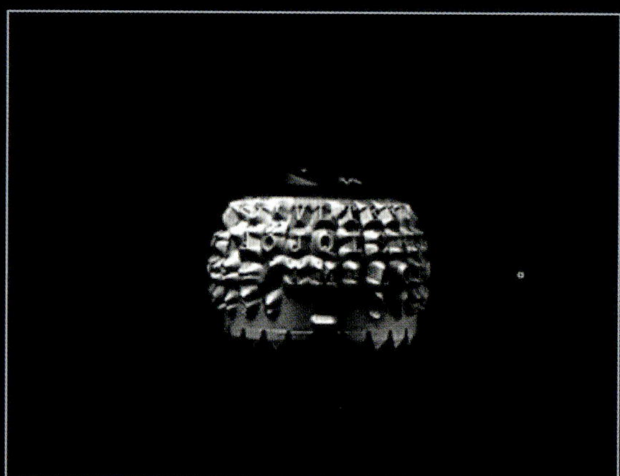

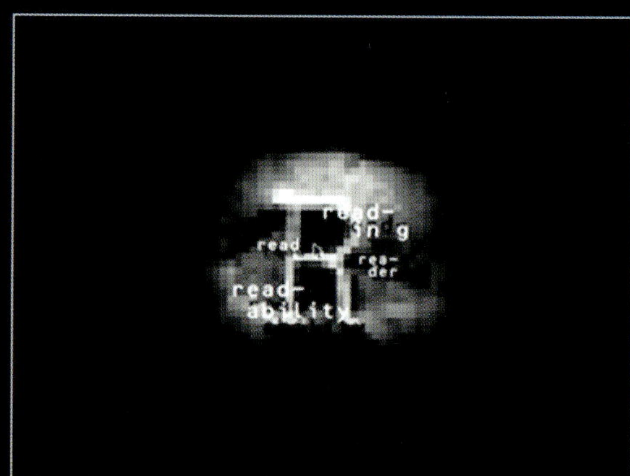

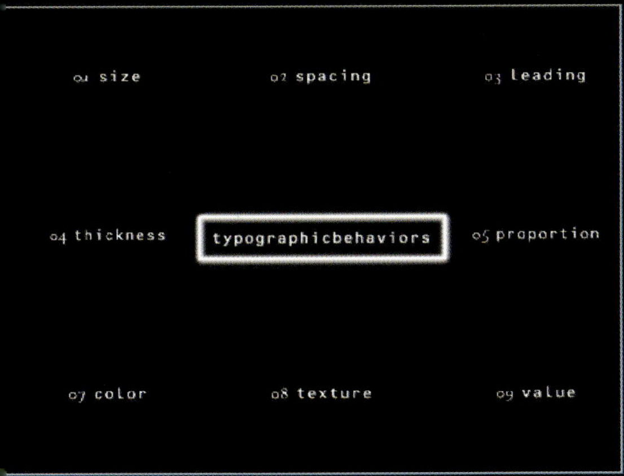

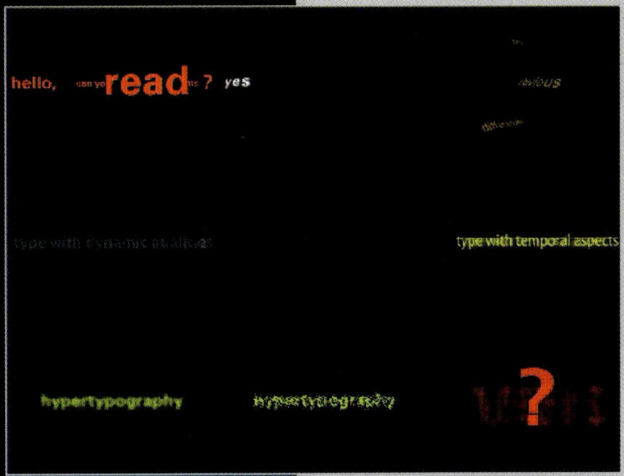

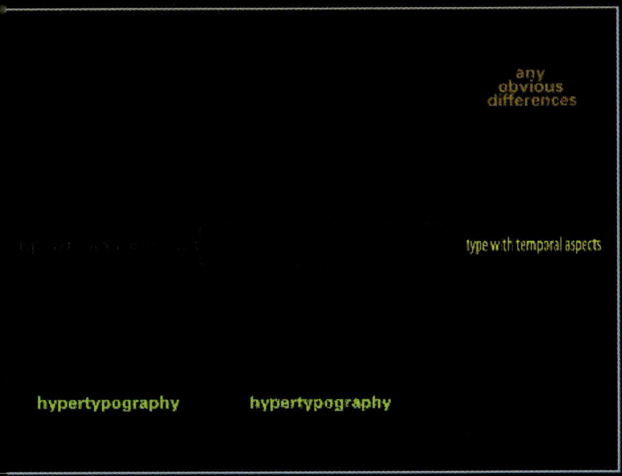

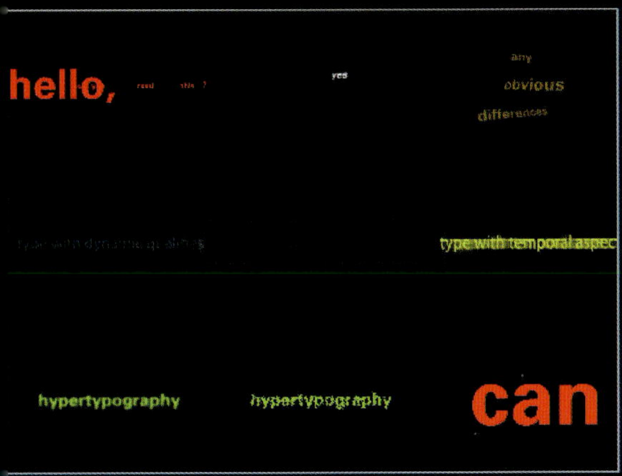

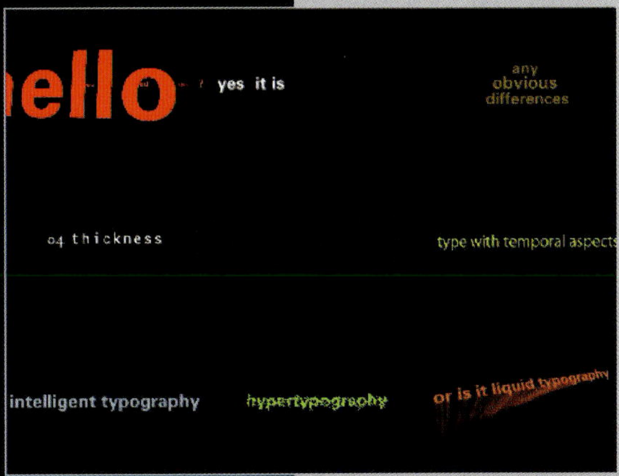

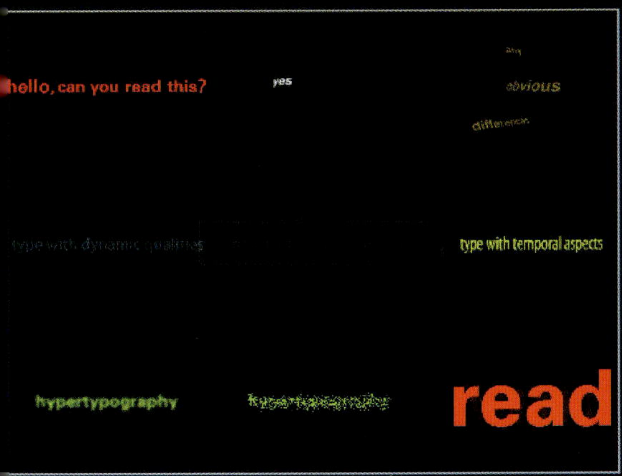

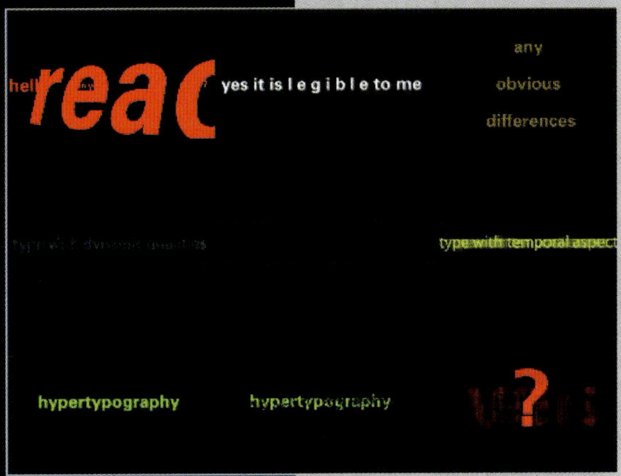

TITRE *Liquid Typography* · FORMAT Support numérique, vidéo, imprimé · PAYS États-Unis · DATE 1996 · CONCEPT, GRAPHISME, PROGRAMMATION, SON Thomas Mueller · PROFESSEURS CONSEILS April Greiman, Somi Kin, Simon Johnston, Peter Lunenfeld, Fred Fehlau · UNIVERSITÉ Art Center College of Design, Pasadena, Californie

Cette série réunit des projets de recherche entrepris par Thomas Mueller alors qu'il était étudiant en dernière année au Art Center College of Design de Pasadena (Californie) ; il continue ce travail dans le cadre d'un enseignement de troisième cycle.

Ces recherches explorent le phénomène de la typographie dans des environnements temporels interactifs, tout en considérant l'image-mot et l'image typographique comme établies à travers les applications d'impression traditionnelles.

Quand l'utilisateur se fait artiste

Experimental Typography Generator **est un programme interactif de «poème concret fluxus» à l'ère numérique. Il utilise un ensemble simple de commandes clavier afin que l'utilisateur puisse manipuler la taille et le déplacement (libre ou contrôlé) de lettres noires, pendant qu'il «dessine» avec elles sur un plan blanc. La barre d'espacement permet de modifier une chaîne de caractères de trois ou quatre mots ; grâce à la touche Supprimer, les lettres s'effacent aussi vite qu'elles se dessinent. Au moyen de cet outillage simple et prêt à l'emploi, un ensemble impressionnant de présentations typographiques expérimentales peut être généré en quelques minutes. Ni réflexion, ni talent créatif ne sont nécessaires bien que le résultat puisse en être amélioré. En réduisant les heures, voire les années, d'un travail pénible et d'expériences novatrices, à quelques minutes d'une distraction du type «ardoise magique», ce programme retourne-t-il la théorie post-moderne et la création de caractères contre elles-mêmes ou, au contraire, les amène-t-il vers des extrêmes plus logiques ?**

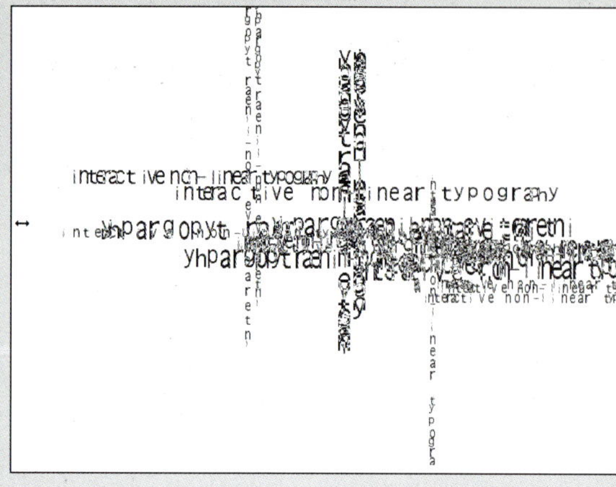

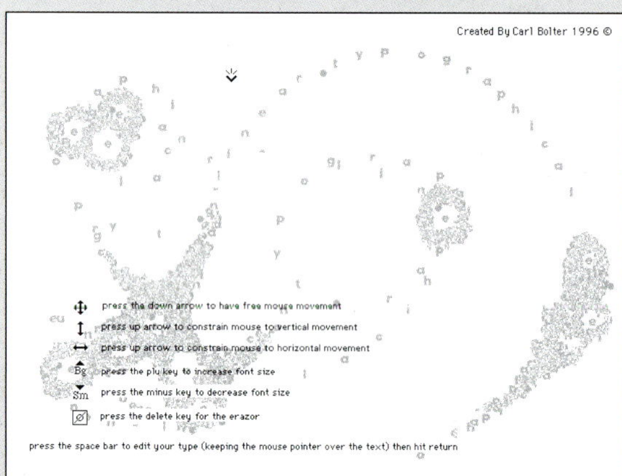

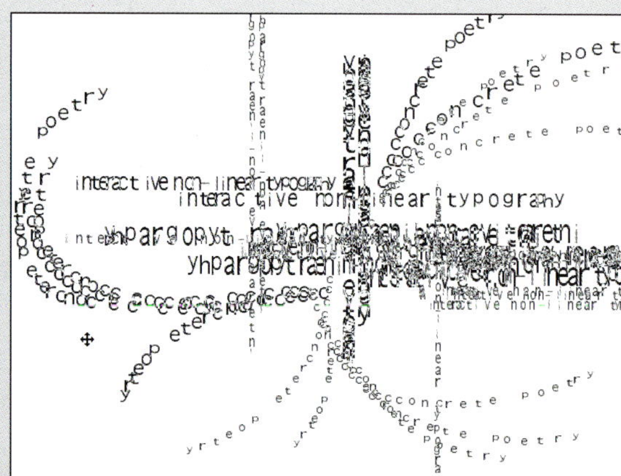

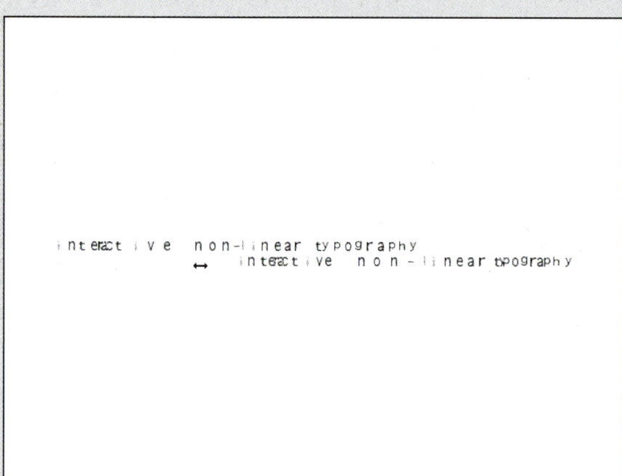

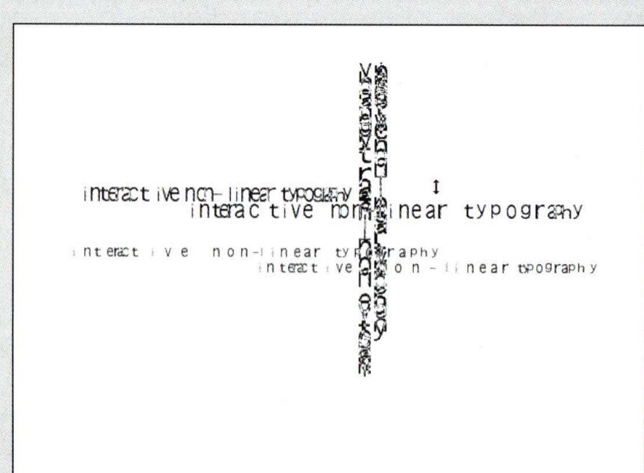

1

Interactive Font Design Companion **est une solution différente à la même problématique. Elle exploite une animation en trois dimensions pour simuler un outil que l'on tiendrait à la main. Via cette interface, l'utilisateur peut intervenir directement sur la typographie et créer un style de caractères en choisissant taille, couleur et vitesse des lettres en constante mutation.**

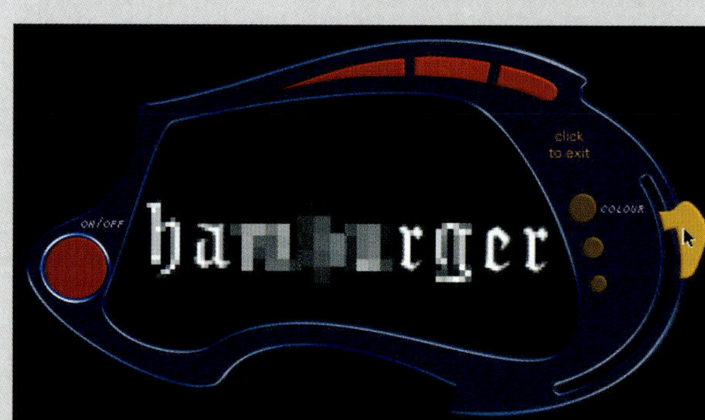

2

Le début du générique de la séquence interactive *Universal Issues* comprend l'utilisation ingénueuse d'un texte imprimé au laser, d'un bol d'eau et d'un rétroprojecteur. La simulation de lettres flottantes projetées est ensuite capturée sur vidéo.

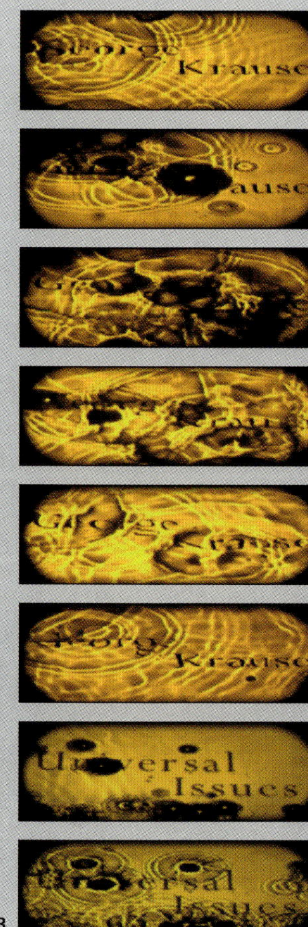

3

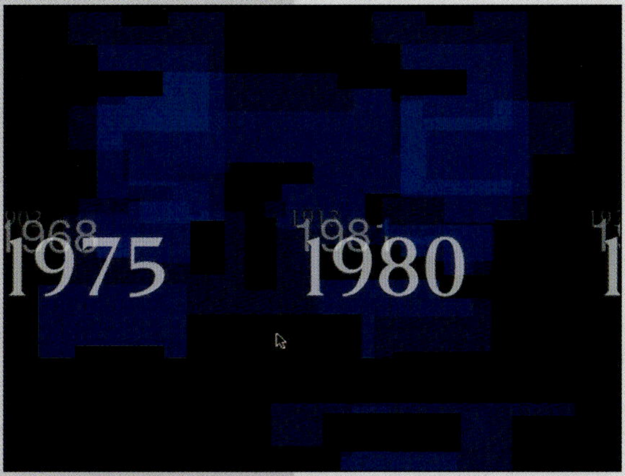

4

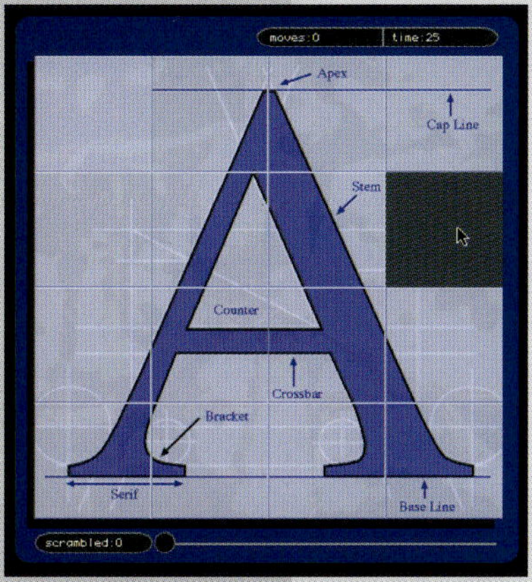

Anatomie d'un caractère

(4) Ici, des étudiants ont cherché à communiquer des informations en créant un calendrier couvrant trois niveaux d'informations : personnel, graphique et historique. Dans cette séquence interactive, *Personal Timeline*, l'utilisateur navigue en modifiant la position des dates dans l'interface à l'aide de la souris. Les trois niveaux s'organisent hiérarchiquement dans l'espace : les informations personnelles sont les plus grandes et les plus proches de l'utilisateur, les informations historiques les plus petites et éloignées, et celles concernant le graphisme entre les deux. En cliquant sur la date, on accède aux données spécifiques de chaque année du calendrier.

(5) Les étudiants devaient associer la typographie au corps humain en élaborant «Anatomy of A». La solution est ici un puzzle qui se révèle à la fois ludique, nostalgique, éducatif et perturbant. Cependant, hormis leur première lettre, qu'est-ce que «typographie» et «torture» ont en commun ? S'agit-il d'une publicité pour Amnesty International, d'un gag malsain d'étudiant ou d'une tentative originale de relier anatomie humaine et dessins de lettres ? Cette création provocatrice soulève davantage de questions qu'elle ne fournit de réponses.

L'utilisateur doit mélanger les morceaux du A majuscule et ses légendes anatomiques, en le fragmentant en carrés de même taille au sein d'un cadre carré plus grand. Un emplacement reste toujours vide, et un déplacement toujours possible. Observer le programme décaler les pièces rapidement et au hasard en fonction des commandes de l'utilisateur peut paraître tortueux, tout autant que les efforts et la lenteur relative de l'utilisateur moyen quand il essaie de reconstituer la lettre. L'image de fond d'une victime de la torture attachée à une croix bricolée, corps déployé reflétant crûment le «A anatomique», apparaît et disparaît dans un fondu, remplaçant régulièrement la lettre pendant que l'utilisateur continue de travailler. L'utilisateur finit, parallèlement, par aider à recréer la scène d'un crime odieux, tout en s'efforçant de ramener un «A» à la vie.

1. PROJET *Experimental Typography Generator* · FORMAT Support numérique · PAYS Nouvelle-Zélande · DATE 1996 · ENSEIGNANTS Jeff Bellantoni, Shawn McKinney · CRÉATEUR Carl Bolter · UNIVERSITÉ Wanganui Polytechnic School of Art and Design
2. PROJET *Interactive Font Design Companion* · FORMAT Support numérique · PAYS Nouvelle-Zélande · DATE 1996 · ENSEIGNANTS Jeff Bellantoni, Shawn McKinney · CRÉATEUR Matt Penrad · UNIVERSITÉ Wanganui Polytechnic School of Art and Design
3. TITRE *Universal Issues* · FORMAT Support numérique · PAYS Nouvelle-Zélande · CLIENT George Krause · DATE 1995 CRÉATEURS Jared Forbes, Taera Crane, Lim Kai Teng · UNIVERSITÉ Wanganui Polytechnic School of Art and Design
4. PROJET *Personal Timeline* · FORMAT Support numérique · PAYS Nouvelle-Zélande · DATE 1996 · ENSEIGNANTS Jeff Bellantoni, Barb Schubring · CRÉATEUR Tim Fouhy · UNIVERSITÉ Wanganui Polytechnic School of Art and Design
5. PROJET *Body Type Puzzle* · FORMAT Support numérique · PAYS Nouvelle-Zélande · DATE 1996 · ENSEIGNANT Shawn McKinney CRÉATEUR Tim Fouhy · UNIVERSITÉ Wanganui Polytechnic School of Art and Design

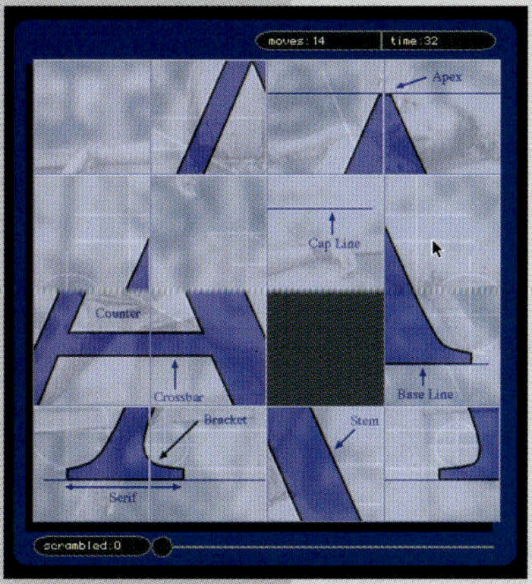

5

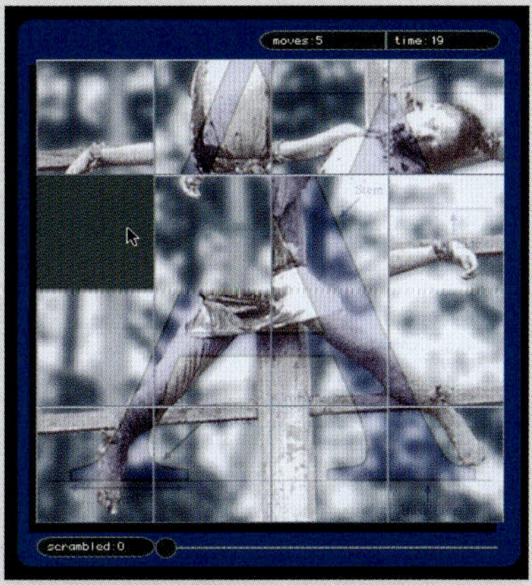

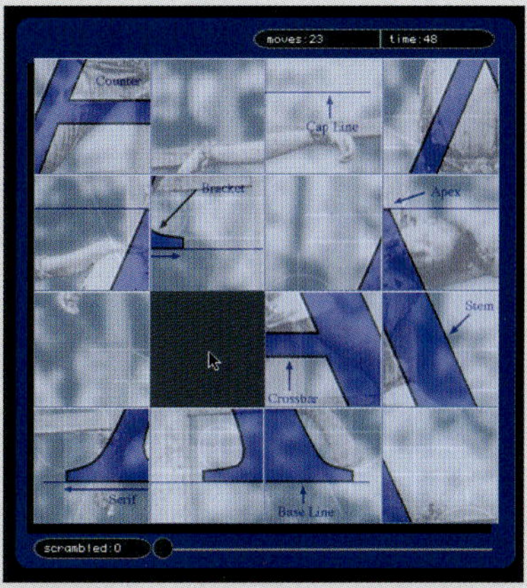

Peindre avec des lettres

Après s'être forgé une solide réputation de graphiste à Tokyo, John Maeda est revenu à Cambridge (Massachusetts) en tant qu'enseignant et directeur du groupe ACG (Esthétique et informatique), dans son fief d'origine : le Media Laboratory du MIT. Maeda est également l'élément moteur de Maeda Studios, où il élabore des créations de pointe pour le numérique et l'impression. Il s'emploie activement à combler le fossé entre les expressions informatique et non informatique en concevant des travaux inspirés de l'imprimerie qui illustrent sa sensibilité à l'égard du passé tout en intégrant l'avenir. Il crée également des œuvres dont le seul support est le numérique.

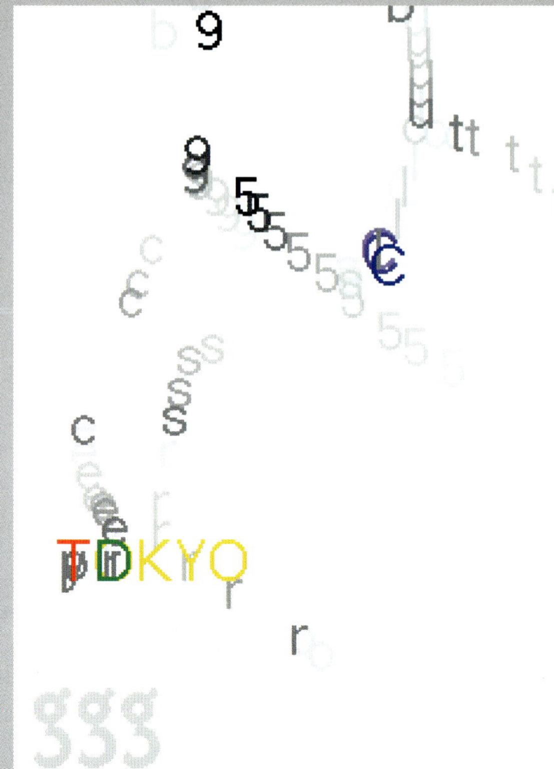

PROJET *Expérience pour l'exposition annuelle du Tokyo Type Director's Club de 1995* · FORMAT Support numérique · PROVENANCE Tokyo, Japon · CLIENT Tokyo Type Director's Club · DATE 1995 · CONCEPTION ET TRAITEMENT INFORMATIQUE John Maeda · SOCIÉTÉ Maeda Studios

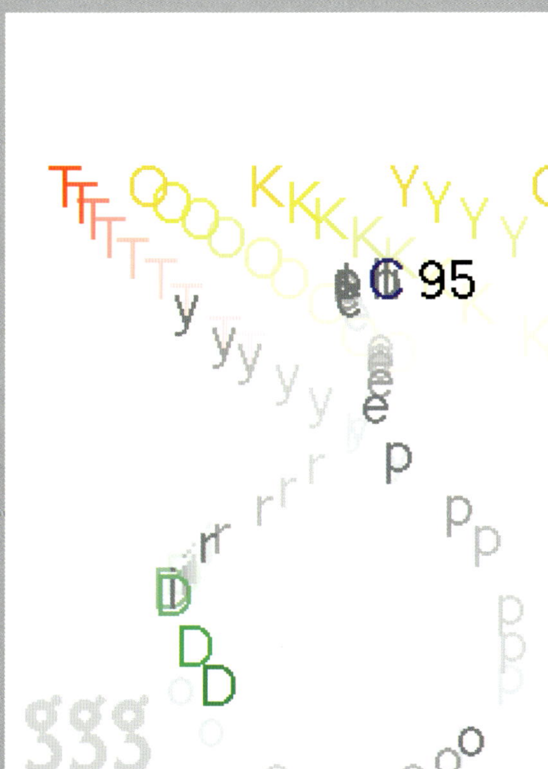

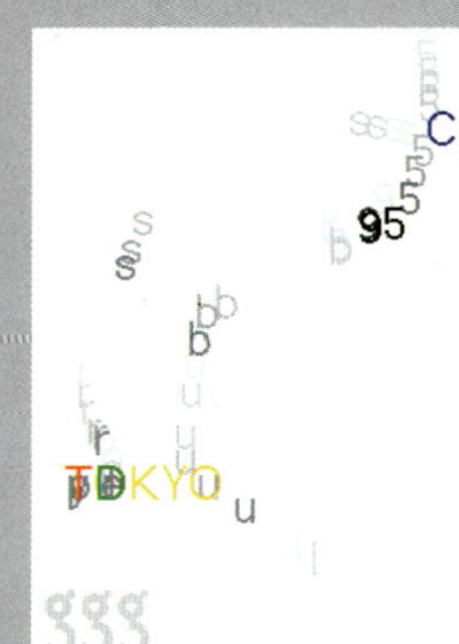

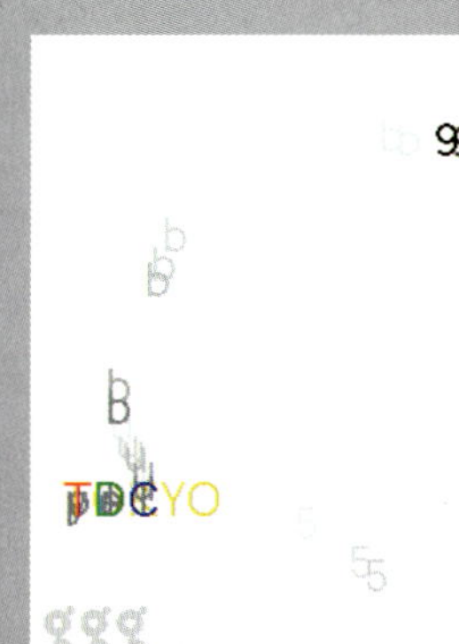

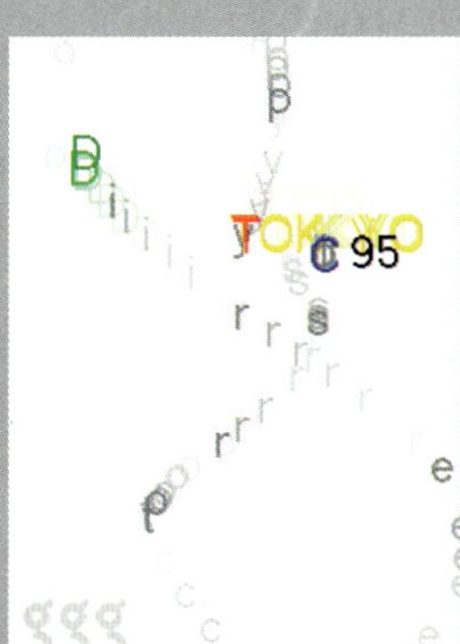

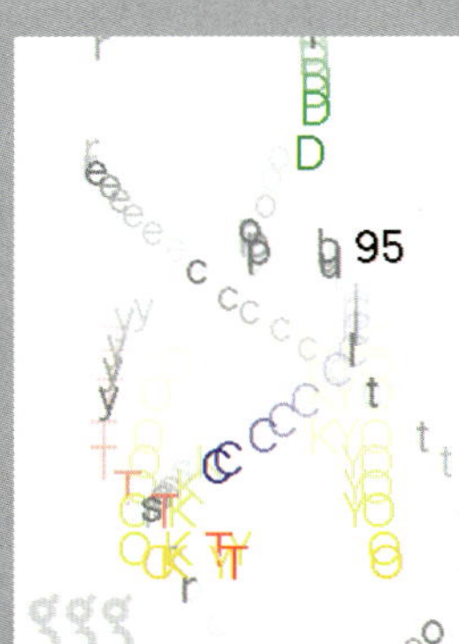

Les lettres dansent dans ces images, réagissant au déplacement du pointeur de la souris. Cette expérience interactive a été conçue pour l'exposition annuelle du Tokyo Type Director's Club (Tokyo, 1995).

Sur la base des *concentrics* de Maeda, la souris sert de dispositif d'expression de mouvement en temps réel : le curseur est relié à une chaîne de lettres qui permettent d'écrire Tokyo Type Director's Club 95.

Visualisation du temps

1 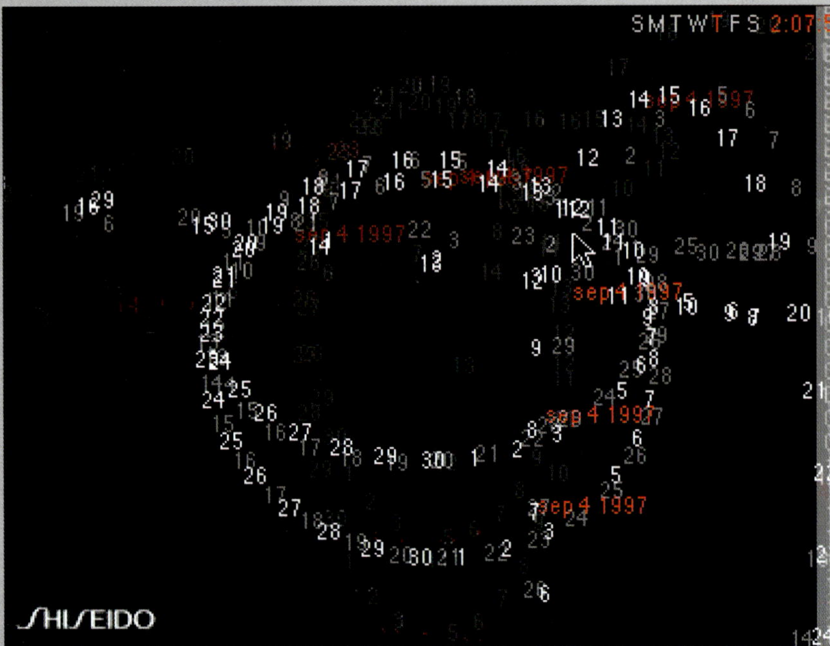

3 

Conçue pour Shiseido, société de cosmétiques basée à Tokyo, cette série de calendriers bimensuels interactifs flirte avec la méthode traditionnelle de représentation de la notion de temps. L'utilisateur pénètre littéralement dans ces calendriers via le pointeur de la souris. Des nombres représentant les jours du mois réagissent à ce pointeur et forment un motif correspondant au thème programmé pour le mois concerné.

(1) Janvier/Février 1997
***Cosmos* est une expérience qui donne au temps l'apparence d'un phénomène orbital.**

(2) Mars/Avril 1997
***Line* est une expérience qui traduit le temps par un phénomène linéaire.**

(3) Mai/Juin 1997
***Flora* célèbre la beauté du printemps.**

2 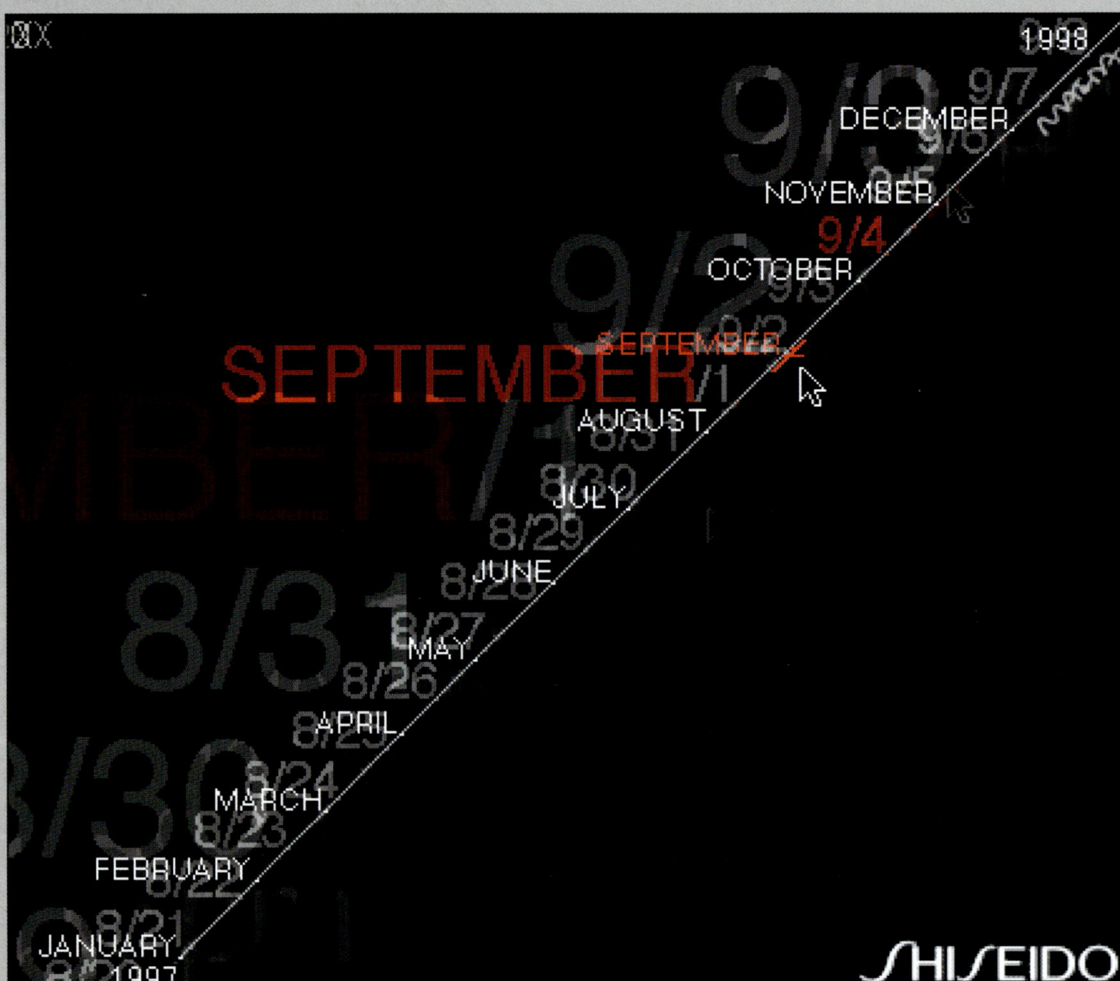

TITRE *Calendriers Java de Shiseido* · FORMAT Support numérique
PROVENANCE Tokyo, Japon · CLIENT Shiseido, Inc. · DATE 1997
CONCEPTION ET RÉALISATION INFORMATIQUE John Maeda
SOCIÉTÉ Maeda Studios

4

(4) Juillet/Août 1997
Hanabi **exprime un spectacle estival de feux d'artifice.**

(5) Septembre/Octobre 1997
Umi/Aki **rend hommage à l'éclat du feuillage automnal, tout en se souvenant d'une journée d'été au bord de la mer.**

(6) Novembre/Décembre 1997
Snowflake **est une interprétation de la structure d'un flocon de neige.**

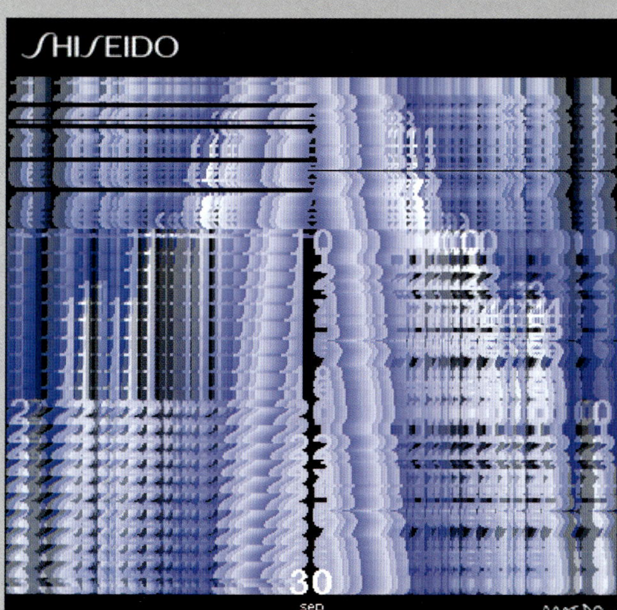

5

6

Information dynamique

Thomas Noller fait partie de la cellule Internet du siège berlinois de MetaDesign. Cette équipe est spécialisée dans l'image online de grandes sociétés allemandes comme Audi, l'objectif principal étant d'étendre la charte de l'entreprise et de l'appliquer au World Wide Web afin de préserver la cohérence de l'image de la société aux niveaux local et international. Noller s'intéresse tout particulièrement aux technologies propres à l'Internet et se consacre tout particulièrement à l'esthétique et la typographie des interfaces dans leur relation aux contraintes spécifiques au Web. L'un de ses projet de recherche aboutira à la séquence présentée ici : <typospace>.

<typospace>

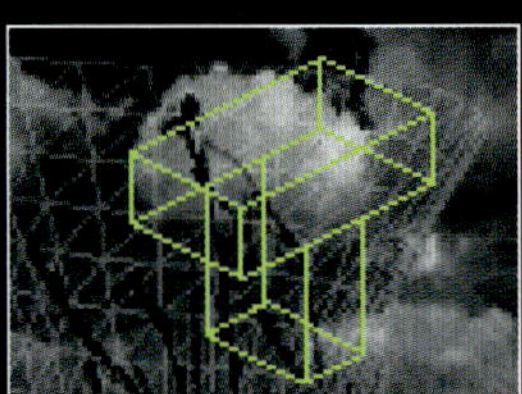

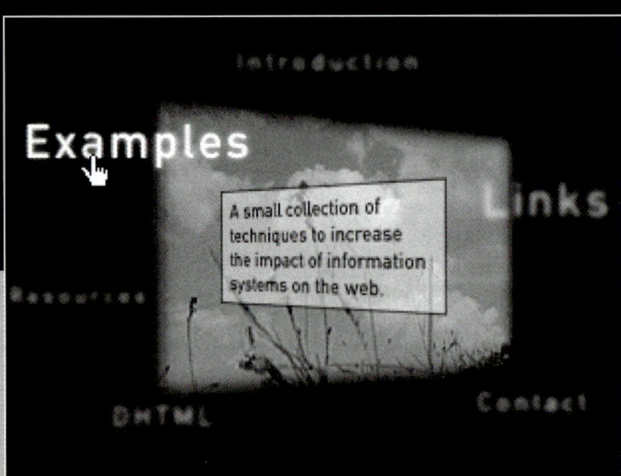

Il y a quelques années, le World Wide Web n'était qu'un système de diffusion d'informations privilégiant le texte, avec guère plus de capacité de communication que le courrier électronique. Aujourd'hui, il est devenu, non sans peine, un univers entièrement interactif dominé par le visuel. La facilité de diffusion et l'accès à une source totalement illimitée d'informations peuvent avoir un effet néfaste sur les promesses d'efficacité dont la technologie informatique est porteuse.

L'objectif de Typospace, site Web conçu et réalisé par Thomas Noller, est de réunir et d'analyser les idées nouvelles et les derniers développements technologiques susceptibles de contribuer à une expérience plus dynamique de navigation. C'est ce que Noller appelle l'information dynamique.

Dans un espace d'information dynamique, l'utilisateur appréhende mieux les modalités de transmission et de réception des informations, et la métaphore du pointer-cliquer est remplacée par des moyens plus permanents et intuitifs de collecter des données pertinentes.

Typospace est une série d'études qui propose différentes techniques et effets de présentation possibles et s'adresse à ceux qui se consacrent à la conception d'un site Web, à la programmation et à la navigation.
Le potentiel lié à la synthèse du mot et de l'image dans une situation cinétique temporelle est évident dans ce mini-spot publicitaire pour Nike sur le thème : «speak my language» (parle ma langue).

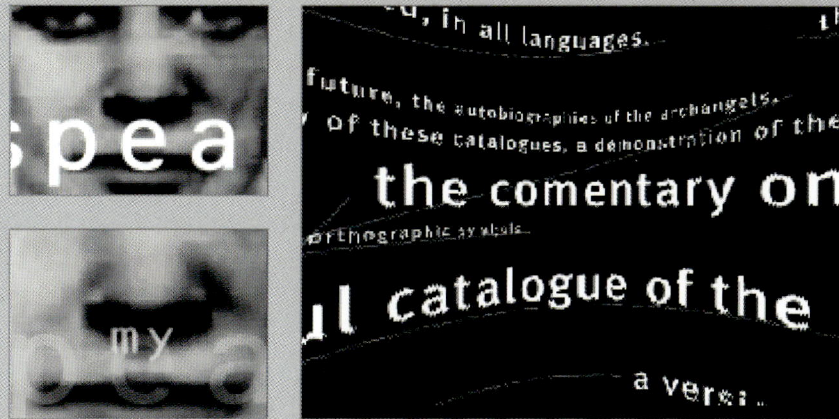

Le texte détermine les limites du navigateur dans cet environnement architecturo-virtuel construit avec les mots d'une citation extraite d'une nouvelle de Jorge Luis Borges.

TITRE *Typospace* · FORMAT Numérique, site Web · PAYS États-Unis
DATE 1996 · CRÉATEUR Thomas Noller · Toutes les illustrations ©1996 Thomas Noller

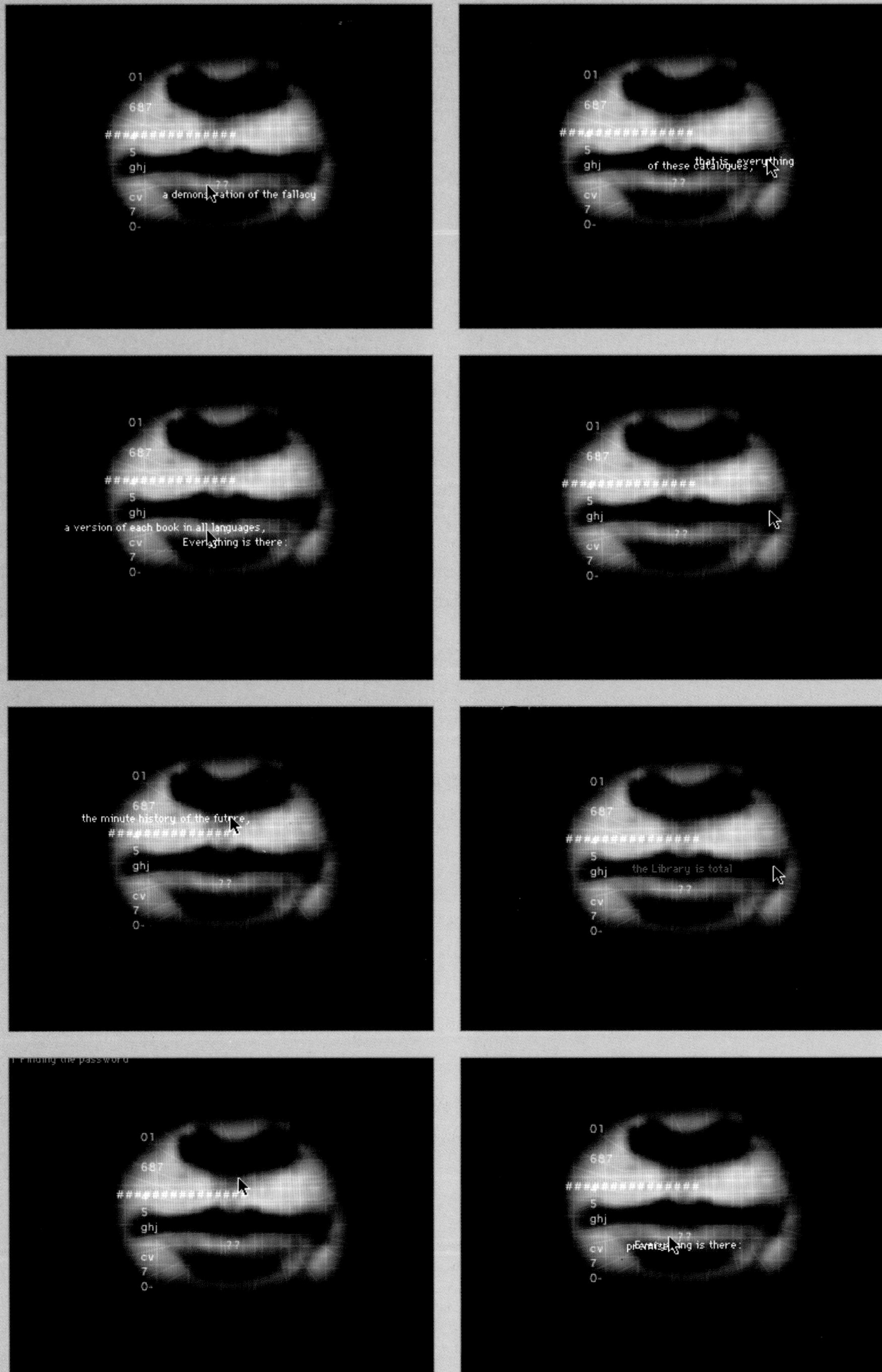

Les informations textuelles sont accessibles par un simple déplacement de la flèche de la souris sur divers points de cette image multidimensionnelle. Ce mouvement simule la quête des yeux et des mains.

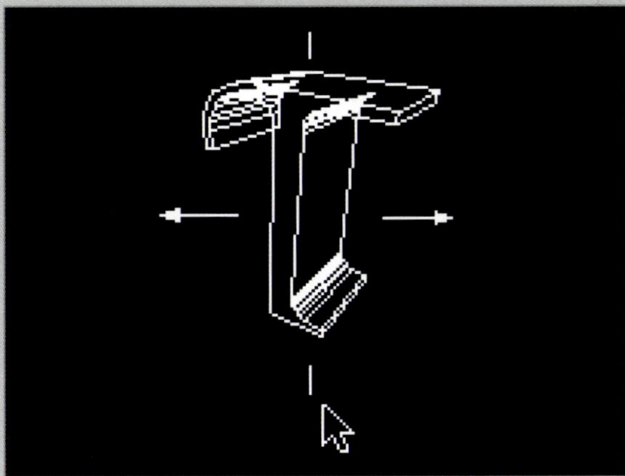

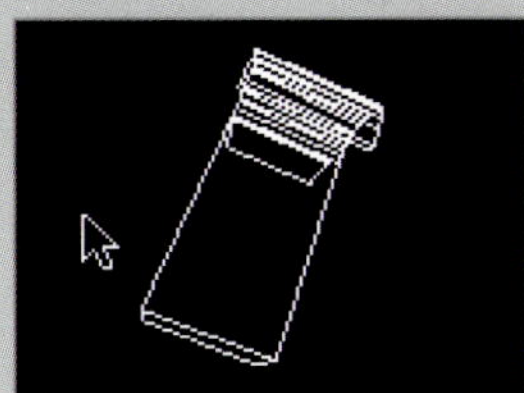

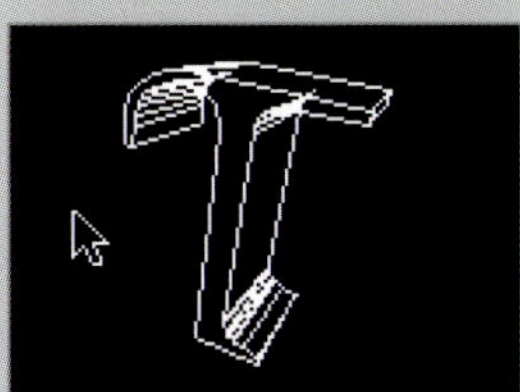

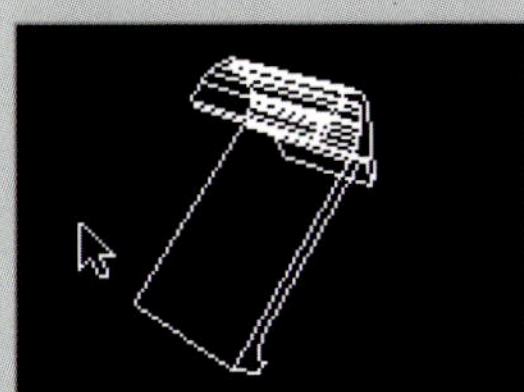

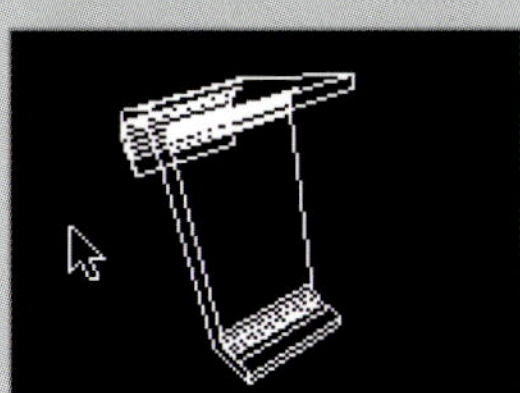

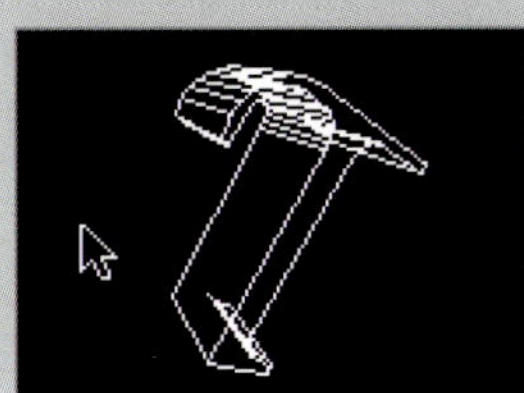

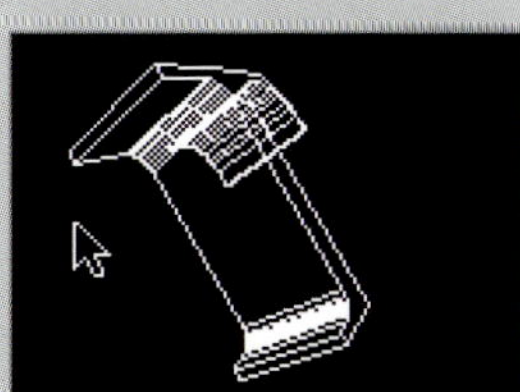

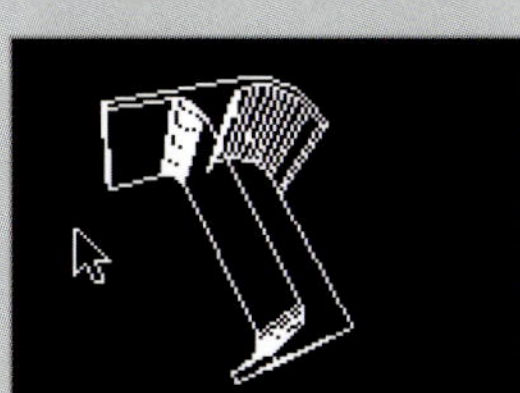

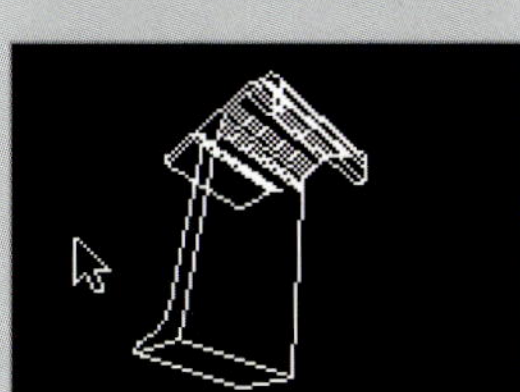

La lettre T tridimensionnelle pivote sur 360° en fonction du déplacement de la flèche de la souris. La lettre devient un volume occupant un véritable espace.

Typospace

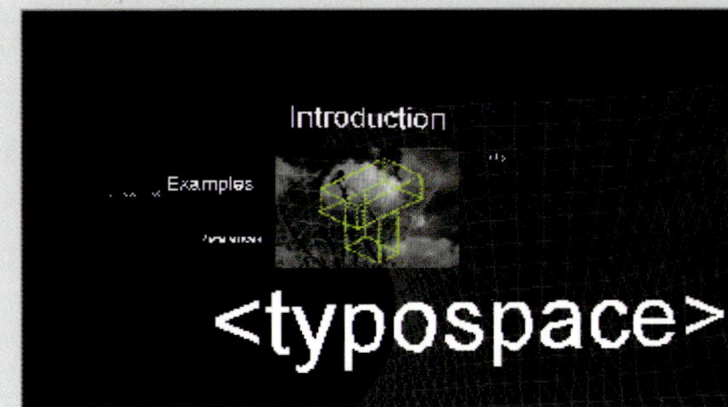

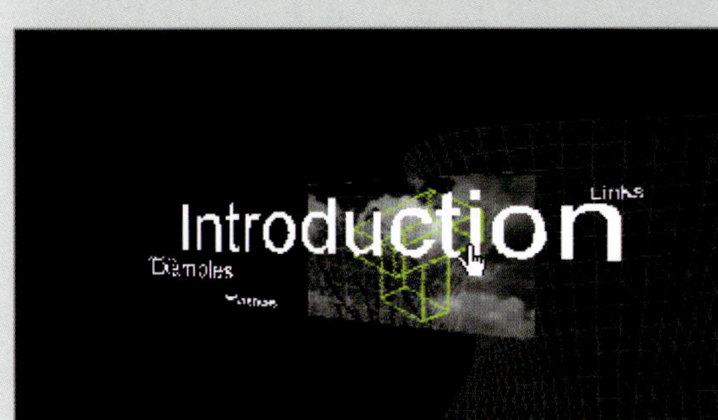

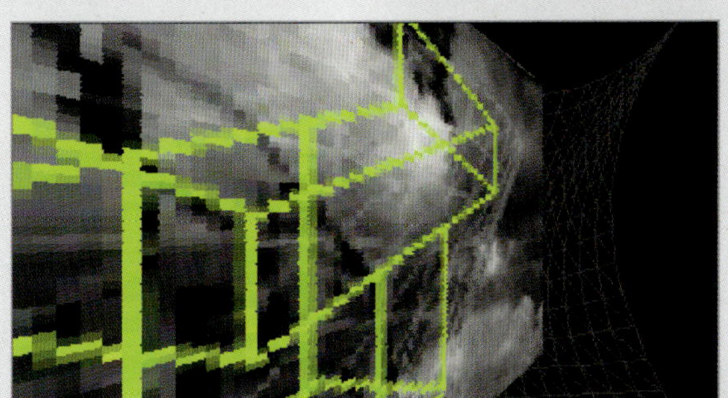

Cette autre présentation tridimensionnelle de la page d'accueil de Typospace structure le texte dans l'espace plutôt que de manière plate et frontale. L'importance de chaque sujet est déterminée par sa position dans l'espace, les mots activés proposant des liens vers d'autres domaines d'information.

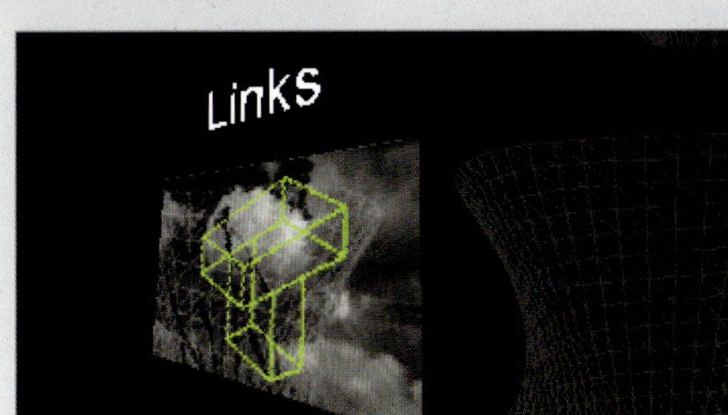

TITRE *Typospace* · FORMAT Numérique, site Web · PAYS États-Unis
DATE 1996 · CRÉATEUR Thomas Noller · Toutes les illustrations ©1996 Thomas Noller

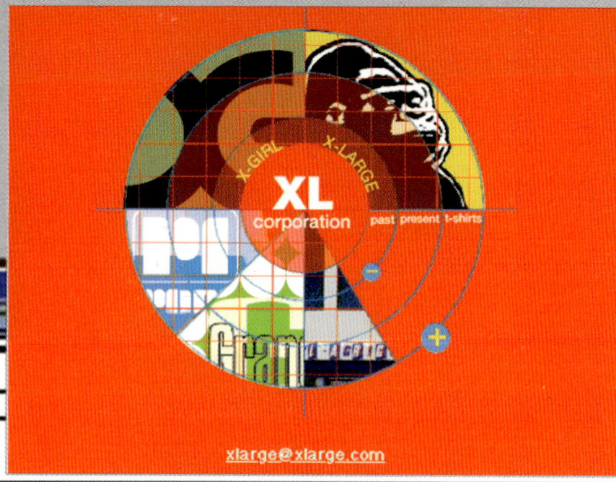

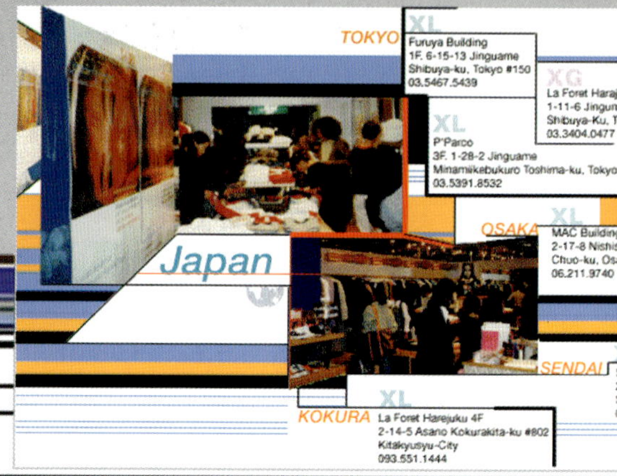

XL HISTORY

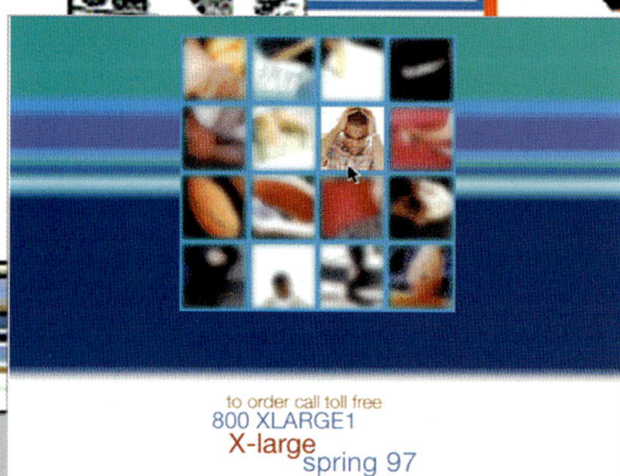

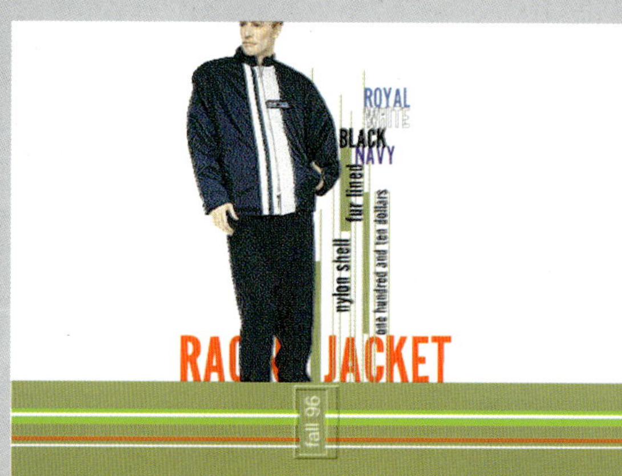

Le fabricant de vêtements X-Large propose un catalogue en ligne. Ce site Web présente une synthèse cinétique de textes et d'images pour décrire la ligne de produits. L'interface ne comprenant pas de boutons, c'est le passage de la souris qui active les multiples pages.

Expériences en ligne

Professeur de graphisme et directeur du laboratoire Macintosh au California Institute of the Arts, Michael Worthington réalise également, dans le cadre de sa société Worthington Design, des travaux typographiques et graphiques sur support papier et numérique.

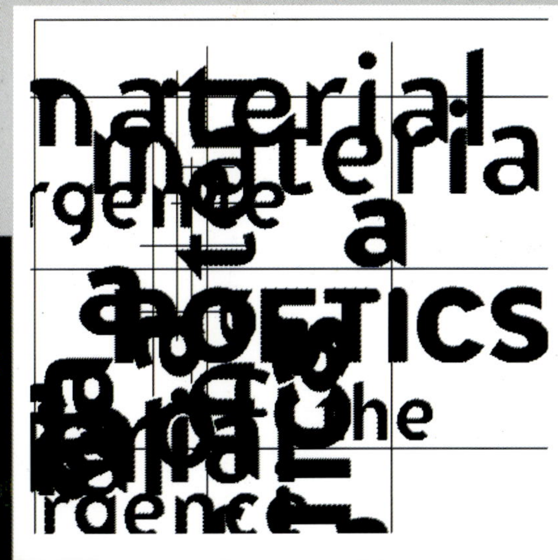

Electronic Book Review **est un magazine en ligne dont la rédaction en chef est assurée par des invités chargés d'établir le sommaire de chaque numéro. Ici, est présenté un essai de Matt Kirschenbaum, consacré la typographie dans les nouveaux médias.**

1. TITRE *Site Web de X-Large Clothing Company* · FORMAT Support numérique · PAYS États-Unis · CLIENT X-Large Clothing Company · DATE 1997 · CRÉATEUR Michael Worthington · SOCIÉTÉ Worthington Design

2. TITRE *Electronic Book Review* · FORMAT Support numérique · PAYS États-Unis · CLIENT Anne Burdick · DATE 1997 · CRÉATEUR Michael Worthington · SOCIÉTÉ Worthington Design

Projection vidéo

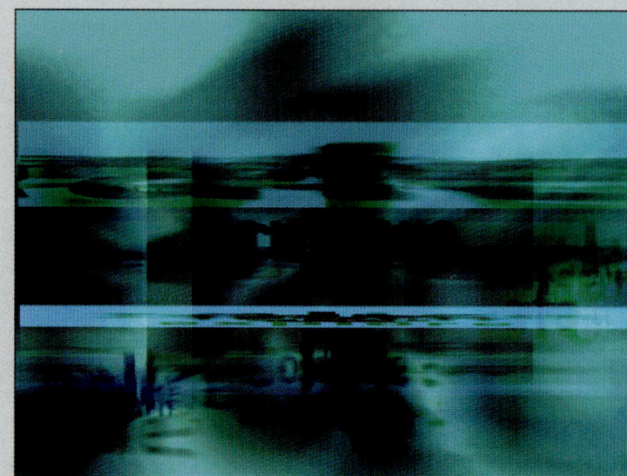

Digital Experience est un laboratoire informatique situé dans le Getty Information Center. Conçus par l'architecte Michael Maltzan, ses locaux arborent des graphismes typographiques muraux et des écrans de projection vidéo.

Le film d'une minute illustré ici est une présentation en boucle de Digital Experience qui s'affiche à la fois sur les écrans d'ordinateur et de projection vidéo.

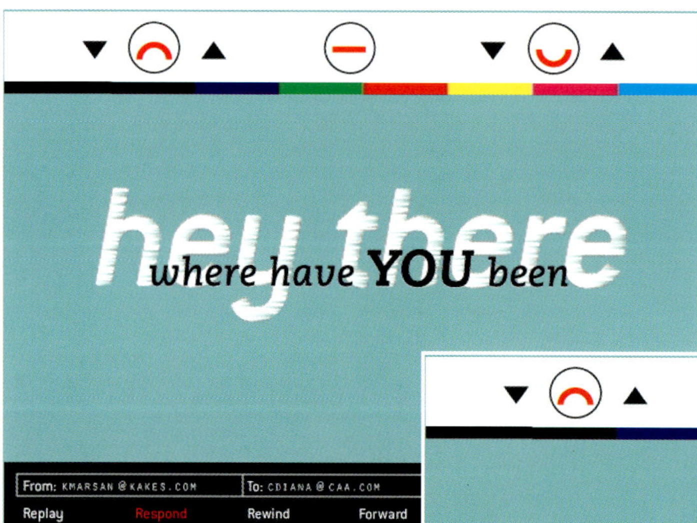

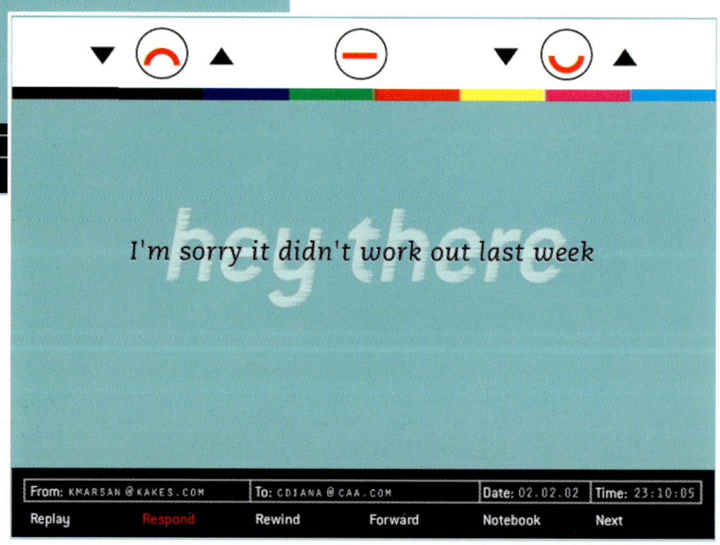

Personal E-mail.animation est un dispositif de courrier électronique personnel qui permet d'aller au-delà de l'émoticon « :-) », ce petit caractère utilisé de manière bien trop limitée et sans imagination dans la présentation actuelle des messageries électroniques.

Ce dispositif est conçu pour donner aux messages une «humeur» reflétant celle de leur auteur. En effet, il interprète l'écriture manuscrite de l'expéditeur, choisit une police correspondante et communique ainsi l'émotion et la personnalité de ce dernier.

Pour l'expéditeur, l'écran à cristaux liquides sert de calepin numérique pour écrire le courrier à la main tandis que, pour le destinataire, il fonctionne comme un enregistrement en temps réel des pensées de l'expéditeur via une transcription numérique. Ces pensées s'affichent sur l'écran du destinataire au même rythme qu'elles ont été tracées sur la lettre. De plus, elles sont animées par une interpolation numérique des formes insistantes déterminées à partir de l'écriture manuscrite. Par exemple, si l'auteur souligne quelque chose trois fois, le système le traduit typographiquement par un triple clignotement ; si l'écriture est appuyée, la graisse des caractères est plus marquée.

1. TITRE *Digital Experience* · FORMAT Vidéo
PAYS États-Unis · CLIENT Getty Information Center
DATE 1997 · CRÉATEUR Michael Worthington
SOCIÉTÉ Worthington Design
2. TITRE *Personal E-mail Animation* · FORMAT
Support numérique · PAYS États-Unis · DATE 1997
CONCEPTION DE L'INTERFACE Kathryn Marsan
CONCEPTION DU PRODUIT Carla Diana
UNIVERSITÉ Cranbrook Academy of Art

E-mail personnalisé

Une fois diplômée de la Cranbrook Academy of Art en 1998, Kathryn Marsan s'immerge dans New York, cherchant à transformer le courrier électronique en vecteur de communication visuellement expressif.

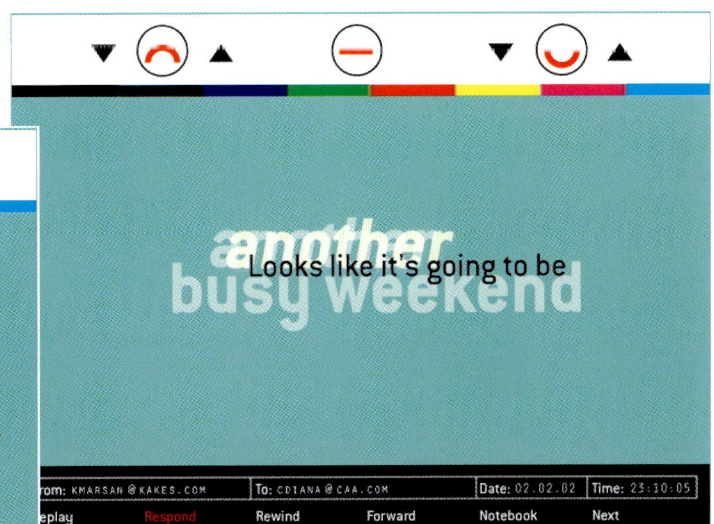

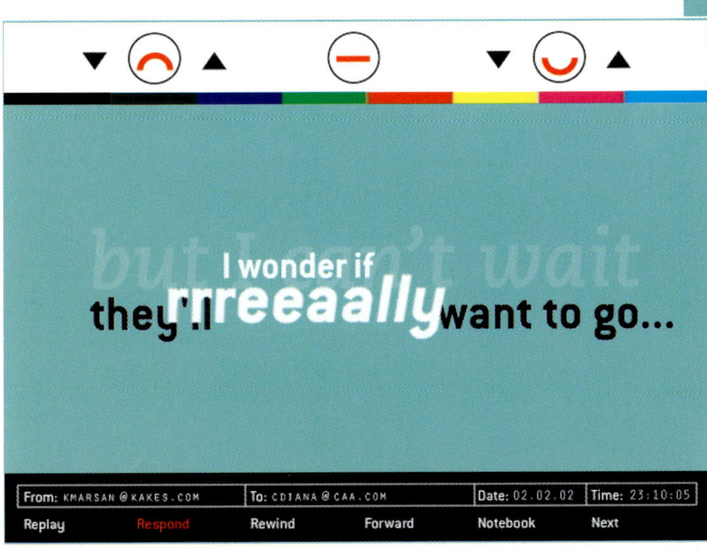

Architectonique

La construction sur cette page présente le caractère Datum, utilisable dans les environnements virtuels et les hypertextes. [Datum = point, ligne, plan, surface employés comme moyen de référence.] A partir de la symbolique du code barres, Datum exploite une structure ouverte constituée d'éléments simples. Chaque lettre se compose d'une série de quatre colonnes verticales maximum, de même épaisseur, chaque colonne comprenant elle-même un maximum de deux barres. Entre chaque colonne se trouve un espace dont la largeur est égale à celle d'une colonne.

Cette structure permet de relier caractères, mots, phrases et chaînes plus longues d'un texte continu, soit d'une manière linéaire classique, soit dans un réseau complexe multidirectionnel et multidimensionnel dans lequel plusieurs mots peuvent partager la même lettre et à travers lequel le lecteur peut se déplacer.

1

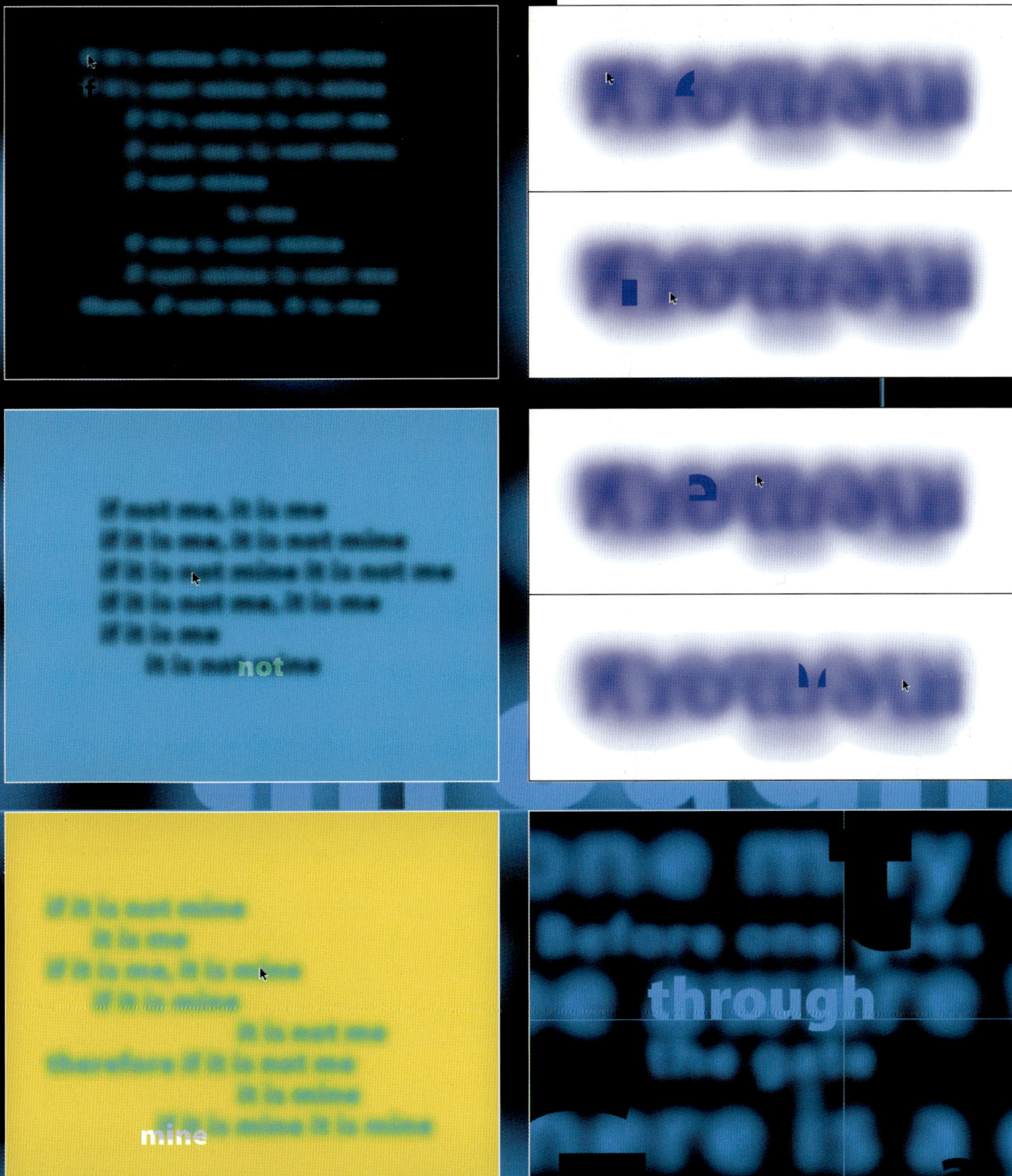

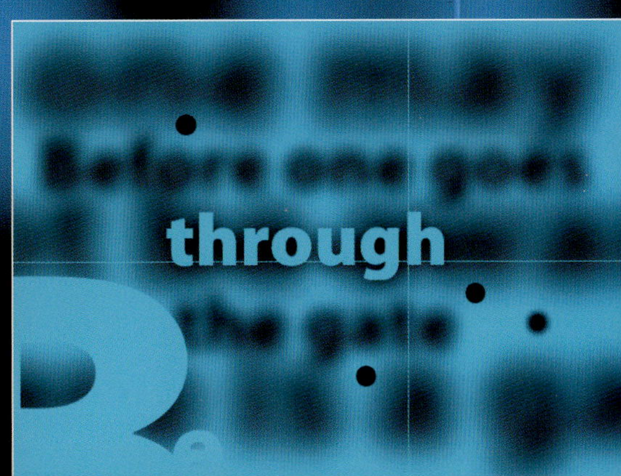

1. TITRE *Datum*™ · FORMAT Police de caractère · PAYS États-Unis · DATE 1995 · CRÉATEUR Matt Woolman/-Ization ©1995
2. TITRE *Hypertypography: Dimensionality, Joinery, Kinetics* FORMAT Support numérique · PAYS États-Unis · DATE 1995 CRÉATEUR Matt Woolman/-Ization

Ces projets sont fondés sur des jeux de mémoire classiques. Les règles sont simples, mais le processus requis fait travailler l'esprit d'un nombre de manières infini. Ce jeu permet aux participants de trouver des associations, de créer des liens et d'orienter le résultat en fonction d'indices visuels. Il n'a pas réellement de début, de milieu ni de fin.

Les exemples présentés ci-contre substituent la souris de l'ordinateur aux mains et yeux du joueur pour qu'il puisse balayer l'environnement numérique. Tandis que la souris passe sur une zone, une activité visuelle se produit.
Le joueur est incité à explorer tous les points de cet environnement afin d'assembler les pièces d'un puzzle visuel-verbal qui associe forme typographique, lumière et espace.

Jeux de mots

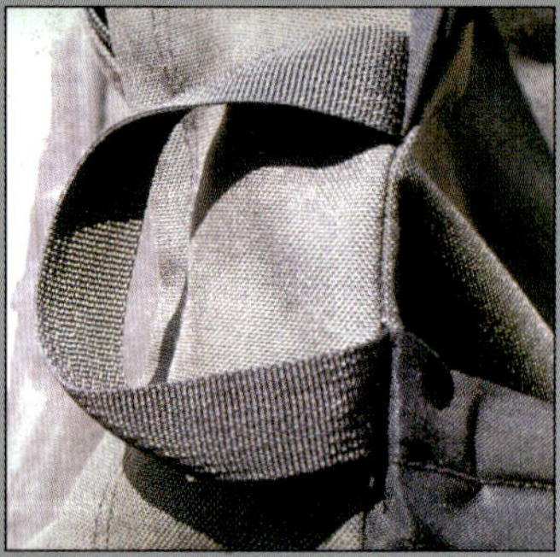

Un alphabet urbain

TITRE *Alphabet urbain* · FORMAT Photographie · PAYS États-Unis
DATE Automne 1997 · ENSEIGNANT Chuck Scalin · UNIVERSITÉ Virginia Commonwealth University, Richmond · PHOTOGRAPHIES **A** Tsega Dinka; **B** Greg Cross; **C** Erik Lindstrom; **D** Tiffany Allison; **E** Eddie Wilson; **F** & **G** Pete Foster; **H** Angeline Robertson; **I** Geraint Krumpe; **J** Greg Cross; **K** Phil McKenney; **L** Angeline Robertson; **M** Tiffany Allison; **N** Erik Lindstrom; **O** Tiffany Allison; **P** Angeline Robertson; **Q** Greg Cross; **R** Erik Lindstrom; **S** & **T** Pete Foster; **U** Greg Cross; **V** & **W** Eddie Wilson; **X** Greg Cross; **Y** Angeline Robertson; **Z** Ernest Almazan

UNTITLED/IMAGEVSTEXT
par MORRIX

Cette œuvre composée de fer, de fil de fer, de plaques émaillées et d'objets trouvés réagit à la bataille contemporaine que se livrent l'image et le texte. Ici, le texte reprend les mots d'un petit panneau situé à côté d'une peinture exposée aux Cloisters à New York. Face à la prédominance de l'image dans les cultures actuelles, le texte est aujourd'hui le vecteur prévilégié de l'élite érudite. Un texte dense peut être restitué, ou construit, ou bien assemblé avec du fil de fer, morceau par morceau. Des capitales sans empattement rappellent une police Art Déco, laquelle est en «décalage» avec le cadre ancien, allusion aux fortunes passées et à la puissance prétendue. La composition dessine une sorte de cible en son centre et les caractères tracent une ombre portée sur le mur auquel l'œuvre est accrochée. Les lettres suspendues bougent et s'agitent selon les mouvements des passants. Sachant que la plupart des gens consacrent rarement plus de dix à quinze secondes à un tableau, il est assez jouissif de les observer passer un certain temps pour lire celui-ci.

MORRIX, né à Détroit dans le Michigan, est diplômé de l'école du Boston Museum of Fine Arts (1990). Il est aujourd'hui artiste à Jamaica Plain, dans le Massachusetts.

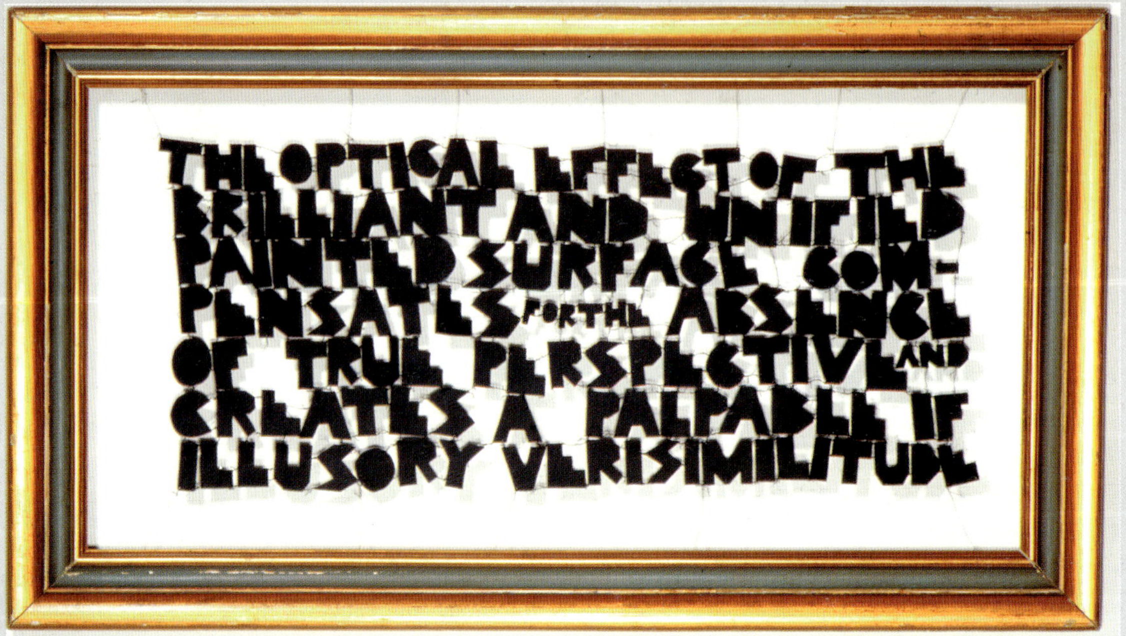

REMERCIEMENTS

Les auteurs tiennent à remercier tout particulièrement, pour leurs conseils, leur aide généreuse et leur contribution dans la réalisation de cet ouvrage, tous les créateurs, typographes, graphistes et artistes qui, malgré un programme chargé, ont pris le temps de réunir et de nous adresser leurs travaux : The University of Connecticut Research Foundation ; The Department of Art and Art History, The University of Connecticut ; The Department of Communication Arts & Design et le Center for Design Studies, Virginia Commonwealth University ; John DeMao ; Jerry Bates et le personnel du Graphics Lab ; notre cher Joe DiMicelli ; Bob Kaputof ; nos dévoués stagiaires : San Van, Gem Veranga, Mark Zenone ; Paul Zehrer et Jimmy Ray, tous de la Virginia Commonwealth University ; Wendy Wenzell, Brad Roberts et la famille de Saul Bass ; Pablo Ferro et Joy Moore ; The Title House, Los Angeles ; Kelly Galligan et R/Greenberg Associates ; Donald Moffett et Bureau ; Yvonne Chalk et Tony Kaye & Partners, Londres ; Cathie Hay et Lambie Nairn@The Brand Union ; Chris Pullman et WGBH Boston ; Erik van Blokland et LettError ; Gregory Vines et la School of Design de Bâle ; Kristin Hughes ; Ham ; ainsi que, bien entendu, nos amis, enseignants et collègues, qui consacrent leur vie à malmener la lettre.

-IZATION associe JEFF BELLANTONI et MATT WOOLMAN

Jeff Bellantoni est maître assistant en Communication visuelle à l'université du Connecticut, où il enseigne le graphisme, les médias intéractifs, ainsi que la typographie et la création temporelles. Il a précédemment occupé des postes universitaires à la Wanganui Polytechnic School of Art and Design, en Nouvelle-Zélande, et à la Virginia Commonwealth University.

Matt Woolman est maître assistant en Communication à la Virginia Commonwealth University où il enseigne la typographie, le graphisme d'édition et les processus graphiques.
Il est l'auteur de *A Type Detective Story: The Crime Scene* (Suisse, RotoVision SA, 1997).

Fondé en 1995 par Jeff et Matt, -Ization est un collectif de création en communication et média, spécialisé dans les processus de fabrication et réalisation. Contact : studio@ization.com.

CONCEPTION GRAPHIQUE DU LIVRE : -IZATION · POLICES : Familles Serifa et Franklin Gothic
CRÉDITS ILLUSTRATIONS : Couverture, pages de garde, pp. 002, 004–005, 006–009, 036–037, 078–079, 106–107, 142–143 et 176 ©1998 Jeff Bellantoni · AUTRES CRÉDITS : Collaboration pour la maquette de couverture : Kristin Hughes ; conception du folioscope : Kristin Hughes ; pp. 114–115 ©1998 Ned Drew, The Design Consortium ; texte pp. 158–159 ©Shawn McKinney.

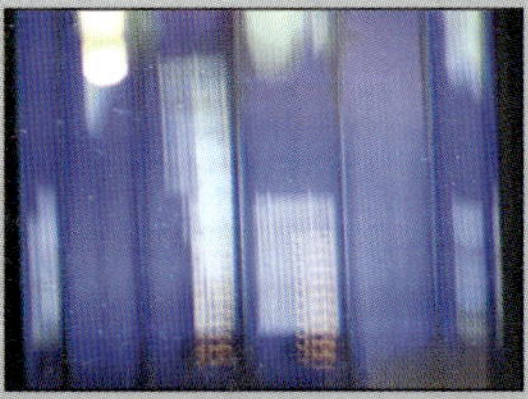